셰익스피어 비극의 비평적 해석

셰익스피어 비극의 비평적 해석

김종환 지음

셰익스피어 비극의 비평적 해석

초판1쇄 인쇄 2021년 4월 26일
초판1쇄 발행 2021년 4월 30일

지은이 김종환
펴낸이 신일희
펴낸곳 계명대학교출판부
출판등록 제347-1998-1호(1970.9.1)
주소 대구광역시 달서구 달구벌대로 1095
전화 053-580-6233
팩스 053-580-6235
홈페이지 www.kmupress.com

ISBN 979-11-6516-076-0 93840
값 22,000원

본 연구는 2018년도 계명대학교 비사연구기금으로 이루어졌음

일러두기

- 이 책에서 인용하는 모든 셰익스피어 작품의 대사는 G. B. Evans가 편집한 *The Riverside Shakespeare* (Boston: Houghton Mifflin, 1974)에 따른다.
- 셰익스피어 작품 원문의 과거형 'd는 독자의 편의를 위해 모두 ed로 수정한다.
- 셰익스피어 작품 원문의 번역은 모두 필자의 것이다.
- 한글 서명은 『 』로 영문 서명은 모두 이탤릭으로 처리한다.
- MLA 방식에 따라 내주를 사용하지만, 부가적인 설명이 필요한 부분과 3줄 이하의 원문 인용은 각주로 처리한다.

시작하는 말

이 책은 현대의 주요한 비평이론을 셰익스피어의 비극, 『줄리어스 시저』(1599), 『햄릿』(1601), 『오셀로』(1604), 『리어왕』(1605), 『맥베스』(1606), 『안토니와 클레오파트라』(1607)에 적용하여 해석하려는 작업이다. 1장에서는 신비평과 성격심리비평을 바탕으로 『줄리어스 시저』를 논의한다. 분석과 논의에 적용할 중심 비평은 언어의 구조, 이미지, 수사적 장치를 주목하는 신비평이지만, 브루투스와 안토니우스의 성격, 그리고 군중의 성격을 논의할 때는 성격심리비평을 이용한다.

2장에서는 역사비평을 작품에 적용하여 햄릿의 복수 지연과 지연에 함의된 의미를 규명한다. 햄릿의 심리 분석에 유용한 정신분석 비평 또한 사용한다. 역사비평의 관점으로 볼 때 햄릿의 행위는 복수 지연이 아니라 공적인 정의의 기다림이다. 정신분석 비평에서는 햄릿의 여성 혐오의 원인이 그의 억압된 욕망이다. 햄릿의 성격과 심리가 집중적으로 드러난 독백들을 주시하면서 복수 지연의 문제를 논의한다.

3장에서는 성격심리비평의 논의를 참조하면서 『오셀로』의 중심인물인 오셀로의 성격을 규명하고 여성에 대한 그의 인식과 태도를 규명한다. 적용할 중심 비평은 성격심리비평이지만, 인종의 정체성 분석에 실마리를 제공하는 문화유물론 비평, 여성에 대한 오셀로의 소유의식을 규명하는 데 유용한 페미니스트 비평 또한 이용한다. 저술의 4장에서 다룰 『리어왕』 분석의 중심 도구는 탈구조주의와 해체주의 비평이다. 이 장에서는 『리어왕』에 드러난 기표와 기의 관계의 불안정성을 논의하면서 진실과 허위, 현존과 부재, 정의와 불의를 구분하는 경계의 가변성을 드러낸다. 어리석은 리어왕과 눈먼 글로스터의 고통을 통한 깨달음의 과정을 논의하며, 결말에 대한 낙관적 해석과 비관적 해석 또한 논의의 대상이다.

5장은 『맥베스』에 나타난 심상과 상징을 규명하여 이를 주제와 인물과 연결하려는 작업이다. 시적-상징적 접근이 작품 논의의 중심 도구이지만, 마녀의 성격과 맥베스 부인의 성격을 논의하기 위해 페미니스트 비평도 이용한다. 성격심리비평을 통해 겉모습과 실재가 다른 맥베스의 성격과 심리를 논의한다. 6장에서는 페미니스트 비평과 문화유물론을 참조하여 『안토니와 클레오파트라』를 논의한다. 여성에 대한 고정관념을 주시하는 페미니스트 비평은 클레오파트라에 대한 당대 가부장제의 편견과 여성 왜곡을 논의하는 데 유용한 도구이다. 인종적 타자 문제에 초점을 맞추는 문화유물론은 이집트 여왕의 인종적 정체성을 논의하는 데 유용한 도구이다.

비극은 근본적으로 고통의 문학이다. 어떤 비평적 양식을 택하든 항상 염두에 두는 것은 고통의 원인으로 작용하는 것이 무엇이며, 인물이 어떤 과정을 거쳐 인식에 이르는가이다. 인물들은 인식의 오류와 행동의 잘못으로 인해 고통을 겪고 비극적 파국에 이르지만, 고통을 통해 지혜와 깨달음을 얻고 자신과 세상을 인식한다. 셰익스피어의 비극에서도 마찬가지다.

2021년 4월 17일

김 종 환

차 례

6 『안토니와 클레오파트라』 Antony & Cleopatra _ 231

1

『줄리어스 시저』

Julius Caesar

『줄리어스 시저』(*Julius Caesar*)는 권력의 비극이다. 1599년 9월에 공연된 작품으로 추정된 이 작품은 로마 역사의 실존 인물인 카이사르(B.C.102-44)와 브루투스(Brutus), 그리고 안토니우스(Antonius)의 대립을 다룬 정치극이다. 로마의 공화정을 수호하기 위해 브루투스는 자신을 아끼던 카이사르를 살해했다. 그의 장례식에서 브루투스는 "카이사르를 덜 사랑해서가 아니라, 로마를 더 사랑"하기에 카이사르를 죽였다고 변명한다. 카이사르라는 개인보다 로마의 공화정 수호라는 대의명분이 더 중요했다는 말이다. 『줄리어스 시저』에서 권력의 향배는 민심에 달려있다. 공화파와 카이사르파의 권력 투쟁에서 승리의 관건은 군중의 지지 여부이다. 지지를 확보한 안토니우스는 승리하고, 군중이 등을 돌린 브루투스는 실패하기 때문이다.

카이사르의 장례식에서 안토니우스는 열정적인 연설을 통해 군중을 사로잡고, 권력의 향배를 가늠하는 그들의 지지를 끌어낸다. 안토니우스는 군중의 심리뿐만 아니라 현재 자신이 처한 상황을 인지하고 있고, 뭘 말해야 하는지를 알고 있고, 누구에게 어떻게 말해야 하는지 잘 알고 있는 인물이다. 먼저 셰익스피어가 군중의 모습을 어떻게 재현하는가를 살펴보고, 안토니우스와 브루투스의 연설에 대한 군중의 반응을 분석한다. 브루투스를 설득하는 캐시우스의 말과 이에 대한 브루투스의 반응, 군중을 설득하려는 브루투스의 말과 이에 대한 군중의 반응, 군중을 선동하려는 안토니우스의 말과 이에 대한 군중의 반응을 통해 군중과 권력과 언어의 관계를 논의한다.

이 작품의 첫 장면은 군중의 등장으로 시작한다. 1막 1장의 시작 부분에서 호민관 플라비우스(Flavius)는 카이사르의 개선 행렬을 구경하러 나온 군중을 다음과 같이 꾸짖는다. “썩 물러나라! 놈팡이들, 집에 돌아가라니까. 오늘이 뭔 휴일이냐? 아니, 모르겠느냐? 일꾼이면 일꾼답게 평일에는 작업복을 입고 다녀야 한다는 걸 모르느냐?”(I.i.1-5)[1] 또 다른 호민관 마룰루스(Marullus)도 호들갑을 떠는 군중을 나무란다. 그는 개선장군으로 돌아왔던 폼페이우스를 열렬히 환영했던 군중이 이제 그를 잊고 카이사르에게 열광하는 것을 편치 않게 생각한다. 마룰루스는 개선 행진을 구경하는 군중을 다음과 같이 꾸짖는다. “목석보다 더 무정한 놈들! 아, 매정한 놈들, 잔인한 놈들, 너희들이 폼페이우스를 잊었다는 말이냐?”(I.i.34-36)[2] 마룰루스는 개선장군 폼페이우스가 로마의 거리를 지나가는 모습을 보기 위해 군중이 온종일 소란을 피웠던 시절을 상기하면서 다음과 같이 질책한다. “네 놈이 어찌 지금 꽃을 뿌릴 수 있단 말이냐? 카이사르가 폼페이우스 장군의 혈족을 무찌르고 개선하는 길에 말이다.”(I.i.50-51)[3]

셰익스피어는 예전에 폼페이우스를 환영했던 군중이 그를 잊고, 폼페이우스의 아들을 쳐부수고 돌아온 카이사르의 개선을 환호하는 군중

1 (I.i.1-5) “Hence! Home, you idle creatures, get you home!/ Is this a holiday? What, know you not,/ Being mechanical, you ought not to walk/ Upon a labouring day without the sign/ Of your profession?”

2 (I.i.34-36) “[Y]ou worse than senseless things!/ O you hard hearts, you cruel men of Rome,/ Knew you not Pompey?”

3 (I.i.50-51) “And do you now strew flowers in his way,/ That comes in triumph over Pompey's blood?”

의 모습을 부정적으로 재현한다. 또한, 그는 카이사르의 야심을 인지하지 못하는 그들을 정치적 의식 없이 군중 심리에 따라 움직이는 인물로 재현한다. 두 호민관은 카이사르에 대해서도 부정적인 자세를 취한다. 그가 독재자가 될 가능성이 있다고 생각하기 때문이다. 플라비우스는 지금 카이사르를 제어하지 못하면 로마 사람들 모두 노예로 전락할 것으로 생각하면서 카이사르에 대한 군중의 반응을 경계한다(I.i.72-75). 카이사르에 대한 평가가 일관된 것은 아니지만 많은 사람이 카이사르를 공화정에 위협적인 존재로 간주했다(Ribner 16).

셰익스피어도 『줄리어스 시저』에서 카이사르를 공화제를 파괴하는 인물로, 브루투스를 공화제를 수호하는 인물로 재현하고 있다. 1막 1장에서 카이사르와 그를 추종하는 군중에게 적대적인 호민관들은 군중을 카이사르의 꼭두각시라고 비난한다. 카이사르가 군중을 황제에 오르기 위한 수단으로 이용하고 있다고 생각하는 것이다. 셰익스피어는 호민관들을 플루타르크의 원전에서보다 카이사르에게 더욱 적대적인 인물로 재현하고, 브루투스의 미덕을 원전보다 더 부각한다. 그리고 카이사르의 약점을 원전보다 강조한다. 셰익스피어의 마음이 공화파에 기울었다는 것을 보여주는 증거이다.

플루타르크는 당시 로마 사람들 대부분이 왕이 되려는 카이사르에게 반감이 있었다는 것을 다음과 같이 전하고 있다. "카이사르가 가장 명백하고 치명적인 증오심을 사게 된 것은 그가 왕이 되고자 하는 소망이 있었기 때문이었다. 오래전부터 그를 미워하고 있던 사람들은 물론, 대부분 시민에게 그의 이러한 소망은 못마땅한 것이었다. 그를 왕으로 세우기 위해 공작을 꾸미고 있던 사람들은 로마의 신탁을 모은 책에 있던 예언을 들먹이며, 로마는 왕의 통치를 받아야만 파르티아를 정복할 수 있다는 소문을 퍼뜨렸다. 그리고 그들은 알바에서 로마로 돌아오는 카이사르를 왕이라고 떠받들며 맞아들였다."(1344) 사람들의 부정적 반응을 짐작한 카이사르는 자신을 왕으로 떠받드는 자들에게 불쾌한 반응을 보였지만 이는 진심이 아니다. 루퍼칼리아 축제를 구경하던 카이사르에게 당시 집정관이던 안토니우스는 월계수로 만든 왕관을 바쳤는데, 플루타르크는 다음과 같이 적고 있다.

> 이를 본 군중 사이에서는 박수가 흘러나왔지만, 미리 짜둔 각본에 의한 것이었으므로 그 소리는 별로 크지 않았다. 그러나 카이사르가 이것을 거절하자 군중은 우레와 같은 박수를 보냈다. 그리고 다시 안토니우스가 왕관을 바쳤을 때는 소리가 줄어들었다가 카이사르가 한 번 더 거절하자 그 전처럼 큰 박수 소리가 났다. 이렇게 해서 사람들의 마음을 떠본 카이사르는 그 왕관을 카피톨리누스로 가져가라고 했다. 그러나 얼마 후 카이사르의 조각상에 누군가가 왕관을 씌워둔 것이 발견되었다. 이 소식을 들은 호민관 플라비우스와 마룰루스가 곧 그곳으로 달려가 왕관을 벗겨 버렸다. 그뿐만 아니라 맨 처음으로 카이사르를 왕이라 부른 자가 누군지를 찾아내서 감옥에 처넣어 버렸다. 그러자 사람들은 환호를 지르면서 그들을 뒤따르고, 두 사람을 브루투스라고 불렀다. 옛날에 그가 왕위 계승권을 없애버리고 권력을 원로원과 민중에게 돌려주었기 때문이었다. 일이 이렇게 되자 카이사르는 몹시 노여워하면서, 그 두 사람의 관직을 빼앗아 버렸다. … 이렇게 되자 사람들의 마음은 차츰 마르쿠스 브루투스에게 쏠렸다. 카토의 조카이며 사위이기도 한 브루투스는 그 옛날부터 유명했던 브루투스의 후손으로, 외가도 명문인 세르빌리우스의 집안이었다. 그러나 그는 카이사르에게서 많은 도움을 받았기 때문에 그가 왕처럼 독재하고 있어도 감히 그를 몰아내려는 생각은 못하고 있었다. (플루타르크 1346)

이 기록은 안토니우스가 카이사르에게 왕관을 바치고, 카이사르가 이를 거절하고, 이를 보고 군중이 손뼉을 치도록 한 것이 "미리 짜둔 각본"에 의한 것이라고 밝히고 있다. 카이사르가 왕이 되고 싶어 사람들의 마음을 떠보았지만, 여의치 않았다는 것을 보여주는 일화이다. 당시 민중의 처지를 대변하는 호민관이 카이사르를 왕으로 부른 자를 감옥에 처넣었다는 것은 사람들이 공화정을 원했다는 것을 보여주는 사건이다. 플루타르크는 화가 난 카이사르가 두 호민관의 관직을 빼앗아 버리자, 사람들의 마음이 차츰 공화정을 신봉하는 브루투스에게 쏠렸다고 적고 있다. 브루투스는 로마에서 왕의 통치를 끝내고 공화정을 시작한 인물이었던 루키우스 유니우스 브루투스로, 마르쿠스 브루투스의 선조이다. 브루투스의 집안은 대대로 공화정을 신봉하던 명문 가문이었다. 카이사르가 의사당에서 살해될 당시 브루투스는 법무관의 직책을 맡고 있었고 곧 집정관이 될 신분이었다. 카이사르는 파르살리아 전투에서 패해 포로가 된 브루투스를 살려 주었고, 누구보다도 그를 신임하고 신뢰했다. 그래서 카이사르가 "왕처럼 독재하고 있어도" 그를 몰아낼 생각은 하지 못하고 있었다. 캐시우스의 끈질긴 종용에도 불구하고 브루투스는 카이사르 살해를 망설인다.

삼월 보름날을 조심하시오

Beware the ides of March (I.ii.18)

1막 2장에서 축제에 참석하러 가는 카이사르 앞에 한 점쟁이가 나타나 삼월 보름을 조심하라고 경고한다. 삼월 보름은 고대 로마의 풍년을 기원하는 루퍼칼리아(Lupercalia) 축제일로 카이사르가 암살당한 날이다.

점쟁이: 삼월 보름날을 조심하십시오.

카이사르: 저자는 누구냐?

브루투스: 점쟁이가 삼월 보름을 조심하시랍니다.

카이사르: 내 앞에 그 사람을 불러오라. 얼굴을 봐야겠다.

캐시우스: 여보시오. 앞으로 나와 얼굴을 보이시오.

카이사르: 방금 뭐라고 했나? 다시 말해보라.

점쟁이: 삼월 보름을 조심하십시오.

Sooth. Beware the ides of March.

Caes. What man is that?

Bru. A soothsayer bids you beware the ides of March.

Caes. Set him before me, let me see his face.

Cas. Fellow, come from the throng, look upon Caesar.

Caes. What say'st thou to me now? Speak once again.

Sooth. Beware the ides of March. (I.ii.18-23)

삼월 보름을 조심하라는 점쟁이의 경고, 무덤들이 입을 벌려 시체를 토해내고 굉음이 하늘을 진동하는 자연계의 이변, 암살에 관한 칼푸르니아의 꿈 등 여러 가지 불길한 전조가 있었음에도, 카이사르는 "용감한 사람은 단 한 번 죽을 뿐"이라고 하면서, 아내의 만류를 뿌리치고 의사당에 출두한다. 삼월 보름날 카이사르는 브루투스와 캐시우스를 포함한 음모자들에게 암살당한다.

1막 2장에서 캐시우스는 세상 사람들이 브루투스를 두고 기대하는 바를 언급하면서 "당신의 감추어진 가치를 당신 눈에 비춰 보라"(I.ii.57)고 자극하고, 카이사르의 폭정에 시달리는 로마인들의 상황을 주시하라고 하면서 브루투스를 설득한다(I.ii.61-62). 브루투스는 자신에 대한 로마인들의 기대를 언급하면서 자극하는 캐시우스가 자신을 위험 속으로 끌어들이고 있다고 생각한다. 브루투스는 자신이 사람들이 기대하는 덕스러운 인물이 아니라고 하면서 캐시우스의 말을 부인한다(I.ii.63-65). 그러나 캐시우스는 브루투스가 자신의 가치를 과소평가하고 있다고 계속 부추긴다. 캐시우스는 섭섭한 마음을 드러내어 브루투스를 당혹스럽게 한다. 그를 거사에 끌어들이기 위해서이다. "제가 온갖 사람들에게 헤프게 우정을 말하는 사람으로 알고 계신다면, 저를 위험한 인물로 생각하시오."(I.ii.76-78)[4]

브루투스는 카이사르에 대해 아무런 말을 하지 않는다. 그러나 캐시우스는 브루투스 역시 카이사르가 왕으로 추대되는 것을 편치 않게 생각한다는 걸 간파한다. 캐시우스는 계속 브루투스를 자극하여 거사 참여를 종용하고, 브루투스는 로마의 공익과 관계되는 일이라면 "한 눈으론 명예를 다른 눈으론 죽음을 보는 것"(Set honour in one eye and death in the other)(I.ii.86)을 마다하지 않겠다고 공언한다. 브루투스에게 로마의 공화정과 '명예'는 반드시 지켜야 하는 귀한 가치이다. 브루투스는 명예를 소중하게 생각하고 명예를 지키려는 고결한 인물이다. 캐시우스는 명예롭지 못하게 사느니 차라리 죽는 게 낫겠다는 브루투스의 말을 듣고 설득할 수 있는 실마리를 잡는다. 그리하여 다음과 같이 브루투스를 자극한다.

> 브루투스, 당신께 그런 미덕이 있다는 걸 알아요.
> 내가 당신 얼굴을 알고 있듯이 말이오.
> 내가 얘기하려는 것은 명예에 관한 것이오.
> 당신이나 다른 사람들이 이런 삶을

4 (I.ii.76-78) "If you know/ That I profess myself in banquering/ To all the rout, then hold me dangerous."

어찌 생각할지 모르겠소. 내 생각을 말하겠소.
나와 비슷한 사람을 두려워하며 사느니
차라리 죽는 편이 더 낫겠소.
나도 당신도 카이사르처럼 자유인으로 태어났소.
우리 또한 카이사르가 먹는 음식을 먹고,
카이사르처럼 겨울의 추위를 견딜 수 있소.
I know that virtue to be in you, Brutus,
As well as I do know your outward favour.
Well, honour is the subject of my story.
I cannot tell what you and other men
Think of this life; but, for my single self,
I had as lief not be as live to be
In awe of such a thing as I myself.
I was born free as Caesar, so were you.
We both have fed as well, and we can both
Endure the winter's cold as well as he. (I.ii.90-99)

캐시우스는 먼저 브루투스의 미덕을 언급한다. 그러고는 자신과 다를 바 없는 카이사르를 두려워하며 사느니 차라리 죽는 것이 낫겠다고 브루투스를 자극한다. 그는 카이사르가 자신들과 다를 바 없는 존재라는 걸 강조하기 위해 타이버 강물에 휩쓸려 익사할 뻔했던 카이사르를 자신이 구해 주었던 일화를 소개한다. 그는 또한 스페인의 전쟁터에서 열병에 걸려 떨었던 "카이사르가 지금 신과 같은 존재가 되었고, 캐시우스는 처량한 인간이 되어, 카이사르 앞에 허리를 굽혀야 하는 신세"로 전락했다고 한탄한다(I.ii.115-117).[5] 카이사르의 약점을 들추어내어 브루투스를 자극하려는 의도에서다. 캐시우스는 아직 구체적으로 카이사르의 살해를 언급하지 않는다. 카이사르에게 열광하는 군중의 환호성이 들려오자, 캐시우스는 하늘이 아니라 스스로 자신의 운명을 통제해야 한다고 하면서 다시 브루투스의 자존심을 건드린다. 운명의 노예가 아니라 "운명의 주인"이 되라는 주문이다.

> 인간은 때론 자기 운명의 주인이 될 수 있소.
> 브루투스, 운명의 노예가 되고 아니 되고는
> 운명의 별 탓이 아니라 우리 자신에게 달려있소.
> 브루투스와 카이사르, '카이사르'란 이름 속에 뭐가 있소?
> 그 이름이 당신 이름보다 유명해져야 할 이유가 뭐요?
> 같이 써봐요. 당신 이름도 카이사르 이름 못지않게 훌륭하오.
> 불러봐요. 당신 이름도 카이사르 이름 못지않게 들리질 않소.
> Men at some time are masters of their fates;
> The fault, dear Brutus, is not in our stars,
> But in ourselves, that we are underlings.
> Brutus and Caesar: what should be in that "Caesar"?
> Why should that name be sounded more than yours?
> Write them together, yours is as fair a name;
> Sound them, it doth become the mouth as well. (I.ii.139-145)

브루투스가 카이사르보다 덜 유명할 이유가 없다는 캐시우스의 말은

5 (I.ii.115-17) "This man/ Is now become a god, and Cassius is/ A wretched creature, and must bend his body."

이제 설득의 수준을 넘어 선동의 수준으로 변한다. 명예를 중히 여기는 브루투스의 자존심을 건드리면서 그의 피를 격동하게 만들기 때문이다. 깨끗한 '이름'과 '명예', 그리고 타인에게 비친 '이미지'는 캐시우스가 브루투스를 얽어매는 올가미로, 그를 카이사르 살해라는 덫으로 끌어들이는 효과적인 장치로 작동한다(Greene 76-77). 선동적인 캐시우스의 말은 다음과 같이 이어진다. "카이사르가 도대체 뭘 먹었기에 그렇게 위대해졌소? 세월이여! 그대는 치욕을 당했구나! 로마여! 그대는 고귀한 혈통을 잃어버렸구나!"(I.ii.149-152)[6] '명예'에 대한 브루투스의 마음을 자극하는 말이다.

신격화된 카이사르의 명성을 질시하는 캐시우스의 격앙된 목소리는 마침내 브루투스의 마음을 동요시킨다. 캐시우스는 브루투스가 카이사르의 야심을 통제해야 할 운명으로 타고났다고 자극한다. 카이사르와 브루투스를 비교하면서 브루투스의 자존심을 건드리고, 브루투스 집안이 대대로 공화정을 수호해 온 가문이라는 것을 상기시킨다. 그러자 브루투스는 마침내 캐시우스가 친 '명예'라는 덫에 걸려들고 만다. 그는 캐시우스에게 지금의 상황을 "어떻게 생각하는지" 후에 말하겠다고 약속한다. 명예를 중하게 생각하는 브루투스의 자존심을 건드려 거사에 참여시키려는 캐시우스의 전략이 성공한 것이다. 브루투스가 마침내 캐시우스가 기대하는 게 뭔지를 알고 신중하게 생각해보겠다고 말하기 때문이다. 캐시우스는 마침내 "브루투스의 가슴에 불을 질러 놓았다"(I.ii.177)고 확신하고 퇴장한다.

캐시우스가 이렇게 집요하게 브루투스를 카이사르 제거에 끌어들이는 이유는, 거사에 성공했다고 해도 그가 없이는 결코 정의로운 행동으

6 (I.ii.149-152) "Upon what meat doth this our Caesar feed/ That he is grown so great? Age, thou art shamed!/ Rome, thou hast lost the breed of noble bloods!"

로 비치기 힘들었기 때문이다. 공화정을 신봉했던 브루투스는 고상한 인품과 도덕성으로 명성이 자자했고 많은 로마 사람들의 존경을 한 몸에 받았다. 캐시우스가 친구들에게 카이사르 암살에 동조하라고 했을 때, 그들은 브루투스가 이 일에 동참한다면 자신들도 동참하겠다고 약속했다. "브루투스에 대한 사람들의 존경과 권위"가 캐시우스와 그들에게 필요했다. 그들은 정의롭고 명예를 중시하는 브루투스가 거사에 참여하면 그 일이 정의에 어긋나는 일이 아니며, "신성한 행동"처럼 보일 것으로 생각했다(플루타르크 1803). 그래서 거사의 대의명분을 확보하기 위해 브루투스가 필요했다.

망설이던 브루투스의 마음에 불을 붙인 것은 '명예'라는 말이다. 캐시우스는 명예를 갈구하는 브루투스의 마음에 불을 붙여 드디어 그가 거사에 참여하게 만든다. 브루투스의 적인 안토니우스조차 오직 브루투스만이 카이사르에 대한 시기심 때문이 아니라 "모두를 위해 공동의 선을 행하려는 생각"에서 카이사르 살해 음모에 가담했던 "가장 고결한 로마인"이라고 칭송했다(V.v.68-71). 사실 브루투스는 명예로운 인물이다. '명예'는 브루투스란 인물의 성격을 가장 잘 드러내는 키워드이다. 브루투스의 모든 행동은 자신의 명예와 가문의 명예와 로마의 명예를 지키기 위한 행동이다.

카이사르를 독사의 알이라고 생각하자

Think him as a serpent's egg (II.i.32)

카이사르를 살해해야 할 명분을 찾을 수 없는 브루투스가 자신의 행동을 합리화하기 위해 하는 말이다. 지금으로서는 그가 카이사르를 죽여야 할 "어떤 개인적인 이유(personal cause)도 없다."(II.i.11) 그러나 문제는 카이사르가 "황제가 되면 천성이 어떻게 바뀔지"(How that might change his nature, there's the question)(II.i.13)이다. 독사가 될지도 모르는 카이사르에게 왕관은 사람을 해칠 독아(毒牙)가 될지도 모른다고 우려한다. 그리하여 브루투스는 카이사르가 앞으로 독재자가 될 것이라고 가정한다.

> 그러니 이렇게 생각하자. 그가 권력을 장악하면
> 분명히 이런저런 폭정을 일삼을지 모른다고.
> 지금의 카이사르를 독사의 알이라고 생각하자.
> 알 깨고 나오면 본성 드러내 사람을 해칠 독사 알로…
> 그래서 알 속에 있을 때 죽여야 한다고…
> Fashion it thus: that what he is, augmented,
> Would run to these and these extremities;
> And therefore think him as a serpent's egg,
> Which, hatched, would as his kind grow mischievous,
> And kill him in the shell. (II.i.30-34)

카이사르 살해라는 거사에 앞서 브루투스는 먼저 자신이 인정할 수 있는 명분을 찾고 있다. 그는 "카이사르에게 이성보다 감정이 앞서는 일은 결코 없다"(II.i.21)라는 것을 인정한다. 그래서 현재로서는 카이사르를 죽여야 할 명분을 찾기 힘들다. 그가 로마의 자유를 위협할 만한 조짐을 보이지 않았기 때문이다. 그러나 브루투스는 명분을 찾기 위해 카이사르를 언젠가는 알을 깨고 나와 장차 독재자가 될지도 모르는 '독사'로 비유한다. 겉모습과는 달리 사악한 본성을 숨기고 있다고 생각하는 것이다. 그는 카이사르를 포악한 본성을 드러내 사람을 해칠 수 있는 "독사의 알"이라고 가정하고, 그러기 전에 제거해야 한다는 명분을 만들어낸다. 카이사르가 권력을 장악하면 폭정을 일삼을 것이라는 추론으로 살해의 명분을 만들어내고 있다(Greene 81). 하지만 그 명분은 자신의 행위를 합리화하려는 가정일 뿐 현실이 아니다. 브루투스는 이처럼 카이사르가 황제가 되기를 원한다는 가정에 따라 자신의 행위를 정당화하고, 문제를 미리 방지한다는 명분에 따라 마침내 카이사르 살해라는 거사에 앞장선다.

거사를 모의하기 위해 모인 동료들이 카이사르의 수족인 안토니우스도 함께 죽여야 한다고 주장하자 브루투스는 다음과 같이 말한다. "안토니우스는 카이사르의 팔다리일 뿐이오. 우리는 도살자가 아니라 제물을 바치는 사람들이 되어야 하오, 캐시우스. 우리가 맞서 궐기한 건 카이사르의 정신이기 때문이오."(II.i.165-167)[7] 브루투스는 카이사르를 제단에 바쳐질 제물로 생각하면서 경건하게 "제사 드리려는 사제의 마음"으로 거사에 참여한다(Burckhardt 212). 그는 이번 거사가 군중에게 "사적인 원한이 아니라 불가피한 이유" 때문에 내려진 결정으로 비치고, 거사에 참여한 사람들이 암살자가 아니라 독재자를 "숙청한 사람들"로 불리길 원한다. 그리하여 브루투스는 "카이사르의 정신"만 해치우자고 하면서, "카이사르의 머리가 잘리면 카이사르의 팔 이상의 역할은 할 수 없는"(he can do no more than Caesar's arm/ When Caesar's head is off)(II.i.182-183) 안토니우스를 죽이지 말자고 동료들을 설득한다.

개인적인 원한이 아니라 공화정을 수호한다는 대의명분에 따라 카이사르를 제거하자는 브루투스는 명예롭고 고결한 정신의 소유자이다. 그러나 그는 감정적으로 반응하는 군중의 심리를 제대로 파악하지 못하며,

7 (II.i.165-67) "For Antony is but a limb of Caesar./ Let us be sacrificers, but not butchers, Caius./ We all stand up against the spirit of Caesar."

그가 신봉하는 이상적인 명분은 현실 정치에서는 그리 잘 통하지 않는다. 그는 캐시우스에 비해 비실제적인 인물이다. 아이러니하게도 브루투스가 맞서 싸운 카이사르의 정신은 그가 죽은 후에도 살아남아 살해에 가담한 음모자들을 파멸로 몰아넣는다. 카이사르의 혼령은 필리포이 전투에 나타나 적들을 파멸시키고 카이사르의 후계자인 옥타비아누스는 브루투스가 그렇게도 지키려고 노력했던 공화정을 무너뜨리고 로마 황제에 오르기 때문이다(Barton 88). 그리고 카이사르가 죽으면 "카이사르의 팔 이상의 역할"은 할 수 없을 것이라던 안토니우스는 군중을 선동하여 브루투스에게 대항하는 폭동을 일으키게 하고, 마침내 브루투스 일파를 무너뜨린다.

2막 2장, 삼월 보름날 아침, 칼푸르니아는 카이사르에게 여러 가지 불길한 징조들이 있으니 외출을 삼가라고 애원한다. 하지만 카이사르는 "카이사르 자신이 무엇보다도 더 위험한 존재"라고 말하면서 이를 무시한다.

> 칼푸르니아: 거지가 죽는다고 혜성이 나타나진 않아요.
> 귀한 사람이 죽을 때만 하늘이 불꽃을 뿜어 알려 주죠.
> 카이사르: 비겁한 자는 죽기도 전에 여러 번 죽지만
> 용감한 사람은 단 한 번 죽을 뿐이오.
> 지금까지 들어온 놀라운 일 중, 정말 이상한 일은
> 사람들이 죽음을 두려워한다는 것이오.
> 죽음을 맞이하는 건 불가피한 하늘의 뜻이니,
> 죽음은 올 때가 되면 오기 마련이오.
> Cal. When beggars die there are no comets seen;
> The heavens themselves blaze forth the death of princes.

Caes. Cowards die many times before their deaths,
The valiant never taste of death but once.
Of all the wonders that I yet have heard,
It seems to me most strange that men should fear,
Seeing that death, a necessary end,
Will come when it will come. (II.ii.30-37)

카이사르는 "비겁한 자는 죽기도 전에 여러 번 죽지만, 용감한 사람은 단 한 번 죽을 뿐"이라고 하면서 죽음을 담담하게 받아들인다. 여러 가지 조짐과 경고에도 불구하고 카이사르는 살고 죽는 것이 하늘의 뜻이라고 하면서 마침내 의사당에 출두했고, 브루투스를 포함한 암살자들의 칼에 찔려 죽는다.

브루투스 너마저도!

Et tu, Brute! (III.i.77)

끔찍하게 사랑하던 브루투스의 단도에 찔려 죽어가면서 카이사르가 하는 말이다. 상상할 수 없는 브루투스의 배신을 두고 하는 말이다. 3막 1장, 의사당에서 캐시우스가 퍼블리어스 심버의 사면복권을 요청하자, 카이사르는 자신을 "북극성처럼 확고부동한" 사람이라고 하면서 사면 요청을 거절한다. 단호한 카이사르는 결코 자신의 결정을 바꿀 의향이 없다. "나 카이사르는 북극성처럼 확고부동하오. 변하지 않는 북극성처럼 말이오. 하늘에서 같은 종류를 찾아볼 수 없는 그 북극성처럼"(III.

i.60-62).[8] 카이사르의 오만성이 드러나는 지점이다. 카이사르는 세상에는 수많은 사람이 있지만 어떤 일에도 동하지 않는 사람은 "단 한 사람뿐. 그건 바로 나 카이사르"(That unassailable holds on his rank,/ Unshaked of motion: and that I am he)(III.i.69-70)라고 단호하게 말하면서, 심버가 추방되어야 한다는 "확고부동한 뜻"에 추호도 변함이 없다고 선언한다. 이때 모반자들이 달려들어 카이사르를 단도로 찌른다. 카이사르는 가장 사랑하고 아끼던 브루투스가 자신을 찌른다는 것을 도저히 받아들일 수 없다. 그리하여 카이사르는 "브루투스, 너마저도?"라는 말을 내뱉고 죽는다.

> 카이사르: 브루투스, 너마저? 그럼 카이사르는 끝이다. (죽는다)
> 시나: 자유다! 해방이다! 폭정은 끝났다!
> 달려가서 공포하라! 온 거리를 다니면서 외쳐라!
> 캐시우스: 광장의 연단으로 가서 외치시오.
> "자유다, 자유다, 해방이다"라고….
> 브루투스: 시민 여러분, 의원 여러분, 두려워 마시오.
> 달아나지 말고 그대로 계세요. 야심이 빚을 갚았을 뿐이오.
> Cae. *Et tu, Brute!* Then fall, Caesar. *Dies*
> Cin. Liberty! Freedom! Tyranny is dead!
> Run hence, proclaim, cry it about the streets.
> Cas. Some to the common pulpits, and cry out,
> "Liberty, freedom, and enfranchisement!"
> Bru. People and senators be not affrighted;
> Fly not, stand still; ambition's debt is paid. (III.i.77-83)

8 (III.i.60-62) "I am constant as the northern star,/ Of whose truefixed and resting quality/ There is no fellow in the firmament."

3막 1장, 캐시우스는 브루투스에게 광장으로 가서 "자유다, 자유다, 해방이다"를 외치라고 종용하고, 브루투스는 카이사르의 "야심이 빚을 갚았을 뿐"이라고 하면서, 로마인의 자유를 위해 카이사르를 살해했다고 선언한다. 그런데 브루투스는 카이사르의 장례식에서 추도 연설하기를 원하는 안토니우스의 청을 수락하는 치명적인 과오를 범한다. 안토니우스가 교묘한 연설로 군중이 브루투스를 대항해서 폭동을 일으키도록 자극하기 때문이다. 이 극은 군중의 지지를 확보하는 것이 권력 투쟁에서 승리를 보장하는 지름길이라는 것을 잘 보여준다. 하지만 그들은 선동에 따라 부화뇌동하는 존재로 재현되고 있다. 이성적 판단에 따라서 지지하는 것이 아니라는 말이다. 이런 면모는 브루투스와 안토니우스의 연설이 진행된 3막 2장에 잘 드러나 있다. 군중은 어느 순간에는 브루투스와 공화정을 지지하다가 어느 순간에는 안토니우스와 카이사르를 지지하는 변덕을 드러낸다.

3막 2장, 카이사르 살해 이후 브루투스는 군중 앞에 등장하여 카이사르를 살해할 수밖에 없었던 이유를 다음과 같이 밝힌다.

> 로마시민, 동포, 사랑하는 친구 여러분! 카이사르를 죽인 이유를 조용히 들어주시오. 제 명예를 걸고 저를 믿어주시고, 저를 믿기 위해 저의 명예를 존중해 주시오. 현명하게 절 판단해 주시고 더 현명한 판단을 위해 이성을 일깨우시오. 만약 여러분 가운데 카이사르의 절친한 친구가 있다면, 이렇게 말하겠소. 카이사르에 대한 브루투스의 우정도 그에 못지않다고. 그럼 물으실 겁니다. 왜 카이사르에 대항해 일어섰느냐고? 내 대답은 이렇소. 내가 카이사르를 덜 사랑한 게 아니라, 로마를 더 사랑했기 때문에 그를 죽였다고…. 여러분은 카이사르가 죽고 모두가 자유인으로 살기보다는, 카이사르가 살고 여러분 모두 노예로

살기를 바랍니까?

Romans, countrymen, and lovers, hear me for my cause, and be silent, that you may hear. Believe me for mine honor, and have respect to mine honor, that you may believe. Censure me in your wisdom, and awake your senses, that you may the better judge. If there be any in this assembly, any dear friend of Caesar's, to him I say, that Brutus' love to Caesar was no less than his. If then that friend demand why Brutus rose against Caesar, this is my answer: Not that I loved Caesar less, but that I loved Rome more. Had you rather Caesar were living and die all slaves, than that Caesar were dead, to live all freemen? (III.ii.13-24)

브루투스는 카이사르의 시체가 놓인 광장의 연단에서 군중에게 왜 카이사르를 죽일 수밖에 없었는지 논리적으로 설명한다. 차분한 어조로 카이사르를 살해해야 했던 이유를 밝히는 그의 산문 연설은 이성에 호소하는 정적인 연설이다(Nevo 119). 감정을 격동시키는 연설은 아니지만, 브루투스가 "로마를 더 사랑했기에 카이사르를 죽였다"라고 했을 때, 군중은 환호하면서 "브루투스를 카이사르로 추대하자"(III.ii.51)라고 반응한다. 이는 곧 군중이 브루투스가 카이사르를 살해한 이유를 분명하게 알지 못하고 무지한 정치의식을 드러내는 부분이다. 브루투스는 카이사르를 사랑하고 존경했지만, 문제는 황제가 되려는 카이사르의 야심이다. 카이사르의 야심과 브루투스가 수호하려는 공화정의 이상은 결코 함께할 수 없다. 그리하여 모두가 자유로운 로마를 꿈꾸면서 브루투스는 다음과 같은 열변을 토한다.

카이사르의 사랑에 대해서는 눈물이, 행운에 대해서는 기쁨이, 그의 용맹에 대해서는 존경이, 야심에 대해서는 죽음이 있을 뿐. 여기에 노예가 되길 바라는 비열한 사람이 어디 있겠소? 있다면 말씀하시오. 난 그에게 잘못을 범한 셈이오. 진정한 로마인이 되고 싶지 않은 미련한 자가 어디 있겠소? 있다면 말씀하시오. 난 그에게 잘못을 저지른 셈이오. 조국을 사랑하지 않을 비열한 자가 어디 있겠소? 있다면 말하시오. 난 그에게도 잘못을 저지른 셈이오. 자, 대답을 기다리겠소.

There is tears for his love; joy for his fortune; honour for his valor; and death for his ambition. Who is here so base that would be a bondman? If any, speak; for him have I offended. Who is here so rude that would not be a Roman? If any, speak, for him have I offended. Who is here so vile that will not love his country? If any, speak, for him have I offended. I pause for a reply. (III.ii.27-34)

미사여구를 동원한 수사적 질문과 수사적 반복, 그리고 대조를 통해 군중을 설득하려는 브루투스의 연설은 지적인 연설로, 듣는 이의 마음에 불을 지르는 안토니우스의 역동적인 연설과는 근본적으로 차이가 있다(Zandvoort 65). 브루투스는 자신을 "카이사르로 추대하자"라는 어리석은 군중의 수준을 잘 파악하지 못한 순진하고 정치적 감각이 모자란 인물이다. 안토니우스가 카이사르의 시신 앞에서 연설하도록 허락했기 때문이다(Charney 231). 군중은 브루투스 연설에 일시적으로 반응하지만, 격식을 차린 브루투스의 의례적인 연설은 생동감 넘치는 안토니우스의 연설처럼 청자들의 마음속에 깊이 파고들지 못한다.

브루투스와는 달리 안토니우스는 정치적 감각이 뛰어난 인물이며, 연설을 듣는 군중의 심리를 잘 꿰뚫어 보는 영리한 인물이다. 안토니우스는 "로마시민, 동포, 그리고 사랑하는 친구 여러분!"(III.ii.13)으로 시작하는 브루투스의 연설을 다음과 같이 패러디한다.

> 친구들, 로마시민, 그리고 동포 여러분. 제 말에
> 귀 기울여 주시오. 난 카이사르를 묻기 위해서 여기 왔소.
> 찬양하려고 여기 온 게 아닙니다. 사람의 죄는
> 죽은 후에도 남지만, 선행은 뼈와 함께 묻힙니다.
> 카이사르도 그러합니다.
> Friends, Romans, countrymen, lend me your ears!
> I come to bury Caesar, not to praise him.
> The evil that men do lives after them;
> The good is oft interred with their bones;
> So let it be with Caesar. (III.ii.74-77)

안토니우스는 후에 "나는 브루투스 같은 웅변가는 아니다"(III.ii.217)라고 하지만, 브루투스의 판에 박힌 웅변을 위와 같이 변용하여 수사적으로 사용한다. 안토니우스가 브루투스보다 더 훌륭한 웅변가이고 영리한 인물이라는 것을 드러내는 연설이다. "친구들, 로마시민, 그리고 동포 여러분!"(Friends, Romans, countrymen!)이란 안토니우스의 표현은 운율적으로 귀에 거슬리는 "로마시민, 동포, 그리고 사랑하는 친구들!"(Romans, countrymen, and lovers!)이라는 브루투스의 연설보다 한층 더 운율적인 표현이다. "제 말에 귀를 기울여 주십시오"(lend me your ears)라는 안토니우스의 표현은 "조용히 들어주시오"(be silent)라는 브루투스의 연설에 드러난 오만한 태도와 대조를 이루는 겸손한 표현이다. 브루투스는 로마인의 자유를 위해 카이사르를 살해하는 일에 가담했다고 주장한다. 그런데 안토니우스의 수사가 훨씬 더 민주적인 것처럼 들린다. 브루투스가 군중에게 강연했던 그 자리에서 안토니우스는 군중을 설득하고 조정한다(Macrone 45). 계속되는 다음과 같은 카이사르 추모 연설은 군중의 마음을 사로잡고, 군중은 다시 다른 반응을 보이기 시작한다.

> 브루투스 공은 고결하신 분입니다.
> 카이사르는 수많은 포로를 우리 로마에 데려왔고,
> 그 포로들 석방보석금으로 국고를 채웠습니다.
> 이것이 야심을 품은 것으로 보이게 했단 말입니까?
> 가난한 사람들이 울면 카이사르도 울었습니다.
> 야심이란 이것보다 더 냉혹한 성질의 것일 겁니다.
> 그러나 브루투스 공은 카이사르가 야심을 품었다고 합니다.
> 그리고 브루투스 공은 고결한 분이십니다.
> 여러분 모두가 보셨습니다. 지난 루퍼컬 축제에서
> 저는 세 번이나 그에게 왕관을 바쳤습니다. 하지만 그는
> 세 번이나 그 왕관을 거절했습니다. 이것이 야심인가요?
> 그러나 브루투스 공은 카이사르가 야심을 품었다고 합니다.
> And Brutus is an honorable man.
> He hath brought many captives home to Rome,
> Whose ransoms did the general coffers fill;
> Did this in Caesar seem ambitious?
> When that the poor have cried, Caesar hath wept;
> Ambition should be made of sterner stuff:
> Yet Brutus says he was ambitious,
> And Brutus is an honorable man.

> You all did see that on the Lupercal
> I thrice presented him a kingly crown,
> Which he did thrice refuse. Was this ambition?
> Yet Brutus says he was ambitious. (III.ii.87-98)

안토니우스 역시 브루투스처럼 반복과 질문과 대조 등의 수사적 장치를 활용한다. 그러나 연설이 군중에게 미치는 파장에는 차이가 있다. 안토니우스는 브루투스가 '고결한 분'이라고 말하면서, 또 한편으로는 카이사르가 정말 야심적인 인물인가를 거듭 묻는다. 안토니우스의 연설에서 표면적으로는 브루투스의 '고결성'(honour)과 카이사르의 '야심'(ambition)이 대조를 이루는 것처럼 보인다. 하지만 그의 연설은 반복을 통한 과장이라는 수사적 장치 때문에 듣는 사람들에게 브루투스는 고결한 인물이 아니고, 카이사르가 야심에 찬 인물은 아니라는 속뜻을 전달한다. 그는 카이사르가 가난한 사람들과 함께 울었다는 점을 들어 "냉혹한 성질"(sterner stuff)의 야심을 소유한 인물이 아니라고 주장한다. 특히 카이사르가 포로들의 보석금으로 국고를 채웠고, 세 번이나 왕관을 거절했던 일화를 언급하면서 야심 없는 인물이라는 것을 강조했을 때, 군중의 심리는 동요되기 시작한다. 브루투스의 이성적인 연설과는 다른 안토니우스의 열정적인 운문 연설은 듣는 이들의 감정을 자극하는 역동적인 연설이다(Greene 82, 86). 반복과 대조를 통한 강조, 아이러니, 강한 아첨을 이용한 역설적 조롱, 연민의 정을 자극하는 감정적 언어, 율동적인 반복성을 드러내는 안토니우스의 연설은 "군중 연설이 어떠해야 하는지를 보여주는 모델"이다(Granville-Barker 393).

브루투스의 논리적 설득과 대조를 이루는 안토니우스의 감성적 선동으로 군중의 심리는 카이사르에 대한 동정으로 변한다. 브루투스의 연설을 듣고 그에게 동조했던 군중은 이제 안토니우스의 연설을 듣고 동요되어 카이사르의 죽음을 동정하기 시작한다. "그 일을 공평하게 생각해 보니, 카이사르는 부당하게 살해된 것 같소."(If thou consider rightly of the matter,/ Caesar has had great wrong.)(III.ii.109-110) 안토니우스는 자신이 군중을 선동하거나 브루투스를 욕보일 의도가 없다고 변명한다. 또한, 그는 자신이 카이사르의 유언장을 가지고 있지만, 군중이 더 슬퍼할지도 몰라 공개할 생각이 없다고 말한다. 그러나 이것은 역설적으로 군중을 교묘하게 자극하는 수사적인 말이다. 이 말을 들은 군중은 유언장을 읽으라고 재촉한다. 안토니우스는 선동할 의도가 없다고 말하지만, 군중이 카이사르를 죽인 자들에 대해 적개심을 가지도록 유도한다. 안토니우스는 군중의 심리를 교묘하게 조정하면서 연설을 계속한다. 안토니우스는 군중이 "유언장 내용을 알게 되면 미쳐버릴 것"(hearing the will of Caesar,/ It will inflame you, it will make you mad.)(III.ii.143-144)이라고 하면서 계속해서 군중을 자극한다. 흥분한 군중이 유언장의 내용을 공개하라고 계속 아우성치자, 안토니우스는 시신 주위를 둘러싼 군중에게 카이사르의 시신에 난 상처를 보여주면서 "눈물이 있으면 지금 그 눈물을 흘릴 준비를 하라"(III.ii.169)고 말한다. 안토니우스는 군중의 심리를 매우 교묘하게 조작한다. 그는 먼저 "카이사르가 브루투스를 얼마나 사랑했는지"를 생각해 보라고 종용하고, 카이사르의 몸에 난 칼자국이 "세상에서 가장 잔인한 칼자국"(the most unkindest cut of all)(181-182)이라고 하면서 사람들을 자극한다. "착한 분들이여, 카이사르의 옷에 난 상처만 보고도 그렇게 눈물을 흘리십니까? 여길 보시오. 여기 계십니다. 보시다시피 반역자들에게 난도질을 당해…."(III.ii.195-197)[9]

9 (III.ii.195-197) "Kind souls, what weep you when you but behold/ Our Caesar's vesture wounded? Look you here,/ Here is himself, marred, as you see with traitors."

안토니우스는 상처투성이인 카이사르의 시신을 군중에게 내보이면서 그들을 자극한다. 난도질당한 카이사르의 시신을 보고 눈물을 흘리라는 안토니우스의 말은 연민의 정을 자극하는 생동감 넘치는 언어이다. 여기서 안토니우스의 말들은 "로마의 돌덩이마저도 들고 일어나 폭동을 일으키게 할 수도 있는"(III.ii.230) 힘에 넘치는 생생한 언어이다(Zandvoort 65). 마침내 그의 선동에 군중은 흥분하고, "반역자는 한 놈도 살려두지 마라"(III.ii.205)고 외치면서 격렬하게 반응한다. 안토니우스는 군중에게 자신의 말에 동요하여 폭동을 일으켜서는 아니 된다고 하지만, 이 말은 교묘하게 그들을 자극한다. 안토니우스는 자신이 브루투스와 같은 웅변가가 아니며, 사람들 피를 끓게 하는 설득력을 갖추지 못한 둔한 사람이라고 말하면서, 다음과 같은 수사적인 언어로 다시 군중을 자극한다.

> 여러분도 알다시피, 난 내 친구를 사랑하는
> 평범하고 통명스러운 사내요. 그들도 그걸 잘 알기에
> 내가 카이사르를 추모하는 연설을 하도록 공적으로 허락한 거요.
> 저는 사람들의 피를 들끓게 하는 재주도 없고
> 말주변도 품격도 몸짓도 없고 언변도 설득력도
> 없는 사람입니다. 그저 솔직하게 말할 뿐이오.
> 여러분이 알고 있는 것을 말할 뿐이오. 카이사르의
> 상처와 말 못 하는 불쌍한 입을 여러분께 보여주고,
> 그것들이 안토니우스 대신 말하게 할 뿐입니다.
> ([As] you know me all) a plain blunt man,
> That love my friend; and that they know full well
> That gave me public leave to speak of him.

For I have neither [wit], nor words, nor worth,
Action, nor utterance, nor the power of speech,
To stir men's blood; I only speak right on.
I tell you that which you yourselves do know,
Show you sweet Caesar's wounds, poor, poor, dumb mouths,
And bid them speak for me. (III.ii.218-226)

안토니우스는 자신이 웅변가가 아니라 "사람들의 피를 들끓게 하는 재주도 없고 말주변도 없는" 평범한 사람이라고 자신을 낮추어 말한다. 그런데 자신의 무지를 의도적으로 과장하여 듣는 사람의 동정을 유도하는 안토니우스의 "꾸며진 겸양"(affected modesty)은 중세부터 잘 알려진 강력한 수사적 장치이다(Spearing 17). 안토니우스야말로 누구보다도 "사람의 피를 끓게 하는" 언변을 구사하는 웅변가이다. 안토니우스는 자신이 브루투스 같은 웅변가라면 사람들을 자극해 미치게 하고 "카이사르의 상처 구멍 하나하나에 혓바닥을 달아 말하게"(III.ii.229) 할 것이라고 자신을 낮춘다. 그러나 정말 사람들을 미치게 하고 카이사르의 상처에 혀를 달아 생생하게 말하게 만드는 것은 안토니우스 자신이다. 맥도날드(Russ McDonald)의 언급에 따르면 현란한 수사적 장치로 무장한 안토니우스의 언어는 자의식적인 언어이다(43). 다시 말하자면 안토니우스는 현재 자신이 처한 상황을 분명히 알고 있고, 누구를 상대로 어떻게 말해야 할지를 잘 알고 있는 매우 자의식적인 인물이다.

안토니우스의 연설로 불이 댕겨진 군중은 당장 음모에 가담한 자들을 찾아내 죽이자고 흥분한다. 안토니우스는 카이사르의 유언장, 모든 로마 사람들에게 75드라크마를 주고 자신의 땅을 로마시민들의 휴식처로 남긴다는 유언장을 공개하면서 선동을 마무리한다. 흥분한 군중은 폭도로 변해 폭동을 일으킨다. 안토니우스의 선동이 성공한 셈이다. 안토니우스는 자신을 낮추어 군중의 동정심을 유발하고 자신을 믿게 만들고, 생동감이 넘치는 수사적 언어를 구사해 군중의 마음을 사로잡았다. 로마시민들에 대한 카이사르의 사랑과 배려를 언급하면서 선동하는 안토니우스의 말에 동요한 군중은 마침내 카이사르의 암살자를 찾아 그들의 집을 불태우고 처단하라고 소란을 피운다. 성난 군중이 거리로 뛰어나가 소동을 벌이고 브루투스의 집을 태우자, 카이사르 살해에 가담한 자들은 모두 로마 밖으로 도망친다. 군중 심리를 잘 알고 있는 안토니우스는 그들이 브루투스를 포함한 암살자들에게 격렬하게 대항하게 만들어 승자로 군림한다.

군중은 브루투스의 연설을 듣고 그의 말이 옳다고 생각하지만, 안토니우스의 연설을 듣고는 돌변하여 그의 말이 옳다고 생각한다. 셰익스피어는 부화뇌동하는 군중의 모습을 재현하고 있다. 폭도로 변해 난동을 벌이는 군중의 비이성적인 모습은 3막 3장에 생생하게 드러난다.

민중3:	솔직하게 이름을 밝혀라.
시나:	솔직하게 말해 내 이름은 시나요.
민중1:	놈을 찢어 죽여라! 놈은 음모자 중 하나다.
시나:	난 시인인 시나요. 시를 쓰는 시나란 말입니다.
민중4:	엉터리 시를 쓴 놈을 찢어 죽여. 엉터리 시 쓴 놈을 죽여.
시나:	저는 카이사르 살해에 가담한 시나가 아닙니다.
민중4:	그런 것은 상관이 없어. 놈의 이름은 시나야.
3 Pleb.	Your name, sir, truly.
Cin.	Truly, my name is Cinna.
1 Pleb.	Tear him to pieces; he's a conspirator.

Cin.	I am Cinna the poet, I am Cinna the poet.
4 Pleb.	Tear him for his bad verses, tear him for his bad verses.
Cin.	I am not Cinna the conspirator.
4 Pleb.	It is no matter, his name's Cinna. (III.iii.27-33)

흥분한 군중은 카이사르의 암살과는 상관이 없는 시나라는 이름을 가진 시인을 암살자 중 한 사람과 이름이 같다는 이유로 죽인다. 이는 군중 심리에 사로잡힌 사람들의 비이성적인 행위를 잘 보여주는 장면이다(Knights 135). 브루투스에 열광하여 브루투스를 "카이사르로 추대하자"고 어처구니없는 반응을 보였던 군중은 브루투스를 잊고 다시 카이사르에게 열광하고, 카이사르를 찬양하는 안토니우스에게 동조한다. 비이성적인 행동이다. 그러나 권력의 향배는 군중의 지지 여부에 달려있다. 브루투스를 지지했던 군중은 안토니우스의 연설을 들은 후, 다시 카이사르를 동정하고, 마침내 브루투스에 대한 복수심에 사로잡혀서 폭동을 일으킨다. 그리하여 공화파는 로마에서 쫓겨난다. 주시할 점은 정치 세계에서 언어가 곧 "권력의 향배와 인물의 성패를 좌지우지하는 무기"라는 점이다(Greene 68). 안토니우스는 칼자국이 낭자한 카이사르의 시신을 보여주고, 로마 군중에 대한 카이사르의 사랑을 증명하는 유언장을 낭독하고 눈물을 흘리면서 군중의 마음을 사로잡는다. 또한, 반복과 대조, 역전과 과장, 조롱과 칭찬 등의 수사적 장치를 통해 그들을 선동한다. 피를 격동시키는 안토니우스의 수사적인 언어는 브루투스를 사지로 몰아넣는 효과적인 무기이다.

인간 만사엔 조수가 있는 법

There is a tide in the affairs of men (IV.iii.218)

먼저 움직이지 말고 적군을 기다리자는 캐시우스의 견해를 무시하고 현재 상황이 아군에게 유리하다고 오판한 브루투스의 말이다. 장례식에서 안토니우스의 연설로 촉발된 폭동 이후, 카이사르 암살에 가담했던 브루투스 일파는 로마 밖으로 쫓겨난다. 4막 2장에서 캐시우스가 "공손하고 정중하게 대했지만, 친숙한 태도를 보이지는 않았다"라는 루실리어스의 말에 브루투스는 "우정이 병들어 쇠락하기 시작하면 억지로 예의를 차리는 법"(When love begins to sicken and decay,/ It useth an enforced ceremony)(IV.ii.21-22)이라고 하는데, 브루투스 진영의 불화가 싹트고 있다는 것을 보여주는 일화이다. 브루투스는 캐시우스가 자격도 없는 이들에게 매관매직하고 더러운 뇌물을 탐하며 거사의 대의명분을 훼손했다고 비난한다. 카이사르 살해라는 거사를 함께했던 그들은 이제 대립한다.

안토니우스와의 최종 전투를 앞두고 브루투스와 캐시우스는 의견의 차이를 드러낸다. 캐시우스는 안전한 장소의 이점을 살려 아군이 먼저 움직이지 말고 적군을 기다리자고 주장한다. 그러나 브루투스는 시간이 지나면 적의 수가 계속 불어나고, 새로운 병력의 보강으로 적들의 사기도 진작될 것이니, 아군의 사기가 높은 지금 적과 맞서야 한다고 주장한다. 인간 만사엔 때가 있으니 유리한 지금 행동을 취하자고 주장한다.

> 아군은 의기충천하며, 명분 또한 무르익었소.
> 하지만 적군의 병력은 나날이 늘어나고,
> 절정인 우리 병력은 언제 다시 줄어들지 몰라요.
> 인간 만사엔 조수가 있는 법이죠.

밀물을 잘 타면 행운을 잡을 수 있지만,
그걸 놓치면 우리의 인생 항로는
여울에 처박혀 불행에 빠지게 되고 말아요.
우리는 지금 그런 만조 위에 있는 셈.
유리할 때 이 조류를 타지 못하면
우리의 일들은 허사가 되고 마는 법이죠.
Our legions are brimfull, our cause is ripe:
The enemy increaseth every day;
We, at the height, are ready to decline.
There is a tide in the affairs of men,
Which, taken at the flood, leads on to fortune;
Omitted, all the voyage of their life
Is bound in shallows and in miseries.
On such a full sea are we now afloat,
And we must take the current when it serves,
Or lose our ventures. (IV.iii.215-224)

적을 기다리자는 캐시우스의 의견을 무시하고 현재 상황이 유리하다고 오판한 브루투스는 안토니우스와 옥타비아누스의 군대를 맞아 싸우기 위해 필리포이 전투에 출전한다. 그런데 이는 치명적인 실수이고 브루투스는 이 전투에서 패배한다. 카이사르와 함께 안토니우스를 죽이자고 제안했던 캐시우스는 늘 현실적인 충고를 하지만, 명분을 중시하는 브루투스는 그의 말을 듣지 않아 실패한다.

캐시우스는 인간은 스스로 자신의 운명을 개척할 수 있다고 말한 바 있다. 그러나 캐시우스는 5막 3장에서 전황이 불리한 줄 알고 오해를 해 자살하고, 허무한 죽음을 맞이한다. 운명의 노리개가 된 셈이다. 플루타르크는 카이사르의 사후를 다음과 같이 기록하고 있다.

> 카이사르는 기원전 44년 56세의 나이로 생을 마감했다. … 살아 있는 동안 언제나 그를 지켜 주었던 위대한 수호신은 그가 죽은 뒤에도 떠나지 않고, 모든 땅과 바다를 뒤져 암살자들을 찾아냈다. 그리고 조금이라도 음모에 가담했던 사람들을 모두 잡아 처벌하였다. 세상에서 생기는 여러 가지 기이한 일들 가운데서 가장 기이한 것은 캐시우스의 최후였다. 그는 이 암살 사건이 있은 몇 년 뒤 필리포이 전투에서 안토니우스에게 패하고 스스로 목숨을 끊었는데, 그때 자신의 목숨을 끊은 칼이 바로 카이사르를 찔렀던 그 칼이었다. 카이사르가 죽은 뒤 7일 동안 하늘에는 커다란 별이 나타났다가 사라졌다. 그리고 태양 빛이 희미해지더니, 1년 내내 빛을 잃고 있었다. 그러므로 햇볕은 뜨겁지도 않았고, 하늘은 늘 어둡고 음침했으며, 기온이 떨어지자 열매들도 조금 익다가 곧 시들어 떨어지고 말았다. 그러나 여러 가지 이상한 일 중에서 가장 놀라운 것은 브루투스에게 유령이 나타난 것이었다. 이것은 신들조차 카이사르의 죽음을 노여워하고 있다는 것을 나타내는 일이었다. (플루타르크 1353-54)

카이사르가 죽은 후 여러 가지 이상한 일들이 일어났지만 놀라운 일은 캐시우스를 비롯해 카이사르 살해에 가담했던 사람들 모두가 죽었고 카이사르가 브루투스에게 유령의 모습으로 나타난 것이었다. 필리포이 전투에서 안토니우스에게 패한 캐시우스는 카이사르를 찔렀던 바로 그 칼로 스스로 목숨을 끊었다. 카이사르는 죽었지만, 여전히 그의 영향력은 막강하다. 유령의 모습으로 나타나 자신을 죽인 자들을 공포로 몰아넣었다고 전한다. 셰익스피어 작품에서도 원한을 품은 카이사르의 유령이 필리포이 전투 전날 밤 나타났다가 사라졌다고 언급하고 있다. 카이사르의 유령을 본 브루투스는 놀라 다음과 같이 외친다.

내 시력이 약해서 이런 끔찍한
허깨비 모습이 보이는 것 같아.
나를 향해 오는군. 도대체 넌 뭐냐?
내 피가 얼어붙고 머리칼이 곤두서게 하는
너는 신이냐, 천사냐, 아니면 악령이냐?
정체를 밝혀라.
I think it is the weakness of mine eyes
That shapes this monstrous apparition.
It comes upon me. Art thou any thing?
Art thou some god, some angel, or some devil,
That mak'st my blood cold, and my hair to stare?
Speak to me what thou art. (IV.iii.276-281)

정체를 밝히라는 브루투스의 말에 유령은 브루투스를 저주하는 "악령"(evil spirit)이라고 밝히고, 자신이 "필리포이에서 브루투스를 만나리라는 것을 알리러 왔다"(To tell thee thou shalt see me at Philippi)(IV.iii.283)고 하면서 사라진다. 그의 꿈에 나타난 카이사르의 유령이 필리포이 전투에서 나타나 편을 들었던 탓인지 브루투스는 목숨을 걸고 싸웠지만 패한다.

그들 가운데 가장 고결한 로마 사람

the noblest Roman of them all (V.v.68)

전투에 패해 죽음을 맞이한 브루투스를 두고 안토니우스가 하는 말이다. 브루투스가 카이사르 살해에 참여했지만, 로마의 공익을 위해 그리했다는 것을 인정하는 말이다. 5막 5장에서 적에게 쫓겨 퇴각한 브루투스는 자신의 군대가 참패한 것을 보고 부하의 도움으로 목숨을 끊는다. 브루투스의 시신을 발견한 안토니우스는 다음과 같이 그를 찬양한다.

브루투스는 그들 가운데 가장 고결한 로마 사람이었소.
그분을 제외하면, 음모에 가담한 사람들 모두
카이사르에 대한 시기심 때문에 그를 죽였소.
오직 그분만이 모든 로마인을 위한 공동의 선을 행하려는
진실한 생각에서 음모자들의 일원이 되었소.
그의 생애는 고결했고 그분의 인품은 원만했소.
그래서 대자연도 고개를 들고 세상을 향해
이렇게 외쳤소. "그야말로 진정한 사내였노라!"
This was the noblest Roman of them all:
All the conspirators, save only he,
Did that they did in envy of great Caesar;
He only, in a general honest thought
And common good to all, made one of them.
His life was gentle, and the elements
So mixed in him that Nature might stand up
And say to all the world "This was a man!" (V.v.68-75)

전투에 패해 죽음을 맞이한 브루투스를 두고 안토니우스는 "가장 고결한 로마인"이라고 칭찬한다.[10] 안토니우스의 언급처럼 명예와 자유를 그 무엇보다도 소중하게 생각하는 브루투스는 음모자 중 유일하게 사심이 없이, 로마인들의 자유와 공익을 위해 카이사르 살해에 가담했던 인물이다. 브루투스의 적인 안토니우스와 옥타비아누스조차도 그의 인품과 덕성을 믿어 의심치 않았다.

캐시우스는 상대의 심리 상태를 파악하고 '명예'라는 말을 반복적으로 사용하면서 자존심을 건드려 브루투스가 카이사르 살해 음모에 가담하도록 설득한다. 브루투스는 논리적인 산문을 통해 자신의 거사를 변호하고 군중을 설득하려고 하지만 실패한다. 그러나 안토니우스는 수사적인 연설을 구사하면서 군중을 자극하고 선동하여 그들의 지지를 끌어낸다. 브루투스 산문 연설이 추상적이고, 이상적이며, 논리적이고, 비유적이라면 안토니우스 운문 연설은 구체적이며, 실제적이며, 감성적이며 직설적이다. 차분한 브루투스의 연설보다 감정적인 안토니우스의 연설이 군중에게 훨씬 효과적이다.

전쟁터에서 브루투스와 안토니우스가 대항하기 전에 이미 권력의 향배는 정해졌다. 군중의 지지를 확보하지 못한 브루투스는 권력 투쟁에서 밀려난다. 군중을 사로잡는 연설로 그들의 지지를 끌어낸 안토니우스는 군중 심리를 파악하고 상황에 따라 적절하게 말할 수 있는 능력 있는 연설가요 정치가이다. 누구에게 무엇을 어떻게 말해야 할지를 잘 알고 있는 인물이다. 안토니우스는 카이사르의 장례식에서 행한 연설로 카이사르 살해에 가담한 공화파를 제압하고 권력을 획득한다. 그러므로 이 작

10 브루투스가 "가장 고결한 로마인"(the noblest Roman)이라는 표현은 카이사르를 찌른 브루투스의 칼이 "가장 잔인한 일격"(the most unkindest cut)(III.ii.182)이라는 안토니우스의 구절을 아이러니하게 반응한다.

품에서 언어는 권력을 획득하는 효과적인 무기이다.

이상적인 공화주의자인 브루투스가 고결한 인물이라는 것은 의심의 여지가 없다. 그러나 권력의 향배는 인물의 고결성과는 상관이 없다. 그의 실패는 군중 심리를 간파하지 못했던 것에 기인하며, 안토니우스의 성공은 연민을 자아내는 교묘하고 영리한 연설로 군중을 사로잡은 사실에 있다. 『줄리어스 시저』에서 언어는 힘이요 권력이다. 자신을 변호하고 군중을 설득하려는 브루투스와는 달리, 안토니우스는 수사적인 언어로 자신을 낮추면서 군중을 선동한다. 브루투스가 구사하는 논리적인 산문은 지적이고 자기 변호적이다. 그러나 안토니우스가 구사하는 수사적인 운문은 자극적이고 선동적인 힘을 가진 말이다. 감정을 동하게 만들어 행동하게 만드는 효과적인 도구이다.

인용문헌

플루타르크. 『플루타르크 영웅전 전집 II』. 이성규 역. 서울: 현대지성사, 2000.

Barton, Anne. "Rhetoric in Ancient Rome." *Modern Critical Interpretations: W. Shakespeare's Julius Caesar*. Ed. Harold Bloom. New York: Chelsea House, 1988. 79-89.

Burckhardt, Sigurd. "How Not to Murder Caesar." *Shakespeare: An Anthology of Criticism and Theory 1945-2000*. Ed. Russ McDonald. Oxford: Blackwell, 2004. 209-19.

Charney, Maurice. *All of Shakespeare*. New York: Columbia UP, 1993.

Granville-Barker, Harley. *Prefaces to Shakespeare*. Vol 2. 1947. Princeton, NJ.: Princeton UP, 1975.

Greene, Gayle. "'The Power of Speech/ To Stir Men's Blood': Language of Tragedy in *Julius Caesar.*" *Renaissance Drama* 11 (1980): 67-94.

Knights, L. C. "Personality and Politics in *Julius Caesar.*" *Julius Caesar: A Selection of Critical Essays*. Ed. Peter Ure. London: Aurora Publishers, 1970. 121-39.

Macrone, Michael. *Brush Up Your Shakespeare*. New York: Harper Resource Book, 2000.

McDonald, Russ. "The language of tragedy." *The Cambridge Companion to Shakespearean Tragedy*. Ed. Claire McEachern. Cambridge: Cambridge UP, 2002. 23-49.

Nevo, Ruth. *Tragic Form in Shakespeare*. Princeton: Princeton UP, 1972.

Ribner, Irving. "Political Issues in *Julius Caesar.*" *JEGP* 56 (1957): 10-22.

Shakespeare, William. *Julius Caesar*. Ed. G. B. Evans. *The Riverside Shakespeare*. Boston: Houghton Mifflin, 1974. 1105-32.

Spearing, A. C. ed. "Introduction" in *The Franklin's Prologue and Tale*. Cambridge: U of Cambridge P, 1966.

Zandvoort, R. W. "Brutus' Forum Speech in *Julius Caesar.*" *RES* 16 (1940): 62-66.

2

『햄릿』

Hamlet, Prince of Denmark

『햄릿』(*Hamlet*)은 선택의 비극이다. 삶과 죽음, 존재와 무(無), 행위와 무위(無爲) 가운데 하나를 택해야 할 선택의 문제를 제기한다. 햄릿은 사느냐 죽느냐, 복수냐 아니냐, 참느냐 마느냐 가운데 어느 하나를 택해야 한다. 그러나 어느 하나를 택하는 일은 쉽지 않다. 모든 것이 불확실하고 미지의 세계에 대한 불안이 존재하기 때문이다. "거기 누구냐?"(Who's there?)라는 물음으로 시작하는 이 작품은 인간의 정체성과 인간이 존재하는 세상을 탐구한다. 이 물음은 유령에 대한 의문으로 이어지고, 인간 존재에 대한 근본적인 의문으로 이어진다. 추운 겨울 한밤중에 덴마크의 북쪽 항구 도시인 엘시노어 성의 망대 위에서 인물들이 내뱉는 긴박감에 넘치는 수많은 의문과 질문들은 불가해한 우주와 인간에 관한 의문을 제기한다. 또한, 긴장과 불안을 야기한다.

『햄릿』은 "수수께끼의 세계"이다(Mack 89). 인간의 이성으로는 이해할 수 없는 수많은 일이 일어나고 있기 때문이다. 유령의 존재가 그렇고, 햄릿의 양광(佯狂)과 모순으로 가득한 햄릿의 언어가 그렇다. 망대 위에 나타나 호레이쇼(Horatio)와 버나도(Benardo)와 마셀러스(Marcellus)에게 다가온 유령은 수수께끼와 같은 존재이다. 유령이 실재인지 허구인지가 수수께끼이고, 그가 햄릿에게 내린 명령 또한 수수께끼이다. 클로디어스(Claudius)와 거트루드(Gertrude)의 실체 또한 수수께끼이다. 클로디어스가 정말 선왕을 살해했는지 불확실하고, 햄릿의 어머니 거트루드가 왜 훌륭한 선왕을 배신하고 시동생과 놀아났는지도 의문이다. 햄릿의 행동 또한 수수께끼이다. 겉으로 드러난 정서와 속에 감추고 있는 햄릿의 마음이 뭔지 애매하며, 재혼한 어머니에 대한 그의 감정이 어떠한지 모호하기 때문이다. 햄릿이 죽을 목숨을 구하고 덴마크에 돌아온 일도 수수께끼 같은 일이다.

이런 수수께끼들은 허구와 실재의 대립, 겉과 속의 대립에서 파생되고 있다. 유령의 진위, 햄릿의 실성, 폴로니우스(Polonius)의 감시, 위선의 가면을 덮어쓰고 벌이는 클로디어스의 연극, 햄릿이 주도하는 극중극 등이 허구와 실재, 또는 외양과 실재의 문제를 부각한다. 이 글은 유령, 연극, 가면의 이미지를 논의하면서 『햄릿』에 나타난 외양과 실재, 겉과 속의 괴리를 밝히려는 작업이다. 햄릿의 내밀한 심경을 드러내는 독백에 나타난 갈등, 햄릿과 친부인 유령과의 갈등, 햄릿과 계부인 클로디어스, 아버지를 잃은 아들인 레어티스(Laertes)와의 갈등, 그리고 어머니 거트루드에 대한 햄릿의 태도를 주시하면서 햄릿의 복수 지연을 논의한다.

약한 자여, 그대 이름은 여자니라!

Frailty, thy name is woman! (I.ii.146)

햄릿이 정절 없는 어머니 거트루드를 두고 외친 말이다. 유령이 살해의 비밀을 전하기 전부터 햄릿은 깊은 우울증에 빠져 있다. 남편이 죽은 지 얼마 되지 않아 재혼한 어머니의 행동에서 욕정 앞에 쉽게 무너지는 인간의 나약함을 보았기 때문이다. 선왕의 지극한 사랑을 배신하고 시동생과 급하게 재혼한 어머니에 대한 햄릿의 감정은 다음 1막 2장의 독백에 잘 드러나 있다.

아, 너무나 더럽고 (질긴) 육신이여!
녹고 또 녹아 이슬이 되어라!
자살을 금하는 만대불변의 법이 없다면
좋을 텐데. 아, 하느님, 하느님!
세상만사가 나에겐 왜 이렇게 지겹고,
맥이 빠지고, 밋밋하고, 부질없어 보이나!
아! 역겹다, 역겨워! 세상은 잡초 무성한 정원.
거기엔 뭣이든 마구 자라 열매를 맺고,
더럽고 막 자란 잡초만 가득해. 어찌 이 지경이?
아버님 돌아가신 지 두 달, 아니, 두 달도 되기 전에….

O, that this too too sallied (solid) flesh would melt
Thaw, and resolve itself into a dew!
Or that the Everlasting had not fixed
His canon 'gainst self-slaughter! O God! God!
How [weary], stale, flat and unprofitable
Seem to me all the uses of this world!
Fie on't, ah fie! 'tis an unweeded garden,
That grows to seed, things rank and gross in nature
Possess it merely. That it should come [to this]!
But two months dead, nay, not so much, not two. (I.ii.129-138)

독백의 도입부에서 햄릿은 불결한 육신에 대한 절망을 드러내고 불결한 육신의 소멸을 갈구한다. 그리고 "잡초 무성한 정원"으로 전락한 덴마크의 상황에 절망한다. 햄릿은 타락한 거트루드의 더럽혀진 육신을 잡초가 우거진 정원으로 받아들인다. 이 "잡초 무성한 정원"에서 어머니와 숙부는 추한 욕망을 발산한다. 어머니의 전락으로 인해 햄릿은 세상의 모든 일을 부질없다고 느낀다. 아버지 돌아가신 지 한 달도 못 돼 천박한 숙부와 재혼한 어머니는 혐오의 대상으로 존재한다(Adelman 17).

절망한 햄릿의 분노는 천박한 숙부와 너무나 빨리 혼인한 어머니에게 집중된다. 햄릿은 아버지와 숙부를 "태양신과 야수"로 대조하고, 훌륭한 아버지의 사랑을 배신한 어머니 거트루드에 대한 분노를 여과 없이 드러낸다. "약한 자여! 그대 이름은 여자로다! 이제 겨우 한 달, 니오베처럼 온통 눈물에 젖어 가엾은 아버님의 시신을 따라갈 때 신었던 그 신발이 닳기도 전에, 어머니가, 내 어머니가, 재혼하다니…."(I.ii.146-149)[1] 어머니는 태양신처럼 훌륭한 아버지의 지극한 사랑을 배신한 여인이다. 그런데 햄릿의 분노를 가중하는 요인은 다름 아닌 그녀의 신속성이다. 아버지께서 돌아가신 지 한 달도 되지 않아 재혼했기 때문이다. 더구나 그 상대는 짐승처럼 천박한 시동생이다. 햄릿은 남편을 배반하고 짐승 같은 자의 욕정을 욕망하는 여인의 '약함'을 다음과 같이 비난한다.

> 아, 하느님! 분별없는 짐승일지라도
> 이보다는 더 오래 슬퍼했을 것을…. 숙부와 결혼을?
> 아버님의 동생이지만, 그와 아버지의 차이는
> 나와 헤라클레스 차이보다 더 커. 1달도 못 돼 결혼을?
> 거짓 눈물의 소금기 때문에
> 충혈된 눈의 핏발이 가시기도 전에 결혼을?
> 아! 너무나도 추악하고 재빠르구나!
> 그리도 빨리 근친상간의 잠자리로 뛰어들다니!

1 (I.ii.146-149) "Frailty, thy name is woman!—/ A little month, or ere those shoes were old/ With which she followed my poor father's body,/ Like Niobe, all tears—why, she, [even she]—"

이럴 수는 없어, 아니 절대로 잘 될 리가 없지.
하지만 입을 다물어야 하니 가슴이 터질 수밖에.

O, God, a beast, that wants discourse of reason
Would have mourned longer—married with my uncle,
My father's brother, but no more like my father
Than I to Hercules. Within a month,
Ere yet the salt of most unrighteous tears
Had left the flushing in her galled eyes
She married—O most wicked speed: to post
With such dexterity to incestuous sheets,
It is not, nor it cannot come to good,
But break my heart, for I must hold my tongue. (I.ii.150-159)

부정한 어머니에 대한 햄릿의 혐오감이 강하게 드러난 대사이다. 햄릿은 훌륭한 아버지와 천한 숙부를 대조하고 어머니의 급한 재혼을 비난한다. 죽은 아버지에 대한 어머니의 거짓 애도를 나무라고, 너무나 빨리 숙부의 침대로 뛰어든 그녀의 추악한 욕정을 비난한다. 제1독백은 타락한 숙부와 어머니에 대한 햄릿의 심경이 처음으로 구체적으로 드러난 곳으로 햄릿의 심리를 짐작할 수 있는 몇몇 단서를 제공한다. 친부와 계부의 비교에 드러난 아들의 심리, 햄릿의 자살 심리, 타락한 어머니의 육신에 대한 아들의 반감, 그리고 모든 여성으로 확장되고 있는 여성 혐오 심리가 바로 그것이다. 이처럼 1독백에는 햄릿의 강박관념이 짙게 배어 있지만, 그 강박관념의 실체는 쉽게 드러나지 않는다. 햄릿의 무의식 속에서 작동하기 때문이다(Waldock 55-56). 햄릿은 아버지의 죽음을 슬퍼한다. 그러나 심리적으로 햄릿을 더 괴롭히는 것은 어머니의 재혼이다.

부정한 어머니에 대한 햄릿의 혐오감은 오필리아(Ophelia)에게 확장되고 여성 전체에 대한 혐오로 진행되어 모든 여성을 음탕한 존재로 일반화한다. 햄릿의 여성 혐오는 한때 자신이 사랑했던 오필리아에게 다음과 같이 모질게 말하는 것에 잘 드러난다. "수녀원으로 가시오. 뭣 때문에 그대는 죄 많은 인간을 낳으려고 하시오?"(Get thee to a nunn'ry, why woulds't thou be a breeder of sinners?)(III.i.120-121) 결혼하여 자신과 같은 죄인을 낳지 말고 수녀원에 들어가라는 말이다. 여성의 배신과 타락에 대한 햄릿의 환멸과 절망이 잘 드러난 대사이다. 여성 전체에 대한 혐오감은 부패한 인간과 사회에 대한 혐오로 진행되고 우울증으로 이어진다. 친구인 길던스턴(Guildenstern)과 로젠크란츠(Rosencrantz)의 배반과 연인인 오필리아의 배신은 인간과 세상에 대한 햄릿의 부정적인 인상을 가속한다. 햄릿은 부패한 사회에 살아가는 우울한 도덕적 주인공이다. 유령을 만나 비밀을 듣기 전부터 햄릿은 인간에 대한 깊은 환멸 때문에 우울증에 빠져 있다.

『햄릿』은 유령에 대한 언급으로 시작한다. 달도 없는 겨울 한밤중에 성의 망대 위에서 보초를 서던 마셀러스는 자신이 본 유령에 대해 다음과 같이 말한다. "오늘 밤 우리와 함께 밤새도록 파수를 보다가, 다시 그 허깨비가 나타나면, 그도 우리가 본 것을 인정하지 않을 도리가 없고, 허깨비에게 말을 걸어보게 될 거야."(I.i.27-29)[2] 마셀러스가 언급하고 있는 "허깨비"(apparition)는 유령이며, "그"는 유령을 "환상"(fantasy)이라고 했던 호레이쇼이다. 그는 마셀러스의 말을 믿지 않고 "그런 것은 절대 나타나지 않을 것"이라고 말한다. 그러나 버나도 또한 유령을 보았다고 하면서 마셀러스를 거든다. 이때 "승하한 햄릿 왕과 똑같은 모습"(I.i.41)의

2 (I.i.27-29) "With us to watch the minutes of this night,/ That if again this apparition come,/ He may approve our eyes and speak to it."

유령이 이들 앞에 다시 등장한다. 호레이쇼가 유령에게 어찌하여 야심한 시각에 출몰하느냐고 묻자 유령은 아무 말 없이 사라져버린다. 유령이 "선왕과 똑같아 보였다"라고 말할 때, 유령이 다시 나타나자, 호레이쇼는 다음과 같이 외친다.

> 거기 서라, 환영이여!
> 그대가 말할 수 있다면,
> 나에게 말하라.
> 그대 마음을 편하게 만들어주고
> 내게는 축복이 될 좋은 일이 있다면
> 나에게 말하라!
> Stay, illusion!
> If thou hast any sound, or use of voice,
> Speak to me.
> If there be any good thing to be done,
> That may to thee do ease and grace to me,
> Speak to me. (I.i.127-132)

대단히 긴박감 넘치는 대사이다. 이러한 호레이쇼의 외침에도 유령은 수탉이 울자 아무 말 없이 다시 사라진다. 마셀러스는 유령을 "허깨비"(apparition)로 간주하고 호레이쇼는 "환영"(illusion)으로 간주하지만, 유령을 허구적 존재로 간주하기는 무리다. 햄릿을 포함한 여러 인물이 눈으로 직접 유령을 보았기 때문이다. 버나도가 언급하듯이 이 작품에서 유령은 "환상(fantasy) 이상의 것"(I.i.55)이다. 버나도와 마셀러스와 호레이쇼는 선왕의 유령을 보았다는 사실을 햄릿에게 알리기로 작정하고 헤어진다.

1막 2장, 검은 망토를 걸친 햄릿이 등장한다. 햄릿은 미친 사람처럼 클로디어스에게 알아듣기 힘든 애매한 대사를 내뱉는다. "숙질보다 더한 관계가 되었지만, 부자 관계는 거리가 멀어."(A little more than kin, and less than kind.)(I.ii.65) 클로디어스가 계부가 되었지만, 아버지로 인정하기는 힘들다는 말이다. 햄릿은 어머니에게 자신이 입은 검은 망토와 상복도 자신의 감정을 진정으로 다 드러내지는 못한다고 다음과 같이 말한다.

> 그렇게 보이다뇨? 전 '보이는' 체하는 건 모릅니다.
> 어머니, 제 심정을 진실하게 드러낼 수 있는 것은
> 이 검은 망토도, 의례적인 검은 상복도 아닙니다.
> 억지로 길게 내쉬는 한숨도 아닙니다.
> 넘치는 강물처럼 흐르는 눈물도 아니요
> 수심 가득한 낙담의 표정도 아닙니다.
> 그 밖의 슬픔을 드러내는 온갖 격식이나
> 모습도 아닙니다. 이런 것들은 누구나
> 꾸며낼 수 있는 것들 아닐까요? 그러나
> 제 가슴 속에는 드러낼 수 없는 슬픔이 있습니다.
> 드러낼 수 있는 것들은 슬픔의 겉치레에 불과합니다.
> Seems, madam! nay it is; I know not "seems."
> 'Tis not alone my inky cloak, [good] mother,
> Nor customary suits of solemn black,
> Nor windy suspiration of forced breath,
> No, nor the fruitful river in the eye,
> Nor the dejected havior of the visage,

Together with all forms, moods, [shapes] of grief,
That can denote me truly. These indeed seem,
For they are actions that a man might play,
But I have that within which passes show,
These but the trappings and the suits of woe. (I.ii.76-86)

"보이는 체하는"(seem) 따위는 모른다는 말은 거트루드가 햄릿에게 "어두운 상복을 벗고 다정하게 폐하를 대하라"고 하면서 "너만 어찌 죽음을 흔치 않은 일로 생각하는 사람처럼 보이느냐"(I.ii.69-75)[3]고 했을 때, 햄릿이 한 말이다. 이 대사는 실재와 대립하는 단어들(shape, seem, play, show)을 총망라하고 있다. 여기서 'seem'은 그 자리에 존재하는 'be'와는 대치되는 단어이다. 햄릿은 자신의 몸에 걸친 검은 망토와 의례적으로 입는 검은 상복이 깊은 상실감에 빠진 자신의 "심정을 진실로 드러낼 수 있는 것"은 아니라고 말하고 있다. 햄릿의 말을 빌리자면, "억지로 길게 내쉬는 한숨"과 "넘치는 강물처럼 흐르는 눈물"도 "수심에 가득한 낙담의 표정"도 모두 다 "꾸며 낼 수 있는 것들"(actions that a man might play)이고 "슬픔의 겉치레"(suits of woe)에 불과하다.

거트루드가 입었던 상복은 겉치레이다. 어머니 거트루드는 "아버님 시신을 따라갈 때 신었던 신발이 미처 닳기도 전"에(I.ii.147-148), 그리고 "거짓 눈물의 소금기 때문에 생긴 눈의 핏발이 가시기도 전"에 죽은 남편의 동생과 혼인했다(I.ii.154-155). 그러므로 상복을 입고 죽음을 애도하는 어머니의 모습은 거짓이고 겉치레이다. 어머니가 "어두운 상복을 벗으라"라고 할 때, 햄릿은 씁쓸하고 우울하다. 어머니가 너무나 빨리

3 (I.ii.69-75) "Hamlet, cast thy nighted colour off,/ And let thine eye look like a friend on Denmark./ … Thou know'st 'tis common, all that lives must die,/ Passing through nature to eternity."

상복을 벗고 숙부와 잠자리를 같이 했기 때문이다. 숙부와 재혼한 어머니에 대한 햄릿의 정서가 뭔지 분명하게는 드러나지 않는다.

퍼거슨(Francis Fergusson)은 햄릿이 느끼는 본질적인 정서가 "아버지의 상실과 이로 인한 좌절감"(101)이라고 주장했다. 그러나 엘리엇(T. S. Eliot)은 더 본질적 정서가 "죄를 범한 어머니에 대한 자식의 감정"이라고 주장했다(24). 그런데 이는 겉으로 쉽게 드러나지 않는다. 햄릿은 가면을 덮어쓴 위선적인 행위를 혐오한다. 그러나 그는 광증이라는 심리적 가면을 덮어쓰고 감정을 겉으로 드러내지 않으면서 연기한다. 햄릿의 우울증은 표면적으로는 아버지의 상실에 기인한 것처럼 보이지만, 심층적으로는 재혼으로 인한 이상적 어머니의 상실에 기인한다(Starks 162). 우울증에 시달리는 햄릿은 행동하지 않고 복수를 지연한다.

1막 2장을 마무리하면서 햄릿은 호레이쇼에게 "유령이 선왕 폐하의 고결한 모습을 취하고 나타난다면"(If it assume my noble father's person) (I.ii.243), 무슨 일이 있더라도 반드시 말을 걸겠다고 언급한다. 여기서 'assume'은 "모습을 취하고"라는 의미로 사용되면서 실제와 다른 형상을 가정하지만, 유령의 모습은 "실재와 같은 경우"이다. 햄릿이 2막 2장에서 "악마는 그럴듯한 모습으로 둔갑하는 능력"(assume a pleasing shape)이 있다고 할 때(II.ii.599), 이는 둔갑한 외양이 "실재와 다른 경우"이다. 3막 4장에서 햄릿은 어머니를 다음과 같이 질책한다. "정절이 없다면 제발 있는 척이라도 하십시오."(Assume a virtue, if you have it not.)(III.iv.160) 여기서 'assume'은 "가장하다" 또는 "체한다"라는 뜻으로, "당장은 실재와 달라도 앞으로 실재로 변할 수 있는 경우"를 나타낸다(Mack 93). 이처럼 'assume'이라는 단어는 이 작품의 여러 곳에서 외양과 실재의 대립을 명시적으로 드러내는 단어로 자주 사용되고 있다.

햄릿은 클로디어스의 죄를 밝히고, 나아가 그의 감시에서 벗어나기 위해 정체를 숨기고 미친 사람처럼 행동한다. "이 시간 이후부터 내가 미친 척 행동할지도 모르겠는데, 아무리 이상하게 행동하더라도, 자네들이 이를 아는 기색을 하지 말아야 해."(I.v.169-172)[4] 자신이 '이상한 행동'을 하더라도 그것은 연기이니, 그것에 대해 뭘 알고 있는 것처럼 행동하지 말라고 당부하는 말이다. 햄릿은 "미친 척하는 행동(antic disposition)"을 연기하여 진의를 숨기고 적을 덫으로 잡는 게임을 벌인다. 그런데 그는 가끔 "연기를 멈추고 실제로 미친 것처럼" 행동하기도 한다(Macrone 3). 햄릿의 연기가 너무 그럴듯해서 폴로니우스는 그가 진짜 미쳤다고 판단하여, 이를 왕비에게 '간략하게' 아뢴다. "간결함은 지혜의 정수이고, 군소리는 그 수족이요 겉치레에 불과하니, 정말 간결하게 말씀드리겠습니다. 햄릿 왕자님은 실성하셨습니다."(I.ii.90-92)[5] 그는 "간결함은 지혜의 정수"임으로 간략하게 아뢴다고 하지만, 사실 그의 진술은 "지혜"와는 거리가 먼 장황한 "자기 모순적" 진술이다(Macrone 17). 폴로니우스는 장황한 진술이 시간 낭비라고 하면서도, 시간을 낭비하면서 수다스럽게 말한다. 그러나 그가 프랑스로 떠나는 아들에게 주는 충고를 보면, 그리 어리석은 사람은 아닌 것처럼 보인다.

폴로니우스는 "생각한 것을 함부로 입 밖에 내지 말고, 엉뚱한 생각은 섣불리 행동으로 옮기지 마라."(Give thy thoughts no tongue,/ Nor any unproportioned thought his act)(I.iii.59-60)고 레어티스에게 충고한다. 또한 "딴 사람 말에 귀를 기울이되, 가능하면 말은 적게 하고, 다른 이의 의견을 경청하되, 함부로 판단하지 마라."(I.iii.68-69)[6]고 충고한다. 아들에

4 (I.v.169-172) "How strange or odd soe'er I bear myself—/ As I perchance hereafter shall think meet/ To put an antic disposition on—/ That you, at such times seeing me, never shall, [...] to note."

5 (I.ii.90-92) "Therefore, since brevity is the soul of wit,/ And tediousness the limbs and outward flourishes,/ I will be brief: your noble son is mad."

6 (I.iii.68-69) "Give every man thy ear, but few thy voice,/ Take each man's censure,

대한 그의 충고는 다음과 같이 계속된다.

돈을 빌리지도 빌려주지도 마라.
돈 빌려주면 흔히 돈과 친구를 다 잃어버리고,
돈을 빌리면 절약하는 습성이 무뎌지니까.
무엇보다 자기 자신에게 충실해라.
그럼 밤이 낮을 따르듯 반드시 너 자신도
남을 거짓으로 대하지 않게 될 것이다.
Neither a borrower nor a lender be,
For loan oft loses both itself and friend,
And borrowing dulls the edge of husbandry.
This above all: to thine ownself be true,
And it must follow, as the night the day,
Thou canst not then be false to any man. (I.iii.75-80)

폴로니우스는 아들에게 "자기 자신에게 충실하고," 남을 거짓으로 대하지 말라고 충고한다. 그러나 정작 자신은 거짓으로 햄릿을 대하고, 딸을 첩자로 이용해 햄릿을 정탐한다. 햄릿의 "미친 척하는" 연기는 이런 감시를 벗어나려는 시도이다. 햄릿의 진실한 친구인 호레이쇼를 제외하고 모든 인물이 햄릿을 감시한다.

1막 5장에서 유령이 덴마크에 등장한 것이 이상하다는 호레이쇼에게 햄릿은 다음과 같이 말한다. "넓은 이 천지간에는 우리 머리로는 도저히 상상할 수 없는 희한한 일들이 얼마든지 있다네."(There are more things in heaven and earth, … Than are dreamt of in your philosophy.)(I.v.166-167) 사실 덴

but reserve thy judgment."

마크에는 인간의 이성으로는 이해하기 어려운 '희한한 일들'이 벌어지고 있다. 유령은 쉽게 이해할 수 없는 존재이다. 그의 정체성은 쉽게 드러나지 않는다. 햄릿은 유령을 처음 만났을 때 그 유령이 "선한 영" 인지 "악한 영"인지 구분할 수 없었다고 밝히고 있다. 그리하여 햄릿은 다음과 같이 묻는다. "그대는 영기(靈氣)를 몰고 오는 신령(神靈)이냐? 아니면 지옥의 독기를 몰고 오는 악마냐?"(I.iv.40-41)[7] 유령이 선한 존재인지 악한 존재인지는 중요한 문제로 남아 있다. 유령이 선한지 아닌지 알 수 없지만, 선왕의 모습을 한 유령은 햄릿이 "말을 걸어볼 수 있는 형상"(a questionable shape)(I.iv.43)으로 나타난다. 부재의 존재인 유령의 현존은 허구와 실재의 혼돈을 불러일으킨다.

1막 5장, 유령이 등장하여 햄릿에게 자신의 죽음에 관련된 비밀을 들려주면서 다음과 같이 명령한다.

> 네가 천륜의 정이 있다면 참지 마라.
> 어떤 방법과 수단을 써서라도 복수해라.
> 덴마크 왕실의 침상이 음란하고 저주받을
> 근친상간의 놀이터가 되지 않게 해라.
> 하지만 네 마음을 더럽히지 말고
> 어미에 대해서는 어떤 악한 마음도 품지 마라.
> 어미는 하늘에 맡겨라. 가슴 속 양심의 가시가
> 네 어미를 찌르고 쏘도록 내버려 둬라.
> If thou hast nature in thee, bear it not,
> Let not the royal bed of Denmark be

7 (I.iv.40-41) "Be thou a spirit of health or goblin damned,/ Bring with thee airs from heaven, or blasts from hell."

A couch for luxury and damned incest.
But howsoever thou pursues this act,
Taint not thy mind, nor let thy soul contrive
Against thy mother aught. Leave her to heaven,
And to those thorns that in her bosom lodge
To prick and sting her. (I.v.81-88)

유령은 햄릿에게 억울한 죽음을 복수해 달라고 당부하고 시동생과 놀아난 거트루드의 썩은 정절을 회복시키라고 당부한다. 그러면서도 "어미에게 어떤 악한 마음도 품지마라"고 당부한다. 하지만 복수하라는 유령의 명과 "네 마음을 더럽히지 마라"는 명령은 양립할 수 없다(West 1113). 어떻게 "마음을 더럽히지 않고" 복수할 수 있겠는가? 그리하여 이 명령은 햄릿의 마음에 갈등의 축을 형성한다. 사적인 복수가 필연적으로 악과 연결되어 있고, 마음을 더럽히지 않고 복수하기란 어렵기 때문이다(Bowers 744). 이 작품에서 유령의 상반된 명령은 갈등을 고조시키는 원인으로 작용하고, 햄릿이란 인물을 딜레마로 몰아넣는다. 이 딜레마가 해소되는 것은 종반부에서 햄릿의 행위가 섭리에 따른 공적인 복수라는 형태로 진행되는 지점이다.

역사적 관점에서 보자면 유령의 명령은 친족의 억울한 죽음을 복수하는 것을 명예로 간주했던 오랜 앵글로색슨족의 전통과 인간의 이성과 생명을 중시하는 르네상스 인본주의의 대립을 드러낸다(Prosser 7). 복수하라는 명은 햄릿의 격정을 자극하여 행동하게 만들지만, 마음을 더럽히지 말라는 당부는 이성을 자극하여 복수하지 못하게 만든다. 이 두 가치관의 대립은 복수 지연을 필연적인 성질의 것으로 만든다. 햄릿의 내부에는 또 다른 축이 형성된다. 회의주의라는 당대의 사고가 바로 그것이다. 이 가치관들은 삼각형의 구도를 형성하고, 마지막 장면에 이르기까지 그 틀이 허물어지지 않는다.

만약 유령이 밝힌 비밀이 사실로 판명된다면 클로디어스는 악당이고, 유령의 말이 거짓이라면 그는 인간을 유혹해 악을 범하게 만드는 악마일 것이다. 유령이 한 말의 참과 거짓은 유령이 선한지 아닌지를 드러낼 뿐만 아니라 클로디어스가 유죄인지 무죄인지를 밝힐 수 있다. 매이나드 맥(Maynard Mack)의 언급을 따르면 이 작품에서 유령은 여러 가지 "실재를 밝히는 매개체"로 작용한다(91). 만약 셰익스피어가 유령의 존재가 악마로 받아들여지기 원했다면 거트루드에 대한 배려 부분을 삭제했을 것이며, 유령을 진실을 드러내는 도구로 간주하길 원했다면 개인적 복수 부분을 삭제했을 것이다. 셰익스피어가 작품 안에서 유령의 정체에 대한 명확한 답을 제공하는 것은 아니다(Hallett 184-185). 유령의 정체가 분명했다면, 햄릿은 좀 더 단순하게 행동했을 것이고 갈등은 줄어들었을 것이다.

유령이 햄릿에게 자신의 억울한 죽음을 복수해달라고 부탁하는 1막 5장에서 햄릿의 2독백이 시작되고 있다. 유령의 명이 주어지기 전부터 햄릿의 평정심은 깨어져 있다. 선왕의 갑작스러운 죽음과 어머니의 재혼은 갈등의 원인이다. 그러나 갈등의 근본적인 원인은 유령의 애매한 명령이다. "복수하라" 명령은 햄릿을 행동하도록 자극하지만, "마음을 더럽히지 말라"는 당부는 행동을 망설이도록 하기 때문이다. 햄릿은 유령의 복수 명령을 잊지 않겠다고 맹세한다.

> 아! 진정해라, 진정해, 심장이여!
> 내 육신의 근육이여! 시들지 말고 제발 좀
> 날 단단히 지탱해다오. 그대를 잊지 말아 달라고?

그대 가련한 혼령이여, 이 어지러운 내 머릿속에
기억력이 남아 있는 한, 그대를 잊지 않으리라.
자, 이제 내 기억의 수첩으로부터
온갖 보잘것없는 기억들은 지워버리자.
O, fie! Hold, hold, my heart,
And you, my sinews, grow not instant old,
But bear me [stiffly] up. Remember thee!
Ay, thou poor ghost, while memory holds a seat
In this distracted globe. Remember thee!
Yea, from the table of my memory
I'll wipe away all trivial fond records. (I.v.93-99)

햄릿은 아버지를 살해한 클로디어스와 아버지를 배반한 어머니를 잊을 수 없다. 아버지가 잊지 말고 기억하라고 했던 것을 결코 잊을 수가 없다. 유령의 명령과 당부는 햄릿을 분열시키고 갈등을 강화하는 추동력으로 작용한다. 햄릿은 자신의 기억에서 모든 기억을 다 지우고 유령의 복수 명령만을 기억하고 새기겠다고 다음과 같이 맹세한다.

아, 너무나 가증스러운 여인!
아, 악당 놈, 웃고 있는 악당, 저주받을 악당!
그래 나의 수첩에 이렇게 적어두자.
아무리 웃음을 지어도 악당은 악당!
적어도 이 덴마크에서는 분명해. [적는다]
숙부, 여기 적어두겠소. 지금부터 좌우명은
"잘 있어! 잘 있어! 날 잊지 마!"라는 말이다.

자, 이제 난 맹세했다.

O most pernicious woman!
O villain, villain, smiling, damned villain!
My tables—meet it is I set it down
That one may smile, and smile, and be a villain!
At least I'm sure it may be so in Denmark. [*He Write*]
So, uncle, there you are. Now to my word:
It is "Adieu, adieu! remember me."
I have sworn 't. (I.v.105-112)

햄릿은 "날 잊지 마!"라는 유령의 말을 결코 잊을 수 없다. 이후 햄릿의 머릿속에는 "날 잊지 마!"라는 말이 새겨져 떨쳐버릴 수 없는 강박관념으로 작용한다. 그러나 햄릿은 유령의 명령을 잊지 않겠다고 맹세할 뿐, 독백에는 언제 어떻게 복수하겠다는 것이 드러나 있지 않다. 유령이 사라진 뒤 곧이어 햄릿은 다음과 같이 외친다. "한 시대가 뒤틀려 버렸구나. 아, 저주스러운 운명이여! 그것을 바로잡아야 하는 운명으로 태어나다니!"(The time is out of joint—O cursed spite,/ That ever I was born to set it right!)(I.v.188-189)[8] 햄릿이 무질서한 왕국의 질서를 바로잡아야 하는 자신의 운명을 탐탁지 않게 여기는 것을 드러내는 대사이다. 복수해야 하는 상황은 햄릿에게 억지로 주어진 상황이다.

8 햄릿의 감상적인 성격을 복수 지연의 근본 원인으로 간주했던 괴테(Goethe)의 논평 근거로 작용하는 대목이다. "아름다운 꽃만을 담고 있어야 할 값비싼 항아리에 떡갈나무가 심어졌고, 그 나무가 뿌리를 내리게 되자 마침내 그 항아리는 박살이 나버렸다."(qtd. Coyle 26) 여기서 "값비싼 항아리"란 섬세하고 감상적인 햄릿이고 "떡갈나무"란 햄릿이 감당하기 힘든 복수라는 임무이다.

인간이란 얼마나 멋진 걸작인가!

What a piece of work is a man! (II.ii.303)

2막 2장, 자신을 둘러싼 모든 것을 의심하고 회의하는 햄릿이 등장한다. 인간을 모든 피조물 가운데 가장 훌륭하고 "멋진 걸작"이요 "만물의 영장"이라고 생각했던 햄릿은 이제 인간을 진토처럼 보잘것없는 존재로 여긴다.

> 인간이란 얼마나 멋진 걸작인가! 이성은 그 얼마나 고매하고, 능력은 얼마나 무한한가? 그 형상과 거동은 얼마나 우아하고 놀라운가? 행동은 얼마나 천사와 같고, 그 이해력은 얼마나 신에 필적할 만한가? 세상의 아름다움 아니던가? 만물의 영장 아니던가? 그런데 지금 나에겐, 어찌 인간이 한낱 진토로 보이는가? 어떤 남자도 여자도 나를 즐겁게 만들 수 없어.
>
> What [a] piece of work is a man, how noble in reason, how infinite in faculties, in form and moving, how express and admirable in action, how like an angel in apprehension, how like a god! the beauty of the world; the paragon of animals; and yet, to me what is this quintessence of dust? man delights not me—nor women neither. (II.ii.303-309)

"만물의 영장"이라고 했던 인간에 대한 햄릿의 긍정이 갑자기 부정으로 변해버렸다. 아버지의 죽음과 어머니의 급한 재혼, 그리고 왕의 사주를 받은 친구들의 감시가 햄릿을 비관적으로 만들었기 때문이다. 이제 햄릿은 모든 인간적 고리에서 단절된 고독한 인간이다. 아버지는 원인불명으로 사망하고, 어머니는 짐승 같은 숙부와 재혼하고, 연인인 오필리아는 햄릿을 정탐하고, 친구들은 햄릿을 배반하고 그를 감시한다. 그러므로 햄릿에게 덴마크는 '감옥'이다.

> 햄릿: 내겐 덴마크가 감옥일세.
> 로젠크란츠: 그건 왕자님의 야망 때문이죠.
> 왕자님의 큰 포부에 비하면 이 나라는 너무 좁아요.
> 햄릿: 아, 신이시여! 호두 껍데기 속에 갇혀 있어도 난
> 나를 이 넓은 우주의 제왕으로 생각할 수 있는 사람이야.
> 악몽으로 시달리고 있지만 않다면 말일세.
> Ham. To me [Denmark] is a prison.
> Ros. Why then, your ambition makes it one; 'tis too
> narrow for your mind.
> Ham. O God, I could be bounded in a nut shell and count
> myself a king of infinite space, were it not that I
> have bad dreams. (II.ii.251-257)

감옥이라는 햄릿의 말에 대해 로젠크란츠는 야망이 커서 덴마크를 "감옥"으로 느낀다고 생각하고, 길던스턴은 "야망이 있는 사람의 본질은 바로 꿈의 그림자이기 때문에 그런 꿈 자체가 야망"(II.ii.258-259)이라고 반응한다.[9] 그들은 햄릿이 덴마크라는 나라가 통치하기에 너무 작다고 생각해 감옥으로 느낀다고 추측할 뿐, 왜 햄릿이 덴마크를 감옥으로 생각하고, 자신을 거기 수감된 죄수라고 느끼는지 알지 못한다. 햄릿은 마음을 어지럽히는 문제만 없다면 작은 공간도 충분하다고 생각한다. 그

9 (II.ii.258-259) "Which dreams indeed are ambition, for the very substance of the ambitious is merely the shadow of a dream."

러나 선왕의 갑작스러운 죽음과 어머니의 근친상간적인 재혼, 그리고 정체를 알 수 없는 유령의 등장으로 햄릿은 악몽에 시달린다. 악몽과 마음속의 번민에 시달리는 햄릿은 덴마크를 감옥으로 생각한다. 이러한 은유적인 감옥의 의미를 로젠크란츠와 길던스턴은 알지 못한다.

> 햄릿: 자네들은 운명의 여신에게 무슨 큰 죄를 지었기에,
> 여기 이 감옥으로 오게 되었는가?
> 길던스턴: 감옥이라니요, 왕자님!
> 햄릿: 덴마크는 바로 감옥일세.
> 로젠크란츠: 그렇다면 이 세상도 감옥이지요.
> 햄릿: 아주 훌륭한 감옥이지. 거기엔 수많은 구치소와 감방과
> 토굴이 있는데, 덴마크는 최악의 감방 중 하나지.
> 로젠크란츠: 저희는 그렇게 생각하지 않습니다, 왕자님.
> 햄릿: 그런가? 자네들에겐 그렇지 않다는 말이군.
> 하긴 처음부터 좋고 나쁜 것이 따로 있는 게 아니지.
> 생각하기에 달렸어. 하지만 내겐 감옥일세.
> Ham. What have you, my good friends, deserved at the
> hands of fortune, that she sends you to prison hither?
> Guil. Prison, my lord!
> Ham. Denmark's a prison.
> Ros. Then is the world one.
> Ham. A goodly one; in which there are many confines,
> wards and dungeons, Denmark being one o' the worst.
> Ros. We think not so, my lord.
> Ham. Why, then, 'tis none to you; for there is nothing

either good or bad, but thinking makes it so.
To me it is a prison. (II.ii.239-251)

클로디어스는 햄릿의 행동을 이상하게 생각하면서 햄릿의 대학 동창인 로젠크란츠와 길던스턴이 햄릿의 이상한 행동의 원인을 밝혀낼 수 있기를 기대한다. 그러므로 햄릿이 덴마크를 은유적으로 감옥이라고 부르는 것은 적절하다. 왕이 고용한 하수인들의 감시에 감금되어 있기 때문이다. 또한, 햄릿은 자신의 사고와 "인식 속에 갇힌 죄수"이다(Macrone 100). 햄릿의 말처럼 "처음부터 좋고 나쁜 것이 따로 있는 것이 아니라, 생각하기에 달려있다."

우울증에 빠진 햄릿에게 그 어떤 일도 즐겁지 않고, "세상 모든 것들이 추하고 독기 서린 증기 덩어리"로 보인다. 이렇게 우울한 햄릿 앞에 배우들이 방문한다. 덴마크 궁전을 방문한 순회 극단이 『아이네이스』 중 일부를 즉석에서 실감나게 읊조리자, 햄릿은 복수를 지연하는 자신을 다음과 같이 자책한다. 제 3독백이 시작되는 지점이다.

나는 얼마나 종잡을 수 없는 천한 놈인가!
여기 이 배우들 연기가 놀랍지 아니한가?
그들은 상상 속의 감정만을 가지고도
허구에 혼을 불어넣어 연기하고 있지 않은가?
상상만으로도 그들의 안색은 온통 창백하고,
눈에는 눈물을 글썽거리고, 마치 실성한 것 같아.
목이 잠겨 말하지 못하고, 연기 하나하나를
그들이 상상한 것과 들어맞게 하다니, 얼마나 놀라운가?
현실에는 존재하지 않는 것을 두고! 헤큐바 때문에!

그들에게 헤큐바가 무엇이고, 그들이 헤큐바에게 뭐이기에,
그녀를 생각하며 저렇게 울어줄 수 있단 말인가?
O, what a rogue and peasant slave am I!
Is it not monstrous that this player here,
But in a fiction, in a dream of passion,
Could force his soul so to his own conceit
That from her working all his visage wanned,
Tears in his eyes, distraction in's aspect,
A broken voice, and his whole function suiting
With forms to his conceit? And all for nothing,
For Hecuba!
What's Hecuba to him, or he to [Hecuba],
That he should weep for her? (II.ii.550-560)

상상한 것만으로도 눈물을 글썽거리고 슬픔으로 목이 잠겨 제대로 말하지 못하는 배우들의 연기는 햄릿의 자책감을 심화시킨다. 그리하여 햄릿은 배우들이 자신의 "동기와 실마리"(the motive and the cue for passion)(II.ii.561)를 갖고 있다면, 어찌했을까를 생각하면서 자신을 나무란다. 그러고는 자신을 선왕을 위해 아무런 일도 하지 않은 미련한 놈이요 비겁한 겁쟁이라고 탄핵한다.

나란 놈은 비겁한 겁쟁이일까?
하지만 날 악당이라 부르고, 대갈통을 부술 자 누구냐?
나의 수염을 뽑아, 내 얼굴에 훅 불어 날릴 자 누구냐?
내 코를 비틀고, 나를 뱃속까지 시커먼

사기꾼이라고 부를 수 있는 자가 누구냐?
감히 나에게 어느 누가 그럴 수 있어?
하지만, 제기랄, 이런 모욕들을 달게 받아들일 수밖에 …
난 비둘기 간에 쓸개마저 없어서,
이 굴욕에 대항할 배알마저 없는 못난 놈이니까.

Am I a coward?
Who calls me villain, breaks my pate across,
Plucks off my beard, and blows it in my face?
Tweaks me by the nose, gives me the lie i' the throat
As deep as to the lungs? Who does me this?
Hah, 'swounds, I should take it; for it cannot be
But I am pigeon-livered and lack gall
To make oppression bitter. (II.ii.571-578)

햄릿은 선왕에 대한 복수를 미루는 자신을 나무라면서도, 한편으로는 그런 자신을 변호한다. 햄릿의 마음속에 진행되는 갈등은 자문자답하면서 오락가락하는 독백에 잘 드러나 있다. 그는 자신을 합리화하는가 하면 비난하기도 한다. 햄릿은 마침내 자신을 "굴욕에 대항할 배알마저 없는 못난 놈"이라고 단정한다. 이어지는 대사에서 햄릿은 클로디어스를 복수해야 할 음탕한 악당으로 규정하고 다음과 같이 복수 의지를 불태운다. "뉘우칠 줄 모르는, 음흉하고, 음탕하고, 해괴한 악당! 아, 복수다! 나는 얼마나 멍청한 놈인가!"(Remorseless, treacherous, lecherous, kindless villain!/ O, vengeance!/ Why, what an ass am I!)(II.ii.581-582) 이 3독백에는 복수를 지연하는 햄릿 자신에 대한 자책과 음탕한 숙부에 대한 증오심이 잘 나타나 있다. 그러나 햄릿은 즉시 행동하지 않는다. 유령이 아버지의 혼령인지 자신을 유혹하는 악마인지를 의심하고 있기 때문이다. 그리하여 그는 유령이 한 말의 신빙성을 확인하려고 한다. 햄릿은 유령이 한 말보다는 더 확실한 증거를 잡겠다고 결심하고 이를 위해 순회 극단 배우들에게 선왕이 독살당했을 때와 비슷한 상황을 무대에 올려 달라고 부탁한다. 클로디어스가 이 연극을 관람하게 하여 반응을 보려는 생각이다.

> 내가 보았던 유령은 악마일지도 몰라.
> 악마는 그럴듯한 모습으로 둔갑해
> 마음에 파고드는 능력을 갖췄다고 하지 않던가?
> 내가 약하고 우울한 틈을 타서,—
> 그런 사람에게 악마가 잘 먹혀든다고 하던데,
> 악마가 날 속여 파멸시키려고 하는 게 아닌지 몰라.
> 유령의 말보다 더 확실한 증거를 잡아야겠다.
> 왕의 양심을 낚을 방법은 바로 연극이야.
> The spirit that I have seen
> May be a [devil], and the [devil] hath power
> T' assume a pleasing shape, yea, and perhaps,
> Out of my weakness and my melancholy,
> As he is very potent with such spirits,
> Abuses me to damn me. I'll have grounds
> More relative than this—the play's the thing
> Wherein I'll catch the conscience of the king. (II.ii.598-605)

햄릿이 유령을 두고 아버지의 혼령인지 아니면 그에게 악행을 종용하는 악마인지를 의심하는 것은 당연하다. 유령은 햄릿이 행동하게 하는 만드는 동시에 애매한 명령을 내려 행동하기를 꺼리게 만드는 모호한 존재이다(Wilson 52). 그래서 햄릿은 "유령의 말보다 더 확실한 증거"를 확보하고 "왕의 양심"을 낚기 위해 극중극을 선택한다. 연극을 관람하는 숙부의 안색을 살펴 죄의 유무를 판단하고 행동하겠다는 말이다. 위의 인용에서 햄릿은 악마는 "그럴듯한 모습으로 둔갑"(assume a pleasing shape)하는 능력이 있다고 말하는데, 'assume'과 'shape' 모두 외양을 지시하는 단어이다. 이 작품에서 외양을 지시하는 대표적인 단어는 'seem,' 'assume,' 'put on,' 'shape'이다(Mack 93-94). 이 작품의 주제 중 하나인 외양과 실재의 괴리 문제가 겉과 속의 괴리를 함의하는 어구들을 통해 제시되고 있으며, 연극은 클로디어스의 양심을 낚는 도구로 쓰인다.

죽느냐, 사느냐, 그것이 문제다!

To be, or not to be, that is the question (III.i.55)

햄릿의 복수 지연은 양립할 수 없는 유령의 명령에 기인한다. 복수하면서 마음을 더럽히지 않을 수 없기 때문이다. 그러나 다른 한편으로는 어느 하나를 쉽게 선택하지 못하는 햄릿의 성격에 연유한다. 3막 1장, 삶의 의욕을 잃고 우울증에 빠진 햄릿이 등장한다. 그는 극단적인 격정에 사로잡혔다가 극단적인 사념에 빠지기도 한다. 햄릿은 제4독백에서, 자신에게 떨어진 가혹한 운명을 참는 것이 고상한 일인지, 이것에 대항해 행동하는 게 더 고결한 일인지를 묻는다.

죽느냐, 사느냐, 그것이 문제다!
이 포악한 운명의 돌팔매와 화살을

마음속으로 참고 견디는 것이 고결한가? 아니면
무기를 들어 끝없는 고통의 바다에 대항하여
이를 근절시키는 게 더 고결한가?
죽는다, 잠든다, 그뿐이다. 잠듦으로써
마음속의 아픔과 우리 육신이 받는
온갖 충격과 고통을 끝낼 수 있다면, 그건
간절히 바라는 삶의 완성이요 끝 아니겠는가?
죽는다, 잠든다, 잠들 뿐이다.
그럼 꿈을 꾸겠지. 아, 그게 문제야!
우리가 이 삶의 굴레를 벗어났을 때,
죽음 같은 잠 속에서 어떤 꿈을 꾸게 될지가
우릴 망설이게 해! 그것이 바로,
기나긴 인생을 재앙으로 만드는 이유 아니겠는가?
To be, or not to be, that is the question:
Whether 'tis nobler in the mind to suffer
The slings and arrows of outrageous fortune,
Or to take arms against a sea of troubles,
And by opposing, end them. To die, to sleep—
No more, and by a sleep to say we end
The heart-ache and the thousand natural shocks
That flesh is heir to; 'tis a consummation
Devoutly to be wished. To die, to sleep—
To sleep, perchance to dream—ay, there's the rub,
For in that sleep of death what dreams may come
When we have shuffled off this mortal coil,

Must give us pause; there's the respect
That makes calamity of so long life. (III.i.55-68)

여기서 "To be, or not to be"는 선택의 문제를 제기한다. 포악한 운명을 참아 견디는 것은 수동적이며, 고난의 바다에 대항하는 것은 능동적인 행위이다. 그러나 어느 것도 선택하기 쉬운 일이 아니다. 햄릿은 죽으면 모든 것이 끝날 것인가를 묻고, 죽음이 잠자는 것과 같다는 결론에 이른다. 자살을 정당화하려고 하지만 문제는 그리 단순하지 않다. 그를 혼란스럽게 만드는 것은 "만약 죽음이 잠과 같은 것이라면 꿈을 꿀 것이고, 그 꿈이 또 하나의 새로운 삶이 될지도 모른다."라는 점이다(Macrone 163). 그리고 이 모든 것이 미지의 영역이라는 점이다. 사후세계가 비참한 현재의 삶보다 더 나을 것이라는 보장도 없다. 그래서 햄릿을 세상의 온갖 모욕을 참으면서 "인생의 무거운 짐"을 짊어지고 고통스럽게 살아가게 만든다. "단 한 자루의 단도로, 스스로 삶의 종지부를 찍을 수 있는데, 누가 지루한 인생의 무거운 짐을 지고, 땀 흘리고 신음하면서 살아가겠는가?"(III.i.74-76)[10]

현재의 고통을 참아 견디는 이유가 "죽음과도 같은 잠 속에서 어떤 꿈을 꾸게 될 것인지"를 알 수 없어서라는 햄릿의 논리는 죽음 뒤에 닥치게 될 알 수 없는 "미지의 세계"에 대한 언급으로 이어진다.

그러나 죽음 뒤에 닥칠 그 어떤 두려움과
나그네 한번 가면, 다신 돌아올 수 없는
그 미지의 세계가 의지를 혼란에 빠뜨리고,

10 (III.i.74-76) "When he himself might his quietus make/ With a bare bodkin; who would fardels bear,/ To grunt and sweat under a weary life."

알 수 없는 미지의 세계로 날아가느니, 차라리
현세에서 당하는 불행을 참도록 하는 게 아니겠는가?
But that the dread of something after death,
The undiscovered country, from whose bourn
No traveller returns, puzzles the will,
And makes us rather bear those ills we have,
Than fly to others that we know not of? (III.i.77-81)

햄릿은 삶의 근본적인 문제에 부딪힐 때마다 명상하고 이는 독백으로 표출된다. 제4독백에는 삶과 죽음의 문제뿐만 아니라 단순히 행동할 수 없는 삶의 복잡한 문제에 대한 깊은 명상이 드러나고 있다. 사후 세계에 대한 확신이 서지 않은 햄릿은 삶과 죽음의 문제를 두고 갈등한다. 자신이 죽으면 이 세상의 부정과 부패와 죄악들이 모두 제거될 수 있을지, 아니면 사후에도 이 문제들이 그대로 남아 있을지 알 수 없다. 모든 것은 불확실하고, 이 불확실성은 햄릿을 불안하게 만든다. 햄릿은 아버지의 죽음에 대한 복수라는 문제를 통해 생과 사, 존재와 무, 실체와 허구, 정의와 불의, 선과 악 등의 문제를 깊이 생각한다.

오필리아가 아버지의 명으로 자신을 정탐한다는 것을 알게 된 햄릿은 그녀를 거칠게 대하면서 반복적으로 "수녀원으로 가라"고 충고하자, 오필리아는 왕자의 전락을 슬퍼한다. 햄릿이 예전에는 고결했고 거칠지 않았기 때문이다.

아, 그렇게도 고결하던 정신이 이제 깨어져 버렸구나!
궁정인의 구변과 기사의 무술과 학자의 안목을
겸비하셨던 분, 이 나라의 희망이요 꽃이었던 분,

풍속의 거울이요, 예의범절의 본보기로 모든 사람이
존경하던 분이셨지만, 이제, 정말, 그분의 정신이 무너져버렸구나.
O, what a noble mind is here o'erthrown!
The courtier's, soldier's, scholar's, eye, tongue, sword;
The expectancy and rose of the fair state,
The glass of fashion and the mould of form,
The observed of all observers, quite, quite down! (III.i.150-154)

오필리아가 회상하는 햄릿의 "눈(인식)과 혀(화법), 그리고 칼 솜씨(무용)"는 르네상스 시대의 학자, 궁정인, 군인의 표본이었다(Macrone 49). 미치기 전 햄릿은 그 나라 최고의 꽃이었고 만인이 우러러보던 본보기였고, "행동의 거울"이었다. 하지만 햄릿은 미친 것이 아니라 미친 행동을 연기하고 있을 뿐이다. 주위의 감시를 피하기 위해서다. 햄릿은 클로디어스를 잡기 위한 보다 큰 연극을 구상한다.

햄릿은 자신을 혼동 속으로 몰아넣은 "유령의 말보다 더 확실한 증거"를 잡기 위해, 그리고 왕의 범죄를 밝힐 증거를 확보하기 위해 배우들에게 극을 상연해 달라고 요청한다. 연극은 이 작품에서 실재와 허구를 검증하는 중요한 장치이다. 맥의 지적을 따르면, 미친 연기를 하던 햄릿은 극중극을 연출하고, 길던스턴과 로젠크란츠는 햄릿을 속이는 연극을 하고, 클로디어스와 레어티스는 검술 시합에서 햄릿을 잡으려는 연극을 구상한다. 햄릿과 레어티스의 검술 시합은 그 자체로 연극이다. 레어티스와 클로디어스를 제외한 인물들은 검술 시합이란 연극에 가려진 계략을 인지하지 못하고 각자의 역할을 맡는다. 클로디어스가 햄릿을 잡으려고 최종적인 연극을 진행하기 전에 햄릿이 먼저 극중극을 이용하여 그를 잡기 위한 덫을 놓는다. 극중극은 실재의 거울로 작용하지만, 이 또한 연극이다(Mack 97). 왕인 클로디어스에게 들키지 않고 그의 양심을 잡는 '덫'으로 작용하기 때문이다.

햄릿은 3막 2장에서 '극중극'을 이용해 유령이 한 말의 진위 여부를 판단하고 클로디어스의 죄를 확인하려고 한다. 햄릿은 배우들에게 숙부 앞에서 공연해 달라고 부탁하고, 그들에게 "자연에 거울을 들이대어 비추는 것"이 "연극의 목적"이라고 강연한다.

> 연기는 대사에, 대사는 연기에 맞추고, 특히 유념해야 할 것은, 자연의 절도를 벗어나지 않도록 하는 일이야. 무엇이든 도가 지나치면 연극의 목적에 벗어나는 것. 연극의 목적이란 예나 지금이나, 과거나 현재나 여전히—말하자면—자연에 거울을 들이대어 비추어내는 것이니, 옳은 건 옳은 대로 그른 건 그른 대로 있는 그대로의 모습을 비추어, 그 시대의 참다운 모습과 양상을 보여주는 일이지.
>
> Suit the action to the word, the word to the action; with this special o'erstep not the modesty of nature: for any thing so overdone is from the purpose of playing, whose end, both at the first and now, was and is, to hold, as 'twere, the mirror up to nature; to show virtue her own feature, scorn her own image, and the very age and body of the time his form and pressure. (III.ii.17-24)

햄릿이 언급하고 있는 것은 진실을 재현하는 연극의 기능이다. 그러나 연극은 이 작품에서 겉모습과 속의 괴리를 드러내는 장치 가운데 하나이다. 햄릿은 의도를 숨기기 위해 광증이란 가면을 쓰고 배우처럼 연기한다. 클로디어스는 햄릿을 궁지로 몰아넣기 위해 위선이란 가면을 덮어쓰고 연기한다. 친구들은 '진실한 친구'라는 탈을 쓰고 연기한다. 햄릿은 호레이쇼에게 아버지 살해 상황과 비슷한 극중극이 공연될 때, 왕의 표정을 잘 살펴달라고 부탁한다. 호레이쇼는 다음 구절에서 말하듯이 햄릿의 가장 친한 친구로 "격정의 노예"가 아니라 이성에 따라 행동하는 사람이다. "격정의 노예가 아닌 사람이 있다면 소개해주게. 그를 내 마음속 깊은 곳 한가운데 간직하겠네."(Give me that man/ That is not passion's slave, and I will wear him/ In my heart's core, ay, in my heart of heart)(III.ii.71-73) "쥐덫"이란 무언극이 상연되고 이어서 『곤자고의 살해』란 연극이 시작된다. 유령이 언급했던 살해 장면과 비슷한 장면을 보고도 클로디어스의 표정이 변하지 않으면 그는 무고하고, 유령이 했던 말은 거짓일 것이다. 반면 왕이 놀라면 유령의 말에는 신빙성이 있고, 왕은 거짓을 일삼는 사악한 인물일 것이다.

공작의 조카인 루시아누스(Lucianus)가 곤자고라는 공작의 귀에 독약을 주입하는 순간 클로디어스는 자리를 박차고 일어나 나가버린다. 양심을 숨기는 완벽한 연기에는 실패한 셈이다. 이에 반해 햄릿의 연기는 성공한다. 그런데도 이 성공이 복수 성공으로 이어지는 것은 아니다. 그의 의도가 클로디어스에게 완전히 노출되었기 때문이다. 이제 클로디어스의 죄는 명백해졌고, 유령의 말은 진실로 판명되었다. 갈등의 정점에서 긴장이 최고조에 이른 지점이다.

클로디어스가 저지른 범죄를 확신한 햄릿은 제5독백을 통해 강력한 복수 의지를 드러낸다. 햄릿은 즉시 복수를 단행할 것처럼 보인다. 3막 2장에서 클로디어스의 죄를 확인한 햄릿은 "뜨거운 피를 마시고" 어떤 지독한 일이라도 행할 수 있다고 말한다. 그의 마음속에서 진행되던 갈등이 해소되어 행동으로 이어질 것 같은 분위기이다. 그러나 그는 어머니 거트루드를 배려하라는 유령의 부탁을 기억한다.

가혹하게 대할지라도, 천륜의 정은 저버리지 말자.
말은 단도처럼 날카롭게 하되 단도를 써서는 아니 돼.
이것을 두고는 혓바닥과 영혼이 위선자가 되자.
말로는 가혹하게 나무랄지라도, 내 영혼이여,
그것을 절대로 행동으로 옮기지 않게 해다오.
Let me be cruel, not unnatural;
I will speak [daggers] to her, but use none.
My tongue and soul in this be hypocrites—
How in my words soever she be shent,
To give them seals never my soul consent! (III.ii.395-399)

유령의 말과 클로디어스의 죄를 확인한 햄릿은 이제 망설일 이유가 없다. 3막 3장에서 햄릿은 복수할 절호의 기회를 잡는다. 그러나 그는 복수를 지연한다. 어머니에게 가는 도중 기도하는 클로디어스를 보고 햄릿은 다음과 같이 말한다. "지금 절호의 기회다. 그자는 지금 기도하고 있어. 즉시 해치우자. 그럼 놈은 천당에 가고, 난 원수를 갚게 되는 거야."(III.iii.73-75)[11] 이렇게 말하던 햄릿은 기도하는 그를 죽이는 것을 "잘 생각해봐야 할 일"(That would be scanned)(III.iii.75)이라고 하면서 망설인다. 이 구절은 어떤 일을 거듭 깊이 생각하는 성격 때문에 햄릿이 복수를 지연한다는 평을 유발한다. 코울리지(Coleridge)는 "한 행위와 관련된 모든 사항과 그 가능한 결과"를 너무나 깊이 생각하는 햄릿의 "반성적 습관"을 복수 지연의 근본적인 원인으로 보았다(30). 지나친 명상적 습관이 복수 지연의 원인이라는 것이다.

11 (III.iii.73-75) "Now might I do it [pat], now 'a is praying;/ And now I'll do't—and so 'a goes to heaven,/ And so am I [revenged]."

햄릿은 기도하고 있는 클로디어스를 죽이면, 그것은 "복수가 아니라 품삯을 받고 일을 해주는 셈"(this is hire and salary, not revenge)(III.iii.79)이라고 생각한다. 기도하던 그가 천당에 갈 수 있다고 생각하기 때문이다. 그리하여 햄릿은 다시 때를 기다리면서 행동을 지연한다. 제6독백은 복수할 절호의 기회를 얻었지만, 핑계를 대면서 행동을 지연할 이유를 만드는 사변적 햄릿을 다시 보여주고 있다. 햄릿은 구원의 가능성이 없을 때를 기다려 클로디어스를 죽이기로 하고 행동을 지연한다.

> 검아, 칼집에 들어가 더 끔찍한 기회를 기다려라.
> 놈이 술에 취해 잠들거나, 미쳐 날뛸 때
> 혹은 침상에서 근친상간의 음란한 쾌락을 탐할 때
> 혹은 도박판에서 욕설을 지껄여대거나,
> 구원받지 못할 어떤 험한 행동을 할 때 죽이자.
> Up, sword; and know thou a more horrid hent.
> When he is drunk asleep, or in his rage,
> Or in the incestuous pleasure of his bed;
> At gaming, swearing, or about some act
> That has no relish of salvation in't. (III.iii.88-92)

도마 위에 오른 고기를 두고 요리하는 방법을 너무 생각하다가 다 잡은 고기를 놓친 형국이다. 햄릿이 빼 든 칼을 다시 칼집에 집어넣는 이유는 회개의 기도를 올리고 있는 클로디어스를 죽이면 그가 천당에 갈 수 있을 것이라고 생각하기 때문이다. 그러나 이는 자기변명에 지나지 않는 논리이다. 클로디어스가 회개하는 것처럼 보이지만 그의 기도는 헛될 뿐이다. 그 자신이 언급하듯 진심이 담기지 않은 그의 기도에 구원이 주어질 기미는 없기 때문이다. “내 말은 허공으로 날아가 버리고, 내 생각은 땅 아래 남는군! 생각이 담기지 않은 말이 하늘에 닿을 리가 없지.”(My words fly up, my thoughts remain below:/ Words without thought never to heaven go.)(III.iii.97-98) 햄릿의 변명은 행동 지연에 대한 답변이 될 수 없다. 햄릿은 이 시점에서, 자신의 기준에 따라 “복수와 삶의 이상적 모형”을 설정하고 복수 자체가 아니라 복수의 방법을 고려한다(Rose 132-133). 햄릿은 자신의 행동을 합리화하면서 자신을 변호하고 있을 뿐 누군가를 살해하고 싶지 않다. 햄릿은 행동하지 않고 계속 무엇인가를 생각하고 기다린다.

3막 4장에서 햄릿은 죽은 아버지의 사랑을 배반하고 “썩어 곰팡이 핀 이삭”(III.iv.64)처럼 천한 클로디어스와의 욕정에 탐닉하는 어머니를 잔인하게 비난한다.

> 오, 수치심이여! 그대의 부끄러움은 어딜 갔는가?
> 함부로 날뛰는 지옥 같은 욕정이여!
> 그대는 중년 여인의 몸속에조차 욕정의 불꽃을
> 당기고 있으니, 이글거리는 청춘의 불꽃 앞에서
> 정조가 초처럼 녹는 것은 당연한 일.
> O shame! where is thy blush?
> Rebellious hell,
> If thou canst mutine in a matron's bones,
> To flaming youth let virtue be as wax,
> And melt in her own fire. (III.iv.81-85)

유명한 “침실 장면”에서, 햄릿은 간담이 서늘해진 어머니 거트루드에게 모진 말을 퍼부으면서 억눌러 왔던 분노를 터뜨린다. 어머니가 천박하기 그지없는 하찮은 시동생과 재혼했기 때문이다. 중년에 이른 여인이 "욕정의 불꽃을 당긴다"고 어머니를 잔인하게 비난한다(Macrone 38). 햄릿은 그녀가 죽은 남편을 더는 배반하지 않도록 잔인한 말을 하는데, 이렇게 잔인하게 말하는 것이 어머니에 대한 애정 탓(I must be cruel only to be kind)(III.iv.179)이라고 설명한다.

거트루드는 자신을 몰아붙이는 햄릿에게 위협을 느끼고 비명을 지른다. 그러자 휘장 뒤에 숨어 엿듣던 폴로니우스가 비명에 놀라 소리를 지른다. 햄릿은 아무런 생각 없이 휘장 속으로 칼을 휘둘러 폴로니우스를 죽인다. "이 사람을 살해한 것으로 하느님은 저를 벌하시고, 저가 그에게 벌을 내리게 하셨어요. 저는 하느님의 응징 도구이자 대리인입니다."(To punish me with this and this with me,/ That I must be their scourge and minister)(III.iv.174-175) 폴로니우스를 죽인 다음 햄릿이 하는 말이다. 여기서 "응징의 도구"는 하느님의 "대리인"과 대비되는 개념이다. 햄릿이 응징의 도구라면 그는 "죄를 범하는 사적인 복수자"일 것이며 무고한 사람을 죽인 성급한 행동을 용서받을 수 없을 것이다. 그러나 그가 "대리인"의 역할을 하고 있다면, 하나님의 섭리에 따라 적절한 복수 기회가 주어질 것이며, 공적 복수의 대리자가 될 것이다(Bowers 744-745).

사적 복수와 공적인 복수 개념이 서로 부딪히고 있지만, 햄릿의 행위는 공적인 복수의 일환이다. 햄릿은 자신을 하느님에게 선택된 "대리인"으로 간주하면서 자신의 행위를 정당화한다. 햄릿이 정의를 구현하기 위한 하나님의 "대리인"이라면, 레어티스는 악을 자행하는 클로디어스의 도구이다. 햄릿의 폴로니우스 살해는 클로디어스가 기도하고 있어서 죽이지 않았던 행동과 대조를 이룬다. 그렇게도 신중하던 햄릿이 3막 4장에서는 휘장 뒤에 숨은 상대방이 누군지 확인도 하지 않고 칼을 휘둘러 죽이는 성급한 면모를 보여주기 때문이다. 햄릿이 폴로니우스의 시체를 끌고 퇴장한 후, 극중극을 통해 클로디어스의 범죄를 확인하고 갈등이 해소되는 국면으로 진행될 것 같았던 상황은 다시 소강상태에 빠진다.

인간이란 도대체 무엇인가?

What is a man? (IV.iv.33)

4막에서 햄릿은 "도대체 인간이 무엇인가?"를 물으면서, 행동을 지연하는 자신을 비난한다. 햄릿이 폴로니우스를 살해한 후 신변의 위협을 느낀 클로디어스는 4막 3장에서 햄릿의 안전을 도모하기 위해서라는 구실로 그를 잉글랜드에 보내 죽이려는 계략을 짜고, 4막 4장에서 잉글랜드로 가는 배를 타기 위해 항구로 가던 햄릿은 폴란드 원정길에 오른 노르웨이의 왕자 포틴브라스(Fortinbras)와 그의 병사들을 만난다. 그런데 전쟁터에서 사망한 아버지의 명예를 회복하려고 원정길에 오른 포틴브라스의 행위는 햄릿의 "무뎌진 복수심(dull revenge)에 박차를 가한다." 다음 7 독백에서 햄릿은 복수를 미루고 있는 자신을 질책한다.

> 시간을 들여서 하는 일이 먹고 자는 일이라면
> 인간이란 도대체 무엇인가? 짐승과 뭐가 다른가?
> 하느님께서는 인간에게 앞뒤를 재어볼 수 있는
> 크나큰 이성의 힘을 주셨어. 하지만 인간이
> 신이 가진 것 같은 이성을 쓰지 않아서, 곰팡이가
> 피게 하려고, 그 능력과 이성을 주신 것은 아니야.
> 그런데 난 어떤가? 지금 짐승처럼 망각하고 있는 걸까?

아니면 사건의 결과를 너무나 세심하고
골똘하게 생각하는 비겁한 망설임 때문일까?
What is a man,
If his chief good and market of his time
Be but to sleep and feed? a beast, no more.
Sure He that made us with such large discourse,
Looking before and after, gave us not
That capability and god-like reason
To fust in us unused. Now whether it be
Bestial oblivion, or some craven scruple
Of thinking too precisely on the event. (IV.iv.33-42)

제7독백에는 햄릿이 자문자답하는 형식이 다시 나타나고 있다. 햄릿은 인간이 동물과 다른 것은 앞뒤를 살피면서 판단할 수 있는 이성의 힘 때문이라고 생각한다. 햄릿은 사건의 가져 올 결과를 "너무 세심하고 골똘하게 생각"하여 행동하기를 주저한다. "생각을 4등분하면 반의반만 지혜고, 나머지는 비겁한 성질의 것이다."(A thought which, quartered hath but one part wisdom/ And ever three parts coward)(IV.iv.42-43) 햄릿이 행동하기를 망설이는 자신을 비겁하다고 생각하면서 하는 말이다. 이어지는 행에서 햄릿은 "복수할 명분과 의지(cause and will)와 힘과 수단"을 가지고 있으면서도 허송세월하는 자신과 포틴브라스를 비교한다. 작은 땅덩어리를 위해 원정길에 오른 병사들을 본 햄릿은 복수를 지연하는 자신을 다시 돌아보면서 다음과 같이 자책한다.

그의 정신은 큰 야망에 부풀어 올라,

알 수 없는 미래를 두고 코웃음 치면서,
언제 죽을지도 모를 유한한 생명을
운명과 죽음과 그 위험 앞에 내던지는 게 아닌가?
그것도 달걀 껍데기만 한 작은 땅덩어리를 얻기 위해서…
정말 위대한 행위는 큰 명분 없이 쉽사리 동하지 않지만,
명예가 달려 있을 때는, 지푸라기 하나를 두고서라도
싸움을 벌이는 법 아닌가! 그런데 난 뭘 하고 있는가?
Whose spirit with divine ambition puffed
Makes mouths at the invisible event,
Exposing what is mortal and unsure
To all that fortune, death, and danger dare,
Even for an egg-shell. Rightly to be great
Is not to stir without great argument,
But greatly to find quarrel in a straw
When honor's at the stake. How stand I then. (IV.iv.49-56)

햄릿에게 '명예'는 매우 중요한 덕목이다. 그는 모든 행동에 명분이 따라야 하고, 명예의 문제가 달려 있을 때는, 지푸라기만큼도 가치 없는 것을 두고도 싸워야 한다고 생각한다. 햄릿은 죽은 아버지의 명예와 더럽혀진 어머니의 명예가 자신에게 달려 있다고 생각한다. "놈은 내 아버지를 살해하고, 내 어머니를 더럽히고, 격정을 폭발시킬 만한 이유가 있는데도, 이 모든 걸 잠재우고 있단 말인가?"(IV.iv.57-59)[12] 자식으로서의 명예 또한 자신의 행동에 달려 있다고 생각한다.

12 (IV.iv.57-59) "That have a father killed, a mother stained,/ Excitements of my reason and my blood,/ And let all sleep?"

"명예라는 환상"에 이끌려 위험을 각오하고 작은 땅덩어리를 탈환하기 위해 원정길에 오른 포틴브라스의 병사들을 보면서 부끄러움을 느낀 햄릿은 마침내 "마음을 독하게 먹는다."(My thoughts be bloody)(IV.iv.66) 행동하기로 한 햄릿이 더는 주저할 것처럼 보이지는 않는다. 더 이상의 주저는 불명예이고 햄릿이 바보요 비겁한 겁쟁이라는 증거이기 때문이다. 7독백 이후 햄릿의 마음속에서 진행되는 갈등을 드러내는 독백은 더는 등장하지 않는다. 이것을 햄릿의 마음에서 진행되던 갈등이 끝났다는 증거로 받아들일 수 있다. 그런데도 햄릿을 둘러싼 외적 갈등은 남아 있다. 햄릿을 잉글랜드로 보내 죽이려던 계획은 실패했지만, 클로디어스가 햄릿을 죽이려고 또 다른 계략을 쓰기 때문이다. 클로디어스는 4막 7장에서 레어티스에게 덴마크에 다시 돌아온 햄릿을 죽이라고 자극한다.

햄릿은 극중극이란 덫을 놓아 클로디어스의 양심을 잡았지만, 클로디어스는 더욱 강력한 덫을 놓아 그의 목숨을 위협한다. 그가 벌이는 첫 번째 연극은 햄릿을 잉글랜드로 보내 죽이는 일이다. 클로디어스는 로젠크란츠와 길던스턴을 이 연극의 배우로 기용하지만, 그들의 미숙한 연기로 인해 계략은 실패한다. 그래서 클로디어스는 햄릿을 죽이려는 최종적인 연극을 구상하고 직접 연출한다. 햄릿과 레어티스의 검술 경기가 바로 그것이다. 4막 7장에서 클로디어스와 레어티스는 검술 시합에서 어떤 방법으로 햄릿을 독살할 것인지를 논의하는데, 이 검술 시합은 햄릿을 잡으려는 연극이다. 클로디어스는 레어티스를 주인공으로 삼은 검술 경기를 통해 햄릿 독살 계획을 그럴듯한 모양으로 만들고 싶다. 레어티스가 검에 독을 묻혀 햄릿 몸에 "칼이 가볍게 스치기만 해도 반드시 죽게" 하겠다고 말하자, 클로디어스는 "계획이 실패할 경우를 대비해 차선책"을 준비하겠다고 말한다. 여기서 차선책이란 레어티스가 독이 묻은 칼로 햄릿을 죽이지 못하면, 햄릿에게 독을 넣은 술잔을 권해 죽인다는 계략이다.

참새 하나 떨어지는 일에도 특별한 섭리가 작용하는 법

There's a special providence in the fall of a sparrow (V.ii.220)

잉글랜드로 가는 배에서 죽을 고비를 넘기고 돌아온 햄릿이 검술 시합을 앞두고 하는 말이다. 인간 만사에 신의 섭리가 개입한다는 말이다. 햄릿의 목숨을 노렸다가 실패한 클로디어스는 다시 그를 죽음으로 몰아넣을 흉계를 짜고 있다. 그러므로 햄릿이 그를 죽여도 이는 정당방위에 해당한다. 잉글랜드로 가던 도중에 살아나 다시 덴마크에 돌아온 햄릿은 5막 2장에서 클로디어스를 국가의 질서를 깨뜨리고 사회를 좀먹는 "암적인 존재"로 규정한다.

> 그를 처단하는 것이 내 일이라고 생각하지 않나?
> 내 아버질 죽이고, 나의 어머니를 간음하고,
> 불쑥 끼어들어 왕이 될 내 희망을 깨어 버린 놈!
> 내 생명을 낚으려고 낚시를 드리우는 등,
> 헤아릴 수 없을 정도로 수많은 속임수를 쓴 놈!
> 그런 자를 내 손으로 처단하는 것이 당연하지 않겠는가?
> 그런 암적인 존재를 그냥 둬서 더 큰 악을 범하게 한다면,
> 그것이야말로 저주받을 일이 아니겠는가?
> Does it not, think'st thee, stand me now upon—
> He that hath killed my king and whored my mother,
> Popped in between the election and my hopes,
> Thrown out his angle for my proper life,
> And with such cozenage—is't not perfect conscience,
> To quit him with this arm? And is't not to be damned,

To let this canker of our nature come

In further evil? (V.ii.63-70)

햄릿은 클로디어스를 암적 존재로 규정하고, 그런 인간을 내버려 둬 더 큰 악을 범하도록 하는 것은 몹쓸 일이라고 생각한다. 덴마크 왕자인 햄릿은 이제 자신을 국가에 암적인 존재인 클로디어스로 인해 어지럽혀진 국가의 질서를 바로잡고, 병들어 신음하는 조국을 치유해야 할 공적인 존재로 인식한다. 르네상스 시대의 지성인들은 사적인 복수를 "신에게 도전하는 불경스러운 죄"로 간주했다. 그뿐만 아니라 그것을 자신의 영혼까지도 파멸로 이끄는 죄로 간주했다. 이런 분위기에도 불구하고 자식으로서 아버지의 죽음을 복수하는 것은 신성한 의무로 간주하기도 했다. 셰익스피어의 작품들이 공연되던 시대의 관중들은 이성적으로는 사적인 복수를 악으로 생각했다. 그러나 심정적으로는 죽은 아버지에 대한 자식의 복수가 큰 죄는 아니라고 생각했다. 이것은 르네상스 시대 "관중들이 처한 도덕적 딜레마인 동시에 햄릿이 처한 딜레마"였다(Prosser 23-24). 셰익스피어는 햄릿이 처한 딜레마를 섭리에 따른 공적 차원의 정의 실현이라는 형식으로 해결한다.

죽음의 고비를 넘긴 햄릿은 모든 인간의 일에 신의 섭리가 개입한다는 것을 받아들인다. "인간들이 대충 일을 해도 그것을 말끔하게 마무리하는 신의 섭리가 존재한다."(There's a divinity that shapes our ends,/ Rough-hew them how we will)(V.ii.10-11) 유한한 인간 존재가 직면한 현실을 직시하고, 삶과 죽음의 문제를 초연한 자세로 받아들이고 있는 햄릿의 말이다. 이제 햄릿은 더는 갈등으로 인해 고통받지 않는다. 햄릿은 레어티스와의 시합 전에 죽음을 예감하지만, 그런 예감을 무시하고 마음의 준비를 하자고 호레이쇼에게 말한다. 인간의 만사에 하느님의 "특별한 섭리"(a special providence)가 작용하고 있다고 믿기 때문이다.

> 조금도 그럴 필요가 없어. 전조는 무시해. 참새 한 마리가 떨어지는 일에도 특별한 섭리가 작용하는 법! 죽음이 지금 오면 앞으로는 오지 않을 것이고, 앞으로 오지 않으면 지금 올 것이 아니겠는가? 지금은 오지 않아도 언젠가는 오고 마는 법! 마음의 준비를 하고 순리를 따르도록 하세. 언제 우리가 세상을 뜰지 아무도 모르는데, 일찍 떠난다고 한들 아쉬울 것이 뭐 있겠나?
>
> Not a whit, we defy augury. There's a special providence in the fall of a sparrow. If it be now, 'tis not to come; if it be not to come, it will be now; if it be not now, yet it will come—the readiness is all. Since no man, of aught he leaves, knows what is't to leave betimes, let be. (V.ii.219-224)

햄릿은 죽음이 언젠가는 닥친다고 하면서, 삶과 죽음의 문제에 초연하게 반응한다. 모든 것을 신의 손에 맡긴 햄릿은 더는 복수에 집착하지 않는다. 경기가 시작되고, 햄릿이 레어티스를 칼로 치자 클로디어스는 햄릿에게 독이 든 술잔을 권한다. 그러나 햄릿은 "먼저 2회전을 끝내겠다"라고 하면서 술잔을 사양한다. 햄릿은 일단 클로디어스의 계략에 넘어가지 않는다. 그런데 레어티스가 잠시 경기를 중단하고 쉬고 있는 햄릿을 독이 묻은 칼로 찌른다. 이때까지는 클로디어스가 짠 연극의 각본 그대로 흘러간다. 하지만 연극은 클로디어스의 구상과는 전혀 다른 방향으로 흐르기 시작한다. 레어티스에게 찔린 햄릿은 독을 바른 레어티스의 칼을 빼앗아 그를 찔러 죽인다. 햄릿이 마시기로 되어 있던 독배를 왕비가 마시고 죽는다(V.ii.309). 죽어가던 레어티스는 사악한 이 모든 계략의 연출자가 왕이라는 것을 밝힌다. 그리하여 클로디어스의 죄가 만천하에 공개적으로 드러난다. 햄릿은 독배를 왕의 입에 부어 넣어 그를 죽이고 자신도 죽는다. 많은 사람의 죽음으로 대단원의 막이 내린다.

연극에서 실재가 아닌 맡은 배역을 연기해야 하는 배우의 이미지는 무엇인가를 가리는 가면과 화장의 이미지와 연결된다. 연극, 화장, 가면은 모두 무엇인가를 숨겨 실재를 가리기 때문이다. 작품 전체에 걸쳐 외양과 실재의 괴리는 심각하다. 주요 인물들 모두 자신의 본 모습을 숨기고 상대의 진심을 간파하기 위해 미끼를 던지고 염탐하고 있기 때문이다. 햄릿은 자신의 의중을 숨기고 미친 사람의 연기를 하고, 미친 척하면서 극중극을 진행한다. 클로디어스는 위선의 가면을 쓰고 하수인을 이용하여 자신이 구상한 연극을 진행한다. 그는 또한 훔친 왕의 옷을 입고 왕의 연기를 하는 자이다. 그와 햄릿은 가면을 쓰고 서로를 잡으려고 '덫'을 놓고, 서로의 비밀을 알아내기 위해 연극을 만들고 연기한다. 폴로니우스는 햄릿의 진심을 캐기 위해 오필리아라는 미끼를 이용한다.

부재한 존재인 유령은 살아 있는 인간의 옷을 입고 "말을 걸어볼 수 있는 형상"으로 나타나 실재와 허구의 혼돈을 불러일으킨다. 극중극도 이 작품에서 외양과 실재, 겉과 속의 괴리를 드러내는 장치이다. 극중극을 통해 유령이 밝혔던 살해의 전모가 드러나며, 살인자인 클로디어스의 양심을 잡는다. 작품의 결말에 이르자 의문투성이고 수수께끼였던 것들과 모든 은폐된 것들이 드러나고 위선의 가면이 벗겨진다. 그리하여 외양과 실체 또는 허구와 실재의 갈등과 대립이 해소된다. 무엇이 진실인지를 쉽게 알 수 없는 세상에서 어느 하나를 택해야 하는 햄릿은 하느님의 섭리와 정의를 기다리는 역할을 맡은 도덕적인 주인공이다.

인용문헌

Adelman, Janet. "Man and Wife is One Flesh: Hamlet and The Confrontation with The Maternal Body." *Suffocating Mothers: Fantasies of Maternal Origin in Shakespeare's Plays, Hamlet to The Tempest.* New York: Routledge, 1992. 11-37.

Bowers, Fredson. "Hamlet as Minister and Scourge." *PMLA* 70 (1955): 740-49.

Bradley, A. C. *Shakespearean Tragedy.* 1904. 3rd ed. London: Macmillan, 1992.

Coleridge, S. T. "From Table Talk, 24 June 1827." *Hamlet. A Casebook.* Ed. John Jump. London: Macmillan, 1968. 30-31.

Coyle, Martin, ed. *Hamlet. New Casebooks.* New York: Macmillan, 1992.

Eliot, T. S. "Hamlet and His Problems." 1919. *Twentieth Century Interpretations of Hamlet.* Ed. David Bevington. Englewood Cliffs, N.J.: Prentice-Hall, 1968. 22-26.

Fergusson, Francis. *The Idea of a Theater.* Princeton: Princeton UP, 1949.

Hallett, Charles A. and Elaine S. Hallett. *The Revenger's Madness: A Study of Revenge Tragedy Motifs.* Lincoln: U of Nebraska P, 1980.

Jones, Ernest. *Hamlet and Oedipus.* 1949. New York: Norton, 1976.

Mack, Maynard. "The World of *Hamlet.*" In *Shakespeare: Hamlet.* Ed. John Jump. London: Macmillan, 1981. 86-107.

Macrone, Michael. *Brush Up Your Shakespeare.* New York: Harper Resource Book, 2000.

Prosser, Eleanor. Hamlet *and Revenge.* Stanford: Stanford UP, 1967.

Rose, Mark. "Hamlet and the Shape of Revenge." *English Literary Renaissance* 1 (1971): 132-43.

Shakespeare, William. *Hamlet.* Riverside Shakespeare. Ed. G. B. Evans. New York: Houghton Mifflin, 1974.

Starks, Lisa S. "The displaced body of desire." *Shakespeare and Appropriation.* Ed. C. Desmet and R. Sawyer. London: Loutledge, 1999. 160-78.

Thorndike, A. H. "*Hamlet* and Contemporary Revenge Plays." *PMLA* 17 (1902): 125-220.

Waldock, A. J. A. *"Hamlet": A Study in Critical Method*. Cambridge: Cambridge UP, 1931.

West, Robert H. "King Hamlet's Ambiguous Ghost." *PMLA* 70 (1955): 1107-17.

Wilson, J. Dover. *What Happens in* Hamlet? London: Cambridge UP, 1976.

3

『오셀로』

Othello

『오셀로』(*Othello*)는 1604년에 무대에 올려진 질투의 비극이다. 질투심의 틈새를 비집고 이아고(Iago)의 간계가 작동하지만, 근본적인 문제는 오셀로(Othello) 자신에게 있다. 질투심이 그의 소유욕에 기인하고 있기 때문이다. 소유욕의 이면에는 열등감이 있고, 그 열등감의 이면에는 자신에 대한 신뢰 부재가 자리 잡고 있다. 오셀로는 베네치아 백인 사회의 이방인이다. 장군이라는 지위에도 불구하고 피부색이 검은 무어인이다. 나이 또한 적지 않다. 그런데 상대는 베네치아 원로원 의원의 무남독녀인 젊고 아름다운 데스데모나(Desdemona)이다. 오셀로가 어느 정도 위축되었을 것이라는 걸 짐작할 수 있는 대목이다. 늙고 검은 이방인과 젊고 아름다운 백인 여성의 사랑에 장애물이 있을 수도 있다. 이런 상황 속에서 오셀로와 데스데모나는 사랑을 시작한다. 그러나 오셀로의 사랑은 허약한 사랑이다. 이아고의 간계에 빠져 여지없이 허물어지기 때문이다.

작품 속에서 데스데모나는 남성들에 의해 천사와 창녀라는 이미지가 동시에 주어진다. 오셀로는 그녀를 천사처럼 생각한다. 그러나 이아고의 계략에 빠진 후 오셀로는 데스데모나를 '창녀'라고 부르면서 '가상적' 불륜을 끊임없이 비난하고 혐오한다. 오셀로의 여성 혐오는 오셀로의 질투와 소유의식과 관련되면서 작품을 비극적으로 이끄는 힘으로 작용한다. 이 글은 성차별과 억압의 기제로서 작용하는 가부장제를 비판적으로 바라보면서, 여성 혐오 담론을 남성의 소유의식과 관련 지어 오셀로의 성격을 분석하고 이아고의 역할을 논의하는 작업이다.

나는 겉과 속이 다른 사람

I am not what I am (I.i.65)

교활한 계략으로 오셀로를 파멸로 몰아넣는 이아고의 말이다. 현재 보이는 모습이 자신의 본 모습이 아니라는 말이다. 본심을 은폐하고 오셀로를 질투의 화신으로 만들어 자신의 목적을 이루려는 이아고는 "겉과 속이 다른 사람"이다. 그는 본심을 드러내는 것을 어리석은 행동이라고 생각한다. 그는 놀랄만한 수사(修辭)를 구사하면서 오셀로를 자극한다. 때로는 강하게 항변하면서, 때로는 사실을 조작하면서, 또는 맹세하면서 이아고는 데스데모나와 캐시오를 헐뜯는다. "하늘은 알고 있어. 그를 좋아하거나 충성하는 게 아니라, 내 사사로운 목적 때문에 충성하는 척하고 하고 있다는 것을"(Heaven is my judge, not I for love and duty,/ But seeming so, for my peculiar end.)(I.i.59-60) 겉과 속이 다른 위선적인 이아고의 말이다. 그는 오셀로에게 충성하는 척하면서 봉사하지만, 사실은 자신의 목적을 위해 봉사하며 "자신만을 섬긴다."(I follow but myself.)(I.i.58) 그는 자신의 속마음을 절대 드러내지 않는다. 이아고는 본심을 감추고 오셀로의 귀에 데스데모나를 헐뜯는 여성 혐오 담론을 불어넣는다.

셰익스피어는 오셀로의 등장에 앞서 이아고를 먼저 무대에 등장시키고, 그를 통해 작품 전체의 분위기를 형성한다. 그러나 "겉과 속이 다른" 이아고의 입을 통해 전달되는 사건의 전모는 객관적일 수 없다. 그의 시각으로 윤색되기 때문이다. 작품에서 갈등을 치닫게 하는 결정적인 요인으로 작용하는 오셀로와 데스데모나의 비밀결혼을 밝히는 사람은 이아고이다. 오셀로를 질투의 화신으로 만들어 데스데모나를 죽이게 한 것도 이아고이다. 이아고는 이 작품에서 가장 큰 역할을 하는 인물이다. 작품의 타이틀이 『오셀로』임에도 불구하고 오셀로보다 이아고가 더 큰 역할을 하고 있다. 행위의 주도권을 가진 것은 이아고이고, 오셀로는 그의 손아귀에 놀아나는 수동적인 인물이다. 그는 질투의 연극을 구상하여 무대에 올리는 연출가이다. 그리고 오셀로는 그 연극의 주인공이다. 이아고는 다음과 같이 비밀결혼의 전모를 데스데모나의 아버지 브러밴쇼(Brabantio)에게 고한다.

> 의원님, 딸을 도둑맞으셨어요. 수치입니다. 어서 옷을 입으세요.
> 심장이 터져 버릴 겁니다. 영혼의 반인 따님을 잃어버리셨어요.
> 지금, 바로 지금, 이 순간에도 늙고 검은 숫양 한 마리가
> 의원님의 하얀 암양을 덮치고 있어요. 빨리 일어나세요, 빨리.
> 종을 울려요. 곤하게 잠든 사람들을 깨워야 합니다.
> 아니 그러시면 그 악마가 당신의 외손자를 낳게 할 겁니다.
> ['Zounds,] sir, you're robbed! for shame, put on your gown;
> Your heart is burst, you have lost half your soul;
> Even now, now, very now, an old black ram
> Is tupping your white ewe. Arise, arise!
> Awake the snorting citizens with the bell,
> Or else the devil will make a grandsire of you. (I.i.85-91)

오셀로의 이미지는 "하얀 암양을 덮치는" "늙고 검은 숫양(an old black ram)"이라는 이아고의 인종차별적 대사를 통해 형성되고 관객에게 전달

된다. 여기서 하얀 여성과 검은 남성의 대립 이미지는 선과 악, 지식과 무식, 진실과 거짓과 연관되어 나타난다(Sanders 29). 오셀로의 검은 피부는 "고삐 풀린 동물적 성욕"과 악과 거짓을 대변한다. 소란으로 잠에서 깬 브러밴쇼가 야단법석을 떨지 말라고 호통치자, 이아고는 다음과 같이 극단적인 발언을 구사한다. "바바리 산 수말이 의원님 딸을 덮쳐도 좋다는 건가요? 그럼, 말소리 내는 손자를 얻으실 것이고, 준마를 일가로 삼고, 스페인산 조랑말을 당신 혈육으로 삼게 될 겁니다"(I.i.111-113).[1] 오셀로를 말에 비유하는 인종차별적인 발언이다.

데스데모나는 이아고가 주도하고 연출하는 질투 비극에서 오셀로의 상대 역이며, 여성 혐오 담론의 표적이 되는 여인이다. 남성에 대한 여성의 불복종은 르네상스 시대의 가부장제가 규정한 규범의 위반이며, 이는 곧 혐오 담론으로 이어진다. 데스데모나가 아버지의 뜻을 거역하고 베네치아 백인 사회의 이방인인 오셀로와 비밀리에 결혼한 것은 가부장제에 대한 도전이다. 데스데모나는 아버지의 뜻을 거스르면서 자신의 의도대로 결혼을 진행하는 적극성을 보여주고 있다. 그러나 결혼 이후 그녀는 너무나 소극적이고 수동적인 자세를 취한다. 오셀로의 손에 죽을 때까지 그녀는 자신에게 근거 없이 주어지는 비난을 적극적으로 변호하거나 방어한 적이 없다. 초반부와는 달리 결혼 이후 데스데모나는 자신을 지켜낼 적극성이 부족한 여성으로 재현되고 있다.

오셀로와 처음 만나 사랑하고 결혼하는 과정에서 데스데모나는 결코 소극적이지 않다. 원로원에 호출된 오셀로는 의원들 앞에서 "원래 말솜씨가 거칠고, 평화로운 시절의 부드러운 말을 할 줄 모르는 사람"(Rude am I in my speech,/ And little blessed with the soft phrase of peace)(I.iii.81-82)이라고 겸

1 (I.i.111-113) "you'll have your daughter covered with a Barbary horse, you'll have your nephews neigh to you; you'll have coursers for cousins, and gennets for germans."

양의 자세를 취한다. 그런 다음 데스데모나를 만나 결혼한 경위를 다음과 같이 밝힌다.

그녀는 다시 와, 넋이 빠진 듯이 귀를 기울여
제 이야기를 들었습니다. 그것을 알아차린
저는 언젠가 적당한 기회에 적당한 방법으로
제 여행담을 모두 자세히 들려 달라고 그녀가
진심으로 부탁하도록 유도했습니다. 저의 얘기를
조금씩 듣기는 했지만, 처음부터 끝까지
모두 다 듣진 못했으니까요. 저도 허락했습니다.
제 젊은 시절에 겪었던 비참한 경험을 얘기해서
그녀가 눈물을 흘리게 했지요.
제 이야기가 끝나자 데스데모나는
제가 겪은 고통을 동정하며 한숨을 내쉬었어요.
She'ld come again, and with a greedy ear
Devour up my discourse. Which I observing,
Took once a pliant hour, and found good means
To draw from her a prayer of earnest heart
That I would all my pilgrimage dilate,
Whereof by parcels she had something heard,
But not [intentively]. I did consent,
And often did beguile her of her tears,
When I did speak of some distressful stroke
That my youth suffered. My story being done,
She gave me for my pains a world of [sighs]. (I.iii.149-159)

오셀로는 겸손하게 이야기를 시작한다. 처음에는 자신에 대한 비난을 인정하는 것처럼 말한다. 오셀로는 자신의 이야기가 과장이 없는, 있는 그대로의 "솔직한" 이야기가 될 것이라고 말한다. "제 입장을 그럴듯한 말로 꾸며 변호할 재주는 없습니다. 하지만 허락하시면 사랑의 전모를 솔직하게 꾸밈없이 말씀드리죠."(I.iii.88-91)[2] 아주 교묘한 말이다. 그러나 그의 말에 진실만이 담긴 것은 아니다. 여기서 "솔직한(round)"이란 단어와 "꾸밈없는(unvarnished)"이란 단어를 사용하는 것 자체가 이미 오셀로가 "교묘한 연설"을 하고 있다는 것을 보여주고 있기 때문이다(Macrone 126). 오셀로는 자신이 어눌해서 "그럴듯한 말"로 꾸밀 줄 모른다고 고백한다. 그러나 그는 아주 "그럴듯한 말"로 자신이 겪은 경험을 매우 효과적으로 극화한다. 그린블랏(Greenblatt)의 지적처럼 오셀로는 자신의 삶을 "그럴듯한" 이야기로 만들어 전달하면서 그 이야기를 통해 자신의 이미지를 극적으로 재현하고 자신의 정체성을 긍정적으로 형성한다(237).

데스데모나를 마약으로 유혹한 죄로 고발당한 오셀로는 마약이 아닌 신기한 이야기로 그녀의 환심을 사게 되었다고 설명한다. 하지만 모험으로 가득 찬 삶에 관한 이야기는 데스데모나에게 일종의 마약이나 마력으로 작용한다. 거의 "죽을 지경에 이르렀지만, 구사일생으로 살아난" 오셀로의 "굉장히 이상한"(passing strange) 이야기는 데스데모나의 호기심과 동정심을 불러일으킨다. "이상하다느니, 굉장히 이상한 이야기라느니, 불쌍하고, 정말 불쌍한 이야기라고 말했습니다. 차라리 듣지 않았으면 좋았을 텐데."(I.iii.160-161)[3] 오셀로가 전하는 자신의 이야기에 대

2 (I.iii.88-91) "Little shall I grace my cause/ In speaking for myself. Yet (by your gracious patience)/ I will a round unvarnished tale deliver/ Of my whole course of love."

3 (I.iii.160-161) "She swore, in faith, twas strange, 'twas passing strange,/ 'Twas pitiful, 'twas wondrous pitiful."

한 데스데모나의 반응이다. 오셀로는 말을 통해 고통스러운 경험을 극화하여 데스데모나의 동정을 유도하고, 그녀는 마침내 오셀로를 동정한다. 그에 대한 연민의 정은 사랑으로 진행한다. 그리고 오셀로는 자신을 동정하는 데스데모나를 사랑한다.

> 만약 제 친구 중에 그녀를 사랑하는 사람이 있다면,
> 그가 제 이야기를 들려주기만 하면, 그것이 자신에게
> 구혼하는 게 될 거라고 했어요. 이 말에 암시를 얻어 사랑을
> 고백했어요. 제가 겪은 고난과 위험을 동정해 그녀가 절 사랑했고,
> 데스데모나가 저를 동정해서 그녀를 사랑하게 되었습니다.
> 이게 바로 제가 사용한 요술입니다.
> [I]f I had a friend that loved her,
> I should but teach him how to tell my story,
> And that would woo her. Upon this hint I spake:
> She loved me for the dangers I had passed,
> And I loved her that she did pity them.
> This only is the witchcraft I have used. (I.iii.164-169)

오셀로가 요술이나 마약을 써서 딸을 훔친 "흉측한 도적놈"(foul thief)이라는 브러밴쇼의 비난에 대한 오셀로의 답변이다. 데스데모나는 오셀로의 얼굴을 보고 처음에는 호기심이 없었지만, 오셀로의 슬픈 이야기를 듣고 그를 동정하고 사랑한다. 오셀로의 자기 극화가 효과를 발휘하여 말의 요술에 현혹된 것이다. 오셀로의 말은 데스데모나를 사로잡은 '요술'이다. 그런데 문제는 연민과 동정이란 말에 있다. 그들의 사랑은 첫눈에 반하는 사랑이 아니다. 오셀로는 그녀가 자신이 "겪은 고난과 위험을

동정하여 사랑"하게 되었고, 자신은 동정해 주는 그녀의 어진 마음으로 인해 그녀를 사랑하게 되었다고 밝히기 때문이다.

그들의 사랑은 자기기만적 사랑이다. 무조건 사랑하는 것이 아니라, 이유가 있어 사랑하기 때문이다. 서로를 사랑해서 사랑했던 게 아니라, 동정하거나 동정하는 마음에 힘입어 사랑했다. 사랑에 접근하는 둘의 태도 또한 자기기만적이다. 오셀로의 말에 따르면 데스데모나는 그에 관한 처참한 얘기를 듣지 않았다면 좋았을 것이라고 하면서도, 자신도 그런 사연이 있는 "남자와 인연을 맺었으면 좋겠다"(she wished/ That heaven had made her such a man)(I.iii.162-163)고 말했다. 그리고 데스데모나는 만약 오셀로의 친구 중에 그런 불쌍한 얘기를 들려주는 사람이 있으면, 그런 사람에게 자신의 마음을 주겠다고 했다.

데스데모나는 오셀로에게 직접 사랑한다고 말하는 것이 아니라, 우회적으로 그의 사랑 고백을 유도하고, 이런 말에 암시를 얻은 오셀로는 사랑을 고백한다. 데스데모나와 오셀로는 그리 순진한 인물이 아니다. 데스데모나는 오셀로의 고백을 유도하여 자존심을 지키면서 사랑을 얻는다. 오셀로는 자신을 극적으로 재현하여 상대방의 동정심을 자극하고 사랑을 얻는다. 오셀로는 자신을 기만하면서 이야기하고, 이 얘기를 듣는 이를 기만한다. 그래서 이 극은 "자기기만의 극"이다(Nicoll 89-90).

1막 3장에서 오셀로의 자기변호에 이어 데스데모나는 오셀로를 남편으로 택한 것을 비난하는 아버지에게 다음과 같이 자신의 생각을 밝힌다.

> 저의 의무는 두 갈래로 나누어져 있습니다.
> 아버님은 절 낳아주시고 길러주셨습니다.
> 저를 낳고 가르쳐주신 아버님을

공경해야 한다는 것을 잘 압니다. 당신은
딸의 의무를 바쳐야 할 제 군주십니다.
저는 지금까지 아버님 딸이었습니다.
하지만 이제 여기 제 남편이 있습니다.
어머님께서 아버님을 외조부님보다 더 소중하게
섬기셨듯이, 저도 아내로서 남편인 오셀로 님을
군주로 받들어 정성껏 섬기려고 합니다.
I do perceive here a divided duty:
To you I am bound for life and education;
My life and education both do learn me
How to respect you; you are the lord of duty;
I am hitherto your daughter. But here's my husband;
And so much duty as my mother showed
To you, preferring you before her father,
So much I challenge that I may profess
Due to the Moor, my lord. (I.iii.181-189)

이 대사는 남성에 대한 데스데모나의 의식을 여과 없이 드러낸다. 그녀가 사용하는 단어들 즉, "의무"(duty), "군주"(lord), "정성껏 섬긴다"(due) 등의 단어들은 남성에 대한 복종 의식을 드러내고 있다. 그녀는 아버지의 딸로, 남편의 아내로 존재한다. 아버지의 뜻에 반해 비밀리에 결혼할 만큼 능동적이었던그녀는 지금, 아버지와 남편에 대한 "의무"를 언급하면서, 자기 정체성을 지켜야 하는 "의무"는 소홀히 하는 잘못을 범하고 있다(Greene 27).

르네상스 시대 가부장제는 여성이 어린 시절에는 딸로, 결혼 후에는 아내로, 아들이 성장하면 아들의 어머니로 존재하도록 강요하고, 아버지의 허락에 따라 결혼하고 남편에게 복종할 것을 강조한다(Ranald 151). 그런데 데스데모나는 이러한 관례를 여러 차례 위반한다. 먼저 그녀의 비밀결혼에서, 그리고 오셀로의 허락 없이 캐시오를 초대한 것에서, 그리고 오셀로가 노골적으로 불쾌감을 드러내고 있음에도 불구하고 부관인 캐시오를 대변하면서 관례를 위반한다. 그리고 그녀는 캐시오의 복직이라는 공적인 일에도 관여한다. 데스데모나의 이런 행동들은 당대 관습에서 볼 때 허용되기 어렵다.

초반부에 드러난 데스데모나의 행동은 가부장제의 규범에서 일탈한 행동이다. 자기 뜻을 거역하고 결혼했다고 딸을 저주하는 브러밴쇼의 태도 또한 무리가 있다. 1막 3장에서 브러밴쇼는 딸이 무어인과 비밀리 결혼했다는 소식을 듣는다. 지금까지 브러밴쇼가 갖고 있는 딸의 이미지는 수줍어하고, 작은 일에도 얼굴을 붉히는 순종적인 이미지이다. 이는 또한 당대 가부장제가 기대하던 여성의 모습이다. 그러나 데스데모나는 이러한 기대와는 달리 아버지의 허락을 받지 않고 인종과 나이와 신분이 다른 무어인 오셀로와 결혼한다. 더군다나 그 시대가 "흑인 남성과 백인 여성의 결합"을 혐오했고, 아버지 허락이 결혼의 필수 요건이었던 시대였다는 점을 고려하면, 데스데모나의 비밀결혼은 아주 심각한 불복종이며 가부장제의 관행으로부터의 일탈이다(Newman 144).

브러밴쇼는 데스데모나의 비밀결혼 소식을 듣자 격분하지만, 상황을 돌이킬 수 없다는 걸 깨닫고 피부색이 검은 이방인 장군 오셀로에게 다음과 같이 말한다.

> 이리 오시오, 무어 장군.
> 여기서 진심으로 딸년을 그대에게 주겠소.

그대가 그녀를 이미 손에 넣은 게 아니라면,

진심으로 딸년을 주지 않았을 거요. 소중한 것,

너 때문에 딴 자식 없는 걸 다행으로 생각하게 되었다.

Come hither, Moor:

I here do give thee that with all my heart

Which but thou hast already, with all my heart

I would keep from thee. For your sake, jewel,

I am glad at soul I have no other child. (I.iii.192-196)

브러밴쇼에게 딸은 다른 사람에게 줄 수 있고, 다른 사람이 가질 수 있는 그 무엇이다. 여성이 남성들 사이의 교환 대상이었고, 딸에 대한 아버지의 소유권이 남편 손으로 이전되던 당대 가부장제의 관행이 반영된 구절이다(Stone 136). 데스데모나가 오셀로를 사랑한다고 고백한 후, 상심하는 브러밴쇼를 공작은 다음과 같이 말하면서 위로한다. "참고 견디면 어쩔 도리가 없는 손실을 웃어넘길 수 있소. 도둑맞고도 웃으면 오히려 도둑에게 무엇인가를 빼앗는 셈 아니겠소."(I.iii.207-209)[4] 이미 끝난 것을 마음에 담지 말고, 어쩔 도리가 없는 것으로 체념하면 슬픔도 끝난다는 말이다. 그런데 문제는 "도둑맞는다"라는 의식이다. 아버지인 브러밴쇼는 딸을 오셀로에게 도둑맞았다.

데스데모나는 물건처럼 누군가 훔치고 도둑맞을 수 있는 '것'이다. 더욱더 문제는 아버지가 딸에게 퍼붓는 저주이다. "무어, 눈멀지 않았으며 내 딸을 잘 지켜봐. 아비를 속인 년이 남편인들 속이지 못하겠는가?"(Look to her, Moor, if thou hast eyes to see:/ She has deceived her father, and may thee)

4 (I.iii.207-209) "Patience her injury a mockery makes./ The robbed that smiles steals something from the thief;/ He robs himself that spends a bootless grief."

(I.iii.292-293) 아버지로서 차마 할 수 없는 말이다. 브러밴쇼가 데스데모나의 아버지로서가 아니라 남성으로서 같은 남성인 오셀로에게 하는 충고이다. 데스데모나는 가부장제가 요구하는 틀에서 벗어나 아버지의 뜻을 거역하고 자기 뜻을 관철하고, 당대의 지배적인 결혼 관행에서 이탈하여 무어인과 결혼하는 강인함을 드러낸다. 그러나 그녀의 태도에는 일관성이 없다. 아버지에게 굴복하지 않는 대담한 여성이었던 그녀가 결혼 이후 남편에게 순종하는 유순한 여인으로 변모하기 때문이다(Stallybrass 141). 결혼 과정에 드러났던 그녀의 적극성은 더 이상 나타나지 않는다.

"나는 겉과 속이 다른 사람이다"(I am not what I am)라고 표명했던 이아고는 유순한 여인으로 변한 상관의 여인을 두고 여성 혐오 담론을 구사한다. 그는 이 작품에서 여성을 가장 심하게 비하하는 인물이다. 이아고는 데스데모나에게 전해 줄 것이라고 하면서 데스데모나를 짝사랑하는 로드리고의 돈과 선물을 갈취한다. 어리석은 로드리고는 위선적인 이아고의 속임수에 넘어간다. 구애의 성공 가능성이 없다는 것을 아는 로드리고가 절망하자, 이아고는 다음과 같이 헛된 희망을 불어넣는다.

> 자네를 내 친구로 삼기로 약속했으니 자네와 서로 끊을 수 없는 친구 사이가 되었네. 지금보다 날 의지하기 더 좋을 때는 없어. 지갑에 돈을 채우고 전쟁터로 같이 가세. 가짜 수염으로 변장을 하고 말일세. 지갑에 돈을 채우라니까. 데스데모나가 그 무어 놈을 오래도록 계속 사랑하지는 않을 거야—지갑에 돈을 채워두라니까—놈도 마찬가지로 데스데모나 그녀를 계속 사랑하진 않을 거야.
>
> I have professed me thy friend and I confess me knit to thy deserving with cables of perdurable toughness. I could never better stead thee than

now. Put money in thy purse; follow thou the wars; defeat thy favour with an usurped beard; I say, put money in thy purse. It cannot be that Desdemona should long continue her love to the Moor—put money in thy purse—nor he his to her. (I.iii.336-344)

이아고는 로드리고의 친구인척 행동하면서 그를 기만하고, 바보 같은 그에게 데스데모나에게 쓸 "돈을 지갑에 채워두라"고 충고한다. 이아고 자신의 주머니를 채우고 잇속을 차리기 위한 위선적인 말이다. 여성의 사랑을 돈으로 살 수 없지만, 이아고는 로드리고에게 주머니에 채운 돈으로 사랑을 살 수 있는 것처럼 말한다.

아름답지만 오만하지 않은 여인

She that was ever fair and never proud (II.i.148)

데스데모나가 어떤 여인이 정말 훌륭한 여인인가를 물었을 때, 이아고의 답이다. 상관의 부인 앞이라서 조금 자제하고 있지만, 여성에 대한 이아고의 모든 대사는 조롱으로 가득 차 있다. 2막 1장에서 데스데모나와 이아고의 아내인 에밀리아(Emilia)가 사이프러스에 도착했을 때, 캐시오는 데스데모나에게 과장된 찬사를 바치고 에밀리아에게 키스한다. 이때, 이아고는 자신의 아내 에밀리아를 침실에서 끊임없이 "혓바닥을 놀려대는" 말괄량이라고 조롱한다. 이아고의 머릿속에 든 여성의 모습은 다음과 같다. "여자들은 밖에 나오면 그림 속의 요조숙녀요, 거실에선 깨진 종소리요, 부엌에선 살쾡이야. 나쁜 짓 하면서도 성자 같은 얼굴을 하고, 성나면 악마가 되고, 살림살이는 게으르고, 이불 속에선 부지런한 여편네야."(II.i.109-112)[5] 여성을 성적 대상으로 비하하는 여성 혐오 담론이다. 이아고의 지적에 따르면 여성들은 시끄럽고 게으르고 음란하다. 이아고의 이런 비난들은 다음 속담을 반영한다. "여성은 교회에서는 성자이고 밖에선 천사이며 집안에서는 악마이다."(Tilley, W702) 중세와 르네상스 시대에 널리 알려졌던 여성에 대한 험담이다.

데스데모나가 "못생기고 재주가 없는 여자"는 어떠냐고 묻자, 이아고는 다음과 같이 답한다. "아무리 못생기고 바보인 여자라도, 아름답고 현명한 여자들의 추잡한 짓을 하지 않는 여자는 없다."(II.i.141-142)[6] 이아고에게 모든 여성은 동일하다. 개별적 존재가 아니라는 말이다. 이아고에게는 여자가 아름답든 추하든, 현명하든 바보처럼 굴든, 모두 음탕한 창녀 같은 존재이다(Wayne 163). 이아고는 모든 여성을 성적 대상으로 비하하면서 계속 혐오 담론을 구사한다. 그는 베네치아에 음탕하지 않은 여자가 있다고 생각하지 않는다. "생각이 깊어 결코 속마음은 털어놓지 않고, 꽁무니를 따라다니는 사내들을 거들떠보지도 않는 여자. 그런 여자야말로 칭찬받을 여자죠. 그런 여자가 있다면."(II.i.156-158)[7] 이아고의 눈에는 베네치아의 모든 여성은 창녀처럼 음탕하다. 이아고는 여성 혐오 담론을 구사하면서 모든 여성을 획일적인 집단으로 몰아 일반화하고, 그들을 타락한 존재로 격하하면서 그들에 대한 불신을 조장한다(Stallybrass 139).

이아고의 눈에는 데스데모나도 베네치아의 음란한 여성들과 다를 것

5 (II.i.109-112) "You are pictures out [a' doors],/ Bells in your parlors, wild-cats in your kitchens,/ Saints m your injuries, devils being offended,/ Players in your housewifery, and housewives in your beds."

6 (II.i.141-142) "There's none so foul and foolish thereunto,/ But does foul pranks which fair and wise ones do."

7 (II.i.156-158) "She that could think, and nev'r disclose her mind,/ See suitors following and not look behind:/ She was a wight (if ever such [wight] were)."

이 없다. 2막 1장에서 이아고는 로더리고에게 데스데모나가 반드시 변심하게 될 것이라고 자신 있게 말한다.

> 데스데모나도 눈요기를 해야 하지 않겠소. 그런데 그 악마의 얼굴만을 보고 살아야 하니 어찌 즐겁겠소? 정사가 끝나고 욕정의 불길이 사그라지면, 그 불길을 다시 불러일으켜 지겨운 육신에 다시 싱싱한 욕정을 채워야 할 거요. 그리하려면 얼굴 잘생기고, 나이도 좀 어울리고, 그럴듯한 태도와 풍채가 있어야 할 것 아니겠소. 그런데 무어는 그 어느 것도 없소. 이런 필수적인 요건들이 없으면, 그녀의 섬세한 감수성이 스스로 속았다는 걸 깨닫고 역겨움을 느끼기 시작할 것이고, 마침내 그 무어 놈을 진저리 나게 싫어하게 될 것이오.
>
> Her eye must be fed; and what delight shall she have to look on the devil? When the blood is made dull with the act of sport, there should be, [again] to inflame it and to give satiety a fresh appetite, loveliness in favor, sympathy in years, manners and beauties—all which the Moor is defective in. Now, for want of these required conveniences, her delicate tenderness will find itself abused, begin to heave the gorge, disrelish and abhor the Moor. (II.i.225-233)

이아고는 오셀로를 "악마"로 칭하면서 데스데모나가 "악마의 얼굴"만 보면서 살 수는 없을 것이라고 자신만만하게 이야기한다. 그는 오셀로가 데스데모나의 욕정을 충족하기 위한 일시적인 상대일 뿐이라고 강조한다. 이아고에게 남녀 간의 진실한 사랑은 존재하지 않는다. 단지 욕정의 충족만이 있을 뿐이다. 말도 되지 않는 억측이지만, 이아고는 또한, 자기 아내가 오셀로와 놀아났을지도 모른다고 상상한다. 이아고는 오셀로와 캐시오를 미워하는 이유를 다음과 같이 밝힌다.

> 나는 그 무어 놈이 미워.
> 놈이 내 침대 이불보 속에서 나 대신
> 서방 노릇을 했다는 소문이 있어. 사실인지 모르지만,
> 이런 종류에는 단지 의심만 하고도
> 확실한 일처럼 대처할 수 있어. 놈은 나를 좋게
> 생각하고 있어. 그러니 목적을 이루기는 아주 쉬울 거야.
> 캐시오는 잘 생겼어. 가만있자.
> 놈의 부관 자리를 빼앗고 내 마음대로 하는 거야.
> I hate the Moor,
> And it is thought abroad, that 'twixt my sheets
> [H' as] done my office. I know not if't be true,
> But I, for mere suspicion in that kind,
> Will do as if for surety. He holds me well,
> The better shall my purpose work on him.
> Cassio's a proper man: Let me see now:
> To get his place and to plume up my will. (I.iii.386-393)

이아고가 복수하려는 동기 두 가지가 드러나는 대사이다. 오셀로가 이아고의 아내인 에밀리아와 정을 통했다는 가정이 첫 번째 이유이다. 이는 불확실한 소문에 근거한 단정이고, 이아고가 상상 속에 만들어 낸 터무니 없는 소문이다. 모든 여성을 음탕하게 보는 이아고의 의처증을 의심할 수 있는 대목이다. 그런데 이아고가 오셀로의 귀에 의처증이라는 독약을 주입하여 그를 파멸시키려고 한다. 오셀로에 대한 복수 동기의

두 번째는 '잘 생긴' 캐시오에 대한 질투이다. 오셀로가 이아고가 아니라 캐시오를 부관 자리에 임명했기 때문이다. 우월감에 찬 이아고는 무능력한 캐시오의 부관 임명을 도저히 받아들일 수 없다. 그래서 그를 임명한 오셀로가 마음에 들지 않는다. 캐시오를 질투하는 이아고는 이제 캐시오를 부관으로 임명한 오셀로의 질투심에 불을 질러 파멸의 길로 몰아넣는다.

> 그럼 내가 왜 악당이란 말인가?
> 캐시오에게 득이 될 걸 가르쳐 주지 않았는가?
> 이것이 바로 악마의 선심이라는 거야,
> 흉측한 죄를 저지르도록 인간을 부추길 때, 악마는
> 처음에는 지금 나처럼 천사 모습으로 나타나 유혹하는 법!
> 당분간 이 정직한 캐시오란 멍청이는
> 복직을 간청해달라고 데스데모나에게 사정할 것이고,
> 그럼 그녀는 그 무어에게 복직시키라고 조를 게 아닌가?
> 그럼 난 놈의 귓속에 독을 부어 넣게 되는 거야.
> 부인이 캐시오 복직을 요청하는 것은 정욕 때문이라고….
> 그럼 그녀가 캐시오 복직을 위해 애를 쓸수록
> 더욱 무어 놈의 의심을 사게 될 거야.
> 그리고 나는 데스데모나의 정절을 시궁창에 빠뜨리고
> 선의를 미끼로 삼아 그들 모두를 덫으로 옭아맬 거야.
> How am I then a villain,
> To counsel Cassio to this parallel course,
> Directly to his good? Divinity of hell!
> When devils will the blackest sins put on,

They do suggest at first with heavenly shows,
As I do now: for whiles this honest fool
Plies Desdemona to repair his fortunes,
And she for him pleads strongly to the Moor,
I'll pour this pestilence into his ear—
That she repeals him for her body's lust,
And by how much she strives to do him good,
She shall undo her credit with the Moor.
So will I turn her virtue into pitch,
And out of her own goodness make the net
That shall enmesh them all. (II.iii.348-362)

파직당한 캐시오를 이용하여 오셀로에게 질투와 의심과 의처증이라는 독약을 주입하려는 이아고의 말이다. 그러나 이아고는 캐시오에게 호의적인 데스데모나에게 복직을 간청하고, 그녀를 통해 오셀로를 설득하라고 충고하는 자신이 악당이 아니라는 궤변을 펼친다. 이아고는 데스데모나의 선의를 미끼 삼아 오셀로와 캐시오를 파멸의 덫으로 끌어들인다. 이아고의 생각대로 데스데모나는 오셀로에게 캐시오의 복직을 집요하게 요청하고, 오셀로는 아내와 캐시오의 관계를 의심한다. 이아고는 마침내 오셀로의 "귓속에 독을 부어 넣는 일"을 성공한다. 이 작품에서 이아고는 자신의 뜻대로 질투와 의심의 연극을 연출하고 만드는 작가이고 감독이다.

질투는 녹색 눈빛을 한 괴물

It (jealousy) is the green-eyed monster (III.iii.166)

캐시오가 데스데모나와 내통해 왔다는 것을 오셀로에게 넌지시 내비치면서 이아고가 하는 말이다. "아, 장군님, 질투를 경계하셔야 합니다! 질투란 녹색 눈빛을 한 괴물이니까요."(O, beware, my lord, of jealousy!/ It is the green-eyed monster)(III.iii.165-166) 오셀로가 질투심에 사로잡히도록 유도하는 이아고가 그에게 질투심을 경계하라고 충고하는 것은 아이러니이다. "겉과 속"이 다른 이아고는 본질적으로 아이러니한 인물이다. 그의 겉과 속은 늘 거리가 있다. 이아고는 3막 3장에서 캐시오를 비방하는 것이 본의가 아닌 것처럼 머뭇거린다. "현명하게 판단하시어 제 불확실한 억측을 신경 쓰지 마시고 제가 멋대로 지껄인 불확실한 생각 때문에 마음을 어지럽히지 마시길 바랍니다."(III.iii.149-151)[8] 캐시오의 명예에 흠집을 내게 될지도 몰라 말하기 망설여진다는 것이다. 추궁하는 오셀로에게 이아고는 다음과 같이 말한다.

> 장군님, 남녀 가릴 것 없이 명예는
> 영혼의 가장 값진 보석입니다.
> 제 지갑을 훔친 놈은 쓰레기를 훔친 놈입니다. ……
> 명예를 도둑맞으면 훔친 놈에게는
> 아무것도 아니지만, 도둑맞은 저는
> 정말 큰 손실을 보게 됩니다.
> Good name in man and woman, dear my lord,

8 (III.iii.149-151) "From one that so imperfectly [conjects],/ Would take no notice, nor build yourself a trouble/ Out of his scattering and unsure observance."

Is the immediate jewel of their souls.
Who steals my purse steals trash. ……
[H]e that filches from me my good name
Robs me of that which not enriches him,
And makes me poor indeed. (III.iii.155-161)

이 장면은 오셀로가 이아고가 만든 덫으로 가파르게 떨어지고 있는 지점이다. 이아고는 오셀로의 부관인 캐시오가 데스데모나와 내통했다는 것을 넌지시 암시한다. 이 암시에 덧붙여, 이아고는 캐시오와 그녀의 "허구적인 간통"을 누설하는 것이 본의가 아닌 것처럼 머뭇거린다. 이러한 말이 캐시오의 명예에 흠집을 내게 될지도 모르며, 어떤 "사람의 명예를 훔치는 것"은 그의 지갑을 훔치는 것보다 훨씬 더 심각한 죄이기 때문이다. 명예와 비교하면 돈은 단지 "쓰레기"일 뿐이다. 이아고의 이 말은 로드리고에게 "지갑에 돈을 채워 두라"(put money in purse)고 했던 충고와 역설적인 대조를 이룬다(Macrone 142). 여기서 이아고는 오셀로가 데스데모나를 의심하게 만들려는 사악한 의도를 은폐하려고 명예를 들먹거린다. 이아고는 캐시오가 데스데모나와 놀아난 자라는 것을 암시하면서 계속 오셀로의 질투심을 자극한다.

아! 장군님. 질투를 경계하셔야 합니다.
질투란 녹색 눈빛을 한 괴물로, 사람 마음을 먹이로 삼아
즐기는 놈입니다. 오쟁이 진 남편이라는 것을 운명으로 체념하고,
부정한 아내에게 미련 갖지 않는 자는 행복합니다.
하지만 아, 사랑하면서도 의심하고, 의심하면서도
사랑하는 남자에게 1분 1초가 얼마나 저주스럽겠어요!

O, beware, my lord, of jealousy!
It is the green-eyed monster which doth mock
The meat it feeds on. That cuckold lives in bliss
Who, certain of his fate, loves not his wronger;
But O, what damned minutes tells he o'er
Who dotes, yet doubts; suspects, yet [strongly] loves!
(III.iii.165-170)

이아고는 "녹색 눈빛을 한 괴물"인 "질투심을 경계하라"고 충고한다. 그러나 이는 도리어 오셀로의 심경을 불편하게 만들 뿐만 아니라 그의 질투심을 더욱 자극한다. 이아고는 비록 "가난해도 마음이 편한 사람은 정말 부자"(Poor and content is rich and rich enough)라고 말하는데, 이는 오쟁이 진 남편이면서도 체념하고 마음을 편하게 먹으면 부정한 아내의 남편이라는 것이 아무런 상관이 없다는 뜻이다.

이아고의 이 대사를 받아 오셀로는 자신이 쉽게 질투하는 사람이 아니라고 주장한다. 그러나 의심과 증거를 운운하는 오셀로의 대사에는 이미 질투에 눈이 멀어 데스데모나를 의심하기 시작하는 모습이 드러나 있다.

자네는 내가 질투심에 사로잡혀,
달이 차고 기울 때마다 새로 의심할 줄 아는가?
아니, 천만에. 나는 한번 의심하면
그 자리에서 의심을 깨끗하게 풀어야 하는 성격이야.
자네가 짐작해 말한 대로, 쓸데없는 허황한 의혹에
내가 마음 쓴다면, 날 염소 새끼로 취급해도 좋아.

....

내가 변변치 못한 사람이지만,
아내가 서방질할지 몰라 걱정하거나 의심하진 않아.
자기 눈으로 날 골랐으니까. 안 그런가, 이아고?
의심하기 전에 잘 살피고, 의심하면 난 증거를 확보해.
증거를 확보하면 방법은 딱 하나.
즉시 사랑을 버리든가, 질투심을 버리든가.
Think'st thou I'ld make a life of jealousy?
To follow still the changes of the moon
With fresh suspicions? No! to be once in doubt
Is once to be resolved. Exchange me for a goat,
When I shall turn the business of my soul
To such [exsufflicate] and [blown] surmises,
Matching thy inference.

....

Nor from mine own weak merits will I draw
The smallest fear or doubt of her revolt,
For she had eyes, and chose me. No, Iago;
I'll see before I doubt; when I doubt, prove;
And on the proof, there is no more but this—
Away at once with love or jealousy! (III.iii.177-192)

"모든 인간의 영혼이 질투에 빠지지 않게 하소서!"라고 기원하는 이아고의 말을 오셀로가 받아서 하는 말이다. 오셀로는 이미 이아고의 덫에 걸려들어 질투심에 사로잡혀 있다. 그런데도 오셀로는 이아고에게 자신이 쉽게 질투하는 사람이 아니라고 말하고 있다. 이아고는 데스데모나가 아버지 눈을 속이고 오셀로와 결혼했다는 것을 상기시키면서 "부인을 조심하라"라고 경고한다. 또한 에밀리아와 데스데모나를 포함한 모든 베네치아 여성들이 남모르게 음란한 행동을 하면서도 이를 남편에게 감쪽같이 숨긴다고 비난한다(III.iii.203-204).[9] 그러고는 아내와 캐시오를 잘 살펴보라고 오셀로에게 충고한다.

이아고의 간계에 빠져 질투심에 사로잡힌 오셀로는 "녹색 눈빛의 괴물"이 되어 점점 더 데스데모나에 대한 격렬한 대사를 뱉는다. 여성의 몸에 혐오 담론을 새긴다는 관점에서, 오셀로와 이아고는 분리된 인물이 아니다. 이아고란 인물은 오셀로가 심리적 영역에서 부정할 수 없는 "어두운 측면"을 대변한다(Bodkin 245). 이제 오셀로의 마음에 이아고가 그려낸 부정한 데스데모나의 모습이 자리 잡는다. 그녀와 캐시오의 관계를 의심하는 오셀로는 다음과 같이 결심한다.

> 데스데모나가 길들일 수 없는 매라면,
> 발목에 맨 끈이 내 심장을 맨 끈이라고 해도
> 당장 그 끈을 끊고, 바람을 가르며 날아가서
> 제 운명대로 먹이를 찾아가도록 하겠다.
> 얼굴이 검고, 잘 노는 사내의 우아한 사교술이 없다고
> 내 나이가 한창때를 지나서 내리막길에 접어들었다고,
> —아니, 아직은 그리 늙은 나이는 아닌데—
> 그녀가 날 떠나간다고? 결국, 난 배반당하겠지.
> 나를 구하는 길은 그녀를 증오하는 것뿐이다.

9 (III.iii.203-204) "They dare not show their husbands; their best conscience/ Is not to leave't undone, but keep't unknown."

If I do prove her haggard,
Though that her jesses were my dear heartstrings,
I'ld whistle her off, and let her down the wind
To pray at fortune. Haply, for I am black,
And have not those soft parts of conversation
That chamberers have, or for I am declined
Into the vale of years (yet that's not much),
She's gone. I am abused, and my relief
Must be to loathe her. (III.iii.260-268)

질투심에 사로잡힌 오셀로가 데스데모나를 의심하고 격렬하게 반응하는 부분의 대사로 오셀로의 소유욕이 잘 드러나 있다. 늙은 오셀로는 데스데모나가 자신을 배반할지 몰라 불안하다. 그는 자신의 나이가 한창 때를 지나 중년이란 "세월의 골짜기"(the vale of years)로 들어선 것 때문에 데스데모나가 배반했다고 생각한다. 그리하여 오셀로는 그녀와의 결혼을 후회하고 증오하기에 이른다. 오셀로는 데스데모나를 "길들일 수 없는 매"라고 부르면서 남들이 마음대로 손을 댈 수 있는 여인이라고 비난한다. 배반당했다고 생각하고 그녀를 증오하기 시작하는 오셀로는 다음과 같이 절규한다.

아, 저주스러운 결혼이여.
아름다운 여자를 제 것이라고 큰소리치지만
정욕까지 제 것으로 만들 수는 없단 말인가!
사랑하는 여자를 남의 손아귀에 두고,
자신은 두꺼비처럼 한 귀퉁이만 지키며 처량하게 사느니,

차라리 토굴 속에서 습기나 마시며 사는 것이 낫겠다.

O curse of marriage!
That we can call these delicate creatures ours,
And not their appetites! I had rather be a toad
And live upon the vapour of a dungeon
Than keep a corner in the thing I love
For others' uses. (III.iii.268-273)

여기서 "제 것", "남의 손아귀"란 용어는 오셀로가 여성을 남성의 소유물로 간주하고 있다는 것을 드러내는 용어이다. 아내의 성에 대한 남편의 배타적인 소유권을 두고 하는 말이다. 브러밴쇼는 데스데모나의 비밀결혼을 알고 나서 "딸년을 도둑맞았다"(She is stol'n from me)(I.iii.60)라고 말한다. 이러한 관념에서 보자면 데스데모나의 결혼은 브러밴쇼가 소유하고 있던 것을 오셀로가 도둑질한 사건이다. 브러밴쇼에게도 여성은 남성의 교환 대상이다. 남성에게 여성은 소유할 수 있고 교환할 수도 있는 '것'이다.

아내의 불륜을 확신한 오셀로는 이아고에게 다음과 같이 말한다. "도둑을 맞아도 당사자가 도둑맞은 걸 모르고 있으면 알리지 않는 것이 좋다. 모르면 도둑맞지 않는 거나 마찬가지니까."(III.iii.342-343)[10] 오셀로의 소유의식이 잘 드러난 말이다. 데스데모나는 정체성을 가진 인간이 아니라, 남성이 소유권을 가지고 있는 '물건'(thing)이며, 매처럼 길들일 수 있는 존재이다. 오셀로에게 그녀는 사랑의 대상이 아니라 소유의 대상이다. 오셀로는 데스데모나를 그녀의 아버지로부터 '도둑질'했지만,

10 (III.iii.342-343) "He that is robbed, not wanting what is stol'n,/ Let him not know't, and he's not robbed at all."

그녀에 대한 소유권을 영원히 지속할 수 없고, 남이 '도둑질'해 갈까 봐 항상 불안하다. 불안한 오셀로는 데스데모나의 정조를 의심하고 마침내 건잡을 수 없는 질투에 사로잡힌다. 질투와 소유의식은 무관하지 않다. 질투는 주로 가지고 싶지만 가질 수 없는 대상으로 향하기 때문이다. 오셀로는 결혼으로 인해 자신의 소유물이 되었다고 생각하는 데스데모나를 부하인 캐시오가 가로챘다는 것을 용서할 수 없다. 그의 질투와 분노는 점점 더 격렬해진다.

오셀로의 여성 혐오와 비난의 결정적 단서를 제공하는 것이 손수건의 분실이다. 3막 3장에서 데스데모나가 머리가 아프다는 오셀로의 이마를 손수건으로 감아주려고 할 때, 오셀로는 이를 밀치고 데스데모나는 손수건을 떨어뜨린다. 에밀리아는 이 손수건을 주워 이아고에게 전달하고, 이후 데스데모나에 대한 소유권은 상징적으로 이아고에게 넘어간다. 이아고는 오셀로에게 이 손수건을 부정의 증거로 제시하면서 상황을 장악한다. 손수건의 분실은 질투와 소유의식에 사로잡힌 오셀로에게 데스데모나 부정의 결정적 증거로 작용한다(Neely 229-230). 손수건을 분실하기 전에 이미 오셀로에게 질투라는 독이 주입되었다. 그러나 이아고의 손에 들어온 손수건은 더욱더 오셀로의 질투를 부추겨 그를 파멸하게 하는 데 유용하게 쓰인다.

이아고는 손수건을 캐시오의 숙소에 떨어뜨려 그가 손수건을 취하도록 하려고 하면서 다음과 같이 말한다. "공기처럼 가벼운 것도 질투심에 사로잡힌 자에게는, 성서만큼이나 강력한 효력을 지닌 증거가 될 수 있어. 이게 한몫을 할 거야. 무어는 벌써 내가 주입한 독약에 마음이 변하고 있어."(III.iii.322-325)[11] 손수건을 통해 오셀로가 데스데모나와 캐시

11 (III.iii.322-325) "Trifles light as air/ Are to the jealous confirmations strong/ As proofs of holy writ; this may do something. /The Moor already changes with my poison."

오의 관계를 억측하여 오해하도록 만들려는 이아고의 계획이 드러난 대사이다. 이아고의 말처럼 "위험한 억측은 그 자체가 독약이다."(Dangerous conceits are in their natures poisons.) (III.iii.326)

이 극이 급속하게 비극으로 치닫는 지점은 데스데모나의 손수건을 분실한 지점이고, 질투에 사로잡힌 오셀로에게 손수건의 분실은 강력한 효력을 발생한다. 손수건은 상징적으로 여성이 소중히 간직해야 하는 정조를 평가하는 잣대로 작용한다. 데스데모나가 손수건을 잃어버렸을 때 그녀는 자신의 정숙을 증명할 수단을 상실한다(Wayne 170-171). 손수건 분실 이후 오셀로는 데스데모나를 수없이 "음탕한 여자", "천하의 죽일 년", "천하의 매춘부", "베네치아의 간교한 창녀", "갈보"라고 부르면서 온갖 욕설을 퍼붓는다.

손수건은 또한 이 손 저 손을 거치면서 남성에게 소유되고 통제되는 여성의 육체를 상징한다. 그리하여 손수건은 남성의 소유의식을 보여주는 역할을 하는 동시에 순결에 대한 남성의 집착을 보여주는 상징으로 작용한다. 당시 여성의 정조 유지는 남성을 끄는 마력으로 작용했고, 그 반대는 여성 혐오를 유발하는 가장 큰 요인으로 작용했다. 부스(Linda Boose)는 딸기무늬가 수놓인 손수건은 "눈으로 확인할 수 있는 오셀로와 데스데모나의 신방 침대보의 축소판"으로 처녀성을 확인하는 상징적 구실을 한다고 주장한다(363). 오셀로가 데스데모나에게 준 손수건을 캐시오가 가지고 있다는 것은 그녀의 부정을 의미한다. 데스데모나가 순결을 상실한 게 아니지만, 손수건의 상실은 상징적인 차원에서 순결의 상실을 의미한다. 그리하여 손수건 분실 이후 오셀로의 여성 혐오는 극단으로 치닫는다.

위험한 전쟁터에서 살아남아 놀라운 군사적 업적을 쌓았던 오셀로였지만, 이아고의 계략에 빠져 데스데모나의 '가상적' 부정을 참지 못하고,

마침내 모든 것을 포기하려고 결심한다.

> 오! 모든 것은 끝이다.
> 울부짖는 군마와 드높은 나팔소리,
> 가슴 뛰게 하는 북소리와 귀를 찢을 것 같은 나팔소리,
> 저 장엄한 군기, 모든 명예로운 일, 자부심,
> 영광스런 전쟁의 당당한 위풍도 이제 끝이다!
> 아, 파멸을 부르는 대포여, 그 거친 포성이
> 불멸의 신 제우스의 무서운 부르짖음을 흉내 내지만,
> 이젠 끝장이다. 오셀로의 삶도 끝장이다.
> O, farewell,
> Farewell the neighing steed, and the shrill trump,
> The spirit-stirring drum, the ear-piercing fife;
> The royal banner, and all quality,
> Pride, pomp and circumstance of glorious war!
> And, O you mortal engines, whose rude throats
> The immortal Jove's dead clamours counterfeit,
> Farewell! Othello's occupation's gone. (III.iii.350-357)

여기서 "당당한 위풍"과 "자부심"이란 말은 허식과 지나친 과시를 드러내는 부정적인 의미로 사용되면서 오셀로의 "비극적 결함"을 드러낸다(Macrone 114). 오셀로는 모든 것을 끝낼 심판자로 등장한다. 그는 사랑의 전쟁을 끝내려는 마음을 전쟁의 언어로 표현한다. 그는 소유하지 못하는 아내를 죽여 박제로 만들어서라도 자신의 옆에 두려고 한다.

이아고는 근본적으로 냉소적인 인물이다. 그는 캐시오의 거짓 꿈 이

야기를 오셀로가 믿게 해, 데스데모나의 부정을 확신하도록 조종한다. 또한, 그는 오셀로에게 베네치아의 모든 여성이 창녀라는 점을 주입해 그가 이아고의 부정직한 말을 신뢰하게 만든다. 모든 인간을 천하게 보고, 모든 걸 비뚤게 보는 이아고는 베네치아의 모든 여성을 혐오한다. 이아고의 여성 혐오는 자신의 성격에 기인한다. 반면 오셀로의 여성 혐오는 아내에 대한 소유욕과 관련을 맺고 있다. 강한 애착을 가진 대상을 소유하지 못해 상대를 혐오하는 경우다. 오셀로는 "아내의 정절에 목숨을 걸겠다"라고 말하고 있는데, 그에게 여성의 순결은 남성으로서의 명예가 달린 중요한 사항이다. 오셀로는 이아고에 의해 주어지는 간통의 가능성만으로도 무너지고 만다. 이아고의 독에 주입된 오셀로는 너무나 여성의 정조에 집착한다. 이아고의 유혹에 빠진 후 오셀로는 이아고의 말투를 빌려서 말하기 시작한다. 그가 내뱉는 말은 격정에 차 있으며 더는 자신감이 없고 혼란스럽다(Vaughan 88).

질투심에 사로잡혀 데스데모나에게 손수건의 행방을 집요하게 추궁하는 오셀로를 본 에밀리아는 질투심에 사로잡힌 사람에 대해 다음과 같이 언급한다. "근거가 있어 질투하는 게 아니다. 질투하기 때문에 질투할 뿐이다. 질투라는 것은 스스로 잉태해 저절로 생겨나는 괴물이다."(III.iv.160-162)[12] 데스데모나가 남편에게 의심을 살 만한 일을 하지 않았다고 했을 때, 에밀리아는 질투에는 그 이유가 없다고 말한다. 오셀로의 천성에 쉽게 질투하는 성향이 자리 잡고 있다는 말이다. 오셀로는 질투심에 사로잡혀 사리를 분간하지 못한다.

이아고의 자극으로 유발되긴 하지만 오셀로를 뒤덮은 질투라는 감정은 외부의 자극에서만 오는 것이 아니다. 질투라는 격렬한 감정은 마음

12 (III.iv.160-162) "They are not ever jealous for the cause,/ But jealous for they are jealous. It is a monster/ Begot upon itself, born on itself."

의 불안으로 이어지고 오셀로는 정서적으로 불안정하다. 또한, 역도 성립한다. 검고 늙은 남성으로서의 열등감과 젊고 아름다운 백인 아내에 대한 불안은 오셀로의 소유의식을 가중하고, 그 소유의식은 또한 질투라는 격렬한 감정을 낳는다. 오셀로의 경우, 열등감과 질투와 소유의식은 분리된 것이 아니라 서로가 서로에게 영향을 미친다. 격정에 사로잡힌 오셀로는 데스데모나에 관한 한 무엇이든 의심한다. 이후 데스데모나의 행동은 단지 오셀로의 의심을 확인시켜줄 뿐이다.

세상 사람들이 조롱하는 부동의 표적

A fixed figure for the time of scorn (IV.ii.54)

바람난 여자의 남편으로 조롱거리가 된 자신의 처지를 수치스럽게 생각하는 오셀로가 하는 말이다. 데스데모나가 불륜을 저지른 것은 아니지만 이아고의 계략에 빠진 오셀로는 오쟁이 진 남편이 되었다고 생각한다. 4막 이후 오셀로의 언어는 점점 거칠어진다. 질투심에 사로잡힌 오셀로는 그녀를 살해할 의도를 드러낸다. "오늘 밤 안으로 지옥에 떨어져라. 절대로 살아남지 못할 것이니까. 아니, 내 가슴은 돌처럼 딱딱해졌어."(IV.i.181-183)[13] 그러고는 다음과 같은 격렬한 대사를 토해낸다. "그년을 갈기갈기 찢어버리겠다! 날 오쟁이 진 남편으로 만들다니!"(I will chop her into messes. Cuckold me!)(IV.i.200) 오셀로는 데스데모나를 진심으로 사랑한 것이 아니다. 오셀로에게 사랑을 잃은 것보다 더 큰 문제는 오쟁이 진 남편으로 전락해 '명예'를 잃어버렸다는 점이다. 오셀로의 '명

13 (IV.i.181-183) "let her rot, and perish, and be damned to-night, for she shall not live. No, my heart is turned to stone."

예'(honour)는 아내의 '정조'(honour)에 달려 있다. 오셀로가 명예를 지키는 방법은 정조 잃은 데스데모나를 죽여 없애는 것이다. 불안을 잠재울 수 있는 방법도 그녀를 죽이는 것이다.

4막 2장은 데스데모나의 육체에 극단적으로 집착하고 있는 오셀로를 보여주고 있는데, 그는 간통한 여자의 남편으로 사람들의 조롱거리로 전락한 자신의 처지를 한탄한다. "아, 비참하다. 내가 세상 사람들이 조롱하는 부동의 표적이 되어 끊임없이 손가락질을 받으며 살아가야 한다니."(IV.ii.53-55)[14] 오쟁이 진 남편이 받게 될 치욕을 의식하고 고통스러운 오셀로를 보여주는 대사이다. 오셀로는 마침내 데스데모나를 살해하는 것이 명예를 지키는 길이라고 생각한다.

스노(E. A. Snow)에 따르면 여성의 성욕을 악으로 간주하는 오셀로는 "억압된 성적 죄의식"을 보여주는 인물이다. 그리하여 오셀로의 초자아는 데스데모나를 죽여서 자신의 성적 충동을 해소하고 죄의식에서 벗어나려고 시도한다(393-394). 심리적 관점에서 볼 때, 데스데모나에 대한 오셀로의 폭력은 억눌려 왔던 격정 해소의 일환이다. 데스데모나를 살해한 동기가 성적 질투심이지만, 더 큰 살해의 동기는 실추된 명예를 회복하려는 심리이다. 오셀로는 데스데모나의 "그곳"이 "더러운 웅덩이"가 되었다고 분노한다.

> 내 마음을 소중하게 간직해 둔 그곳.
> 내가 살고 죽는 것도 거기에 달렸어.
> 내 생명의 물줄기가 흘러나오는 것도 마르는 것도
> 거기 그 샘에 달렸어. 그런데 그 샘에서 추방당하다니!

14 (IV.ii.53-55) "Alas, to make me/ A fixed figure for the time of scorn/ To point his slow [unmoving] finger at!"

그 샘을 음란한 두꺼비들이 알을 까는
더러운 웅덩이로 만들어 버리다니! 아직 익지도 않은
장밋빛 입술의 천사인 인내여! 거기서 네 안색을 바꿔라!
아, 지옥처럼 소름이 끼치는 표정을 해라!
But there, where I have garnered up my heart,
Where either I must live, or bear no life;
The fountain from the which my current runs,
Or else dries up; to be discarded thence!
Or keep it as a cistern for foul toads
To knot and gender in! Turn thy complexion there,
Patience, thou young and rose-lipped cherubin—
Ay, look grim as hell! (IV.ii.57-64)

오셀로는 데스데모나의 '거기'에서 생명의 물줄기가 흘러나온다고 생각하고 '거기'에 집착한다. 오셀로에게 "여성의 자궁은 생명의 물"이 솟아나는 곳이다. 그러므로 여기서 버림받는 것은 갈증으로 죽는다는 것을 의미한다. 위의 대사에서 자궁은 생명의 물을 제공하는 장소인 동시에 천한 피조물이 알을 까는 장소라는 이미지를 투사하는데, '그곳'은 "소유 특권을 부여받은 장소나, 아니면 짐승을 낳는 천한 웅덩이"다(Wayne 169). 오셀로는 온갖 잡놈들과 공동으로 '그곳'을 소유한다는 것을 참을 수가 없다. 자신만이 남편으로서의 배타적 소유권을 갖고 있다고 생각하기 때문이다. 아내의 순결에 대한 집착은 소유의식과 연결되며, 오셀로는 "아내의 순결에 남편의 명예"가 달린 것처럼 반응하는데, 이는 여성의 정조 파기에 대한 당대 남성들의 두려움과 불안을 반영하고 있다고 해도 무리가 아니다(Kahn 122, Greene 28). 그리고 이런 두려움은 후에 여성 혐오 담론으로 이어지고, 여성에 대한 집착과 소유의식으로 이어진다.

자신이 지은 죄가 무엇인가를 데스데모나가 묻자 오셀로는 다음과 같이 거친 언사를 내뱉는다.

> 아, 이 하얀 종이는, 이 아름다운 책자는,
> 그 위에 '창녀'라고 쓰기 위해 만들어졌단 말이냐?
> 무슨 죄를 범했느냐고? 죄를 범했고말고!
> 이 천하의 매춘부! 네 행실을 입 밖에 내기만 해도,
> 나의 두 뺨은 용광로의 불덩이처럼 달아올라,
> 수치심도 타 재가 돼 버려라! 뭔 죄를 범했느냐고?
> 하늘도 코를 틀어막고, 달도 눈을 감게 될 것이다.
> 닥치는 대로 입 맞추는 음란한 바람조차도
> 땅속 깊이 자리 잡은 굴속으로 은신하여
> 숨죽이고 귀 막을 것이다. 뭔 죄를 범했느냐고?
> 뻔뻔한 매춘부 같으니라고!
> Was this fair paper, this most goodly book,
> Made to write "whore" upon? What committed!
> Committed! O thou public commoner,
> I should make very forges of my cheeks,
> That would to cinders burn up modesty,
> Did I but speak thy deeds. What committed?
> Heaven stops the nose at, it and the moon winks;
> The bawdy wind, that kisses all it meets,
> Is hushed within the hollow mine of earth

And will not hear't. What committed?

[Impudent strumpet!] (IV.ii.71-81)

오셀로는 이아고가 조작한 아내의 가상적 부정을 기정의 사실로 받아들여, "자신의 정절을 믿어 달라"는 데스데모나를 믿지 않는다. 아내의 말보다 이아고의 말을 더 신뢰하는 어리석음을 범하고 있는 것이다. 여기서 오셀로가 구사하는 거친 단어들, 즉 '천하의 매춘부', '뻔뻔한 매춘부', '갈보'라는 단어들에는 여성 혐오가 드러나고 있다. 오셀로는 데스데모나의 몸을 '책' 또는 '종이'로 비유하고, 간통으로 인해 거기에 '갈보'라는 단어가 쓰이게 되었다고 생각한다. 그러나 데스데모나는 실제로 아무것도 적은 것이 없으며, 저지른 부정이 아무것도 없다. 웨인(Wayne)이 언급하듯이 데스데모나의 몸이라는 책 위에 여성 차별 담론을 적는 사람은 오셀로 자신이다(169). 오셀로는 자신을 믿어달라는 데스데모나에게 베네치아의 "간교한 창녀"(cunning whore of Venice)라고 하면서 폭언을 구사한다. 오셀로도 이아고처럼 모든 베네치아의 여자들이 창녀라고 생각하며, 데스데모나도 베네치아의 다른 여자와 다를 바 없다고 생각한다.

데스데모나는 자신의 몸에 새겨진 "갈보"라는 언어를 분리해내지 못하고, "창녀"라는 비난으로부터 자신을 방어하지 못한다(Wayne 170). 오셀로가 "갈보"라고 거듭 비난하지만, 데스데모나는 강력하게 저항하는 모습을 보이지 않는다. 아버지에게 복종하지 않고 그의 뜻을 거역하고 비밀리에 결혼했던 데스데모나를 떠올리면, 남편이 퍼붓는 여성 혐오 담론에 대한 그녀의 이런 소극적 반응은 이해하기 힘들다. 후반부에 이르자 데스데모나는 초반부에서 아버지에게 대항했던 적극적 여성이 아니라, 가부장제에 순응하는 수동적 여성으로 재현된다.

그토록 아름다운 게 그렇게 치명적이다니!

So sweet was ne'er so fatal (V.ii.20)

데스데모나가 아름다움 때문에 자신을 스스로 파괴했다고 생각하는 오셀로의 말이다. 그녀가 너무 아름다워 불륜에 연루되었다고 생각하기 때문이다. 데스데모나의 '가상적' 불륜을 끊임없이 비난하고, 그녀를 두고 '갈보'라는 표현을 서슴지 않았던 오셀로는 마침내 여성의 정조 파기를 단죄하는 심판자의 태도를 취한다. 5막 2장에서 오셀로는 데스데모나를 죽이기 직전 다음과 같이 자신의 행동을 합리화한다. "그것 때문이다. 그것 때문이야. 나의 영혼이여! 순결한 별들아, 다시는 입 밖에 내지 않도록 해 다오. 그것 때문이다. 하지만 그녀의 피는 흘리지 말자."(V.ii.1-3)[15] 오셀로에 따르면 데스데모나가 죽어야 하는 것은 그녀 자신의 행동 때문이다. 그리고 더 많은 사내를 배신할 수 있기 때문이다. "그녀는 죽어야 해. 살려두면 더 많은 남자들을 배신할 테니까. 우선 촛불을 끄고 다음에 생명의 불을 끄자."(V.ii.6-7)[16] 오셀로가 밝히고 있는 살해의 이유다. 불경스런 이 대사에 이어지는 다음 대사는 데스데모나의 입장은 전혀 고려하지 않는 오셀로의 이기적 성격을 드러낸다.

> 장미는 한번 꺾이면
> 영영 살아날 길 없고 시들어 버리는 법.
> 가지에 매달려 있을 때 그 향기를 맡아 보자. (키스한다.)
> 아, 향기로운 숨결, 정의의 신도 이 향기를 맡는다면

15 (V.ii.1-3) "It is the cause, it is the cause, my soul;/ Let me not name it to you, you chaste stars,/ It is the cause. Yet I'll not shed her blood."

16 (V.ii.6-7) "She must die, else she'll betray more men./ Put out the light, and then put out the light."

칼을 부러뜨리고 싶을 것이다. 한 번만 더 입을 맞추자!
죽은 다음에도 제발 이대로 있어 다오. 널 죽이지만,
나 그대를 영원히 사랑하리라. 죽어서도 이대로 있어 다오.
한 번만 더, 이것이 마지막이다.
그토록 아름다운 게 그렇게 치명적이다니!
흘러내리는 눈물을 참을 수가 없구나!
그러나 이는 잔인한 눈물, 하늘의 슬픔이다.
사랑하기 때문에 벌을 내리는 신의 채찍이다.
When I have plucked the rose,
I cannot give it vital growth again.
It needs must wither. I'll smell it on the tree. [*Kisses her*]
O balmy breath, that dost almost persuade
Justice to break her sword! One more, one more.
Be thus when thou art dead, and I will kill thee,
And love thee after. One more, and that's the last:
So sweet was ne'er so fatal. I must weep,
But they are cruel tears. This sorrow's heavenly,
It strikes where it doth love. (V.ii.13-22)

여기서 오셀로는 자신을 죄의 유무를 판단하는 심판자 또는 재판관으로 생각하는, 그리고 아내의 생사여탈권을 쥐고 있는 신으로 생각하는 오만성을 드러낸다. 그리고 그의 극단적 소유의식은 마침내 데스데모나 교살로 이어진다. 그의 말처럼 "장미는 한번 꺾이면 살아날 길이 없다." 식물이나 아름다운 꽃은 그 뿌리를 땅에 내리고 있을 때 생명이 유지되는 법이다. 데스데모나를 죽이는 오셀로의 행위는 대지에 뿌리를 내리고 그 생명력을 유지하는 장미를 꺾어 자신만의 화병에 담아 놓겠다는 행동이다. "죽어서도 이대로 있어 달라"는 오셀로의 대사는 그의 이기심과 소유의식을 잘 드러내는 대사이다. 질투는 소유의 욕망을 불러일으킬 뿐만 아니라 파괴의 욕망을 불러일으켜 데스데모나의 살해라는 결과로 이어진다. 그러면서도 오셀로는 사랑하기 때문에 죽인다는 논리로 자신을 합리화한다. 물론 받아들일 수 없는 논리이다.

데스데모나는 여전히 아름답다. 그러나 "살아 있는 데스데모나"는 오셀로가 감당하기에는 너무나 아름다운 존재이다. 그는 "한 자리에 고정되어 있고, 수동적이며, 자신이 완벽하게 소유"할 수 있는 움직이지 않는 동상 같은 데스데모나를 원한다(Macrone 135). 오셀로는 데스데모나를 살해하고, 죽인 뒤에도 그녀를 계속 사랑할 것이라고 말한 다음, 자신을 죄인에게 벌을 내리는 "신의 채찍"으로 간주한다. 오셀로의 강력한 소유의식과 오만성이 드러나는 부분이다. 그 어디에서도 데스데모나에 대한 배려를 볼 수 없다.

오셀로는 자기만 생각하는 자기중심적인 인물이고 자신을 심판자로 간주하는 불경스러운 인물이다. 이 장면에서 오셀로는 스스로 종교의식을 진행하는 성직자나 정의의 심판자처럼 행동한다(Stirling 134). 오셀로는 오만하고 이기적이고 불경스럽고 자기중심적인 인물이다. 5막 2장에서 오셀로는 데스데모나를 살해한 후, 자신을 "명예로운 살인자"로 칭하며, "명예"를 위해 데스데모나를 죽였다고 변명한다. "명예로운 살인자라고 보고해 주십시오. 데스데모나를 증오 때문이 아니라, 오직 명예를 위해 죽였으니까요."(V.ii.294-295)[17] 이어서 오셀로는 다음과 같이 극적으로 자신을 재현한다.

17 (V.ii.294-295) "An honourable murderer, if you will;/ For naught did I in hate, but all in honor."

잠깐, 떠나기 전에 제가 한 말씀 드리겠습니다.
국가에 어느 정도 공헌했습니다. 여러분도 인정하실 겁니다.
더 말씀드리진 않겠습니다. 하지만 부탁드릴 게 있습니다.
서면을 통해 이 불행한 사건을 보고할 때,
저에 대해서 있는 그대로 전해 주세요. 두둔하지도 말고
악의에 차서 헐뜯지도 마십시오. 이렇게 전해 주십시오.
현명하게 사랑하진 못했지만, 아내를 너무 사랑했던 사람이라고….
쉽게 질투에 빠질 사람은 아니지만, 속임수에 빠져들어
극단적 혼란에 빠진 사람이라고…. 무지한 인도 사람처럼
온 종족보다 귀한 진주를 자기 손으로 팽개친 사내라고….
한 번도 울어본 적 없는 사내였지만,
이번에는 슬픔에 사로잡혀 줄줄 눈물을 흘렸다고,
아라비아고무나무가 영험한 고무액을 흘리듯이
눈물을 흘리는 사내라고 전해 주십시오.

Soft you; a word or two before you go.
I have done the state some service and they know't—
No more of that. I pray you, in your letters,
When you shall these unlucky deeds relate,
Speak of me as I am; nothing extenuate,
Nor set down aught in malice. Then must you speak
Of one that loved not wisely but too well;
Of one not easily jealous, but being wrought,
Perplexed in the extreme; of one whose hand,
(Like the base Indian) threw a pearl away
Richer than all his tribe; of one whose subdued eyes,

Albeit unused to the melting mood,
Drop tears as fast as the Arabian trees
Their medicinable gum. (V.ii.338-351)

죄 없는 데스데모나를 죽인 것을 정당화하려는 오셀로의 이 연설은 오셀로가 아내를 살해하도록 몰고 간 격정적인 질투에서 벗어난 것처럼 보이게 만든다. 그것이 오셀로의 연설 목적이다. 오셀로를 동정하는 독자들은 그의 "자기비판"을 받아들인다. 즉 오셀로가 "현명하게 사랑하진 못했지만, 아내를 너무 사랑했다"는 것을 인정하고, 오셀로의 자기변호를 받아들인다. 그러나 오셀로의 성급하고 잔인한 행위를 용서하지 못하는 독자들은 "오셀로의 정당화가 또 다른 자기기만 행위"라는 것을 발견한다. 또한, 너무나 쉽게 이아고의 말을 믿고 너무나 쉽게 질투심에 빠진 오셀로의 성격을 아내를 "너무 사랑했기 때문"이라는 자기변명과 관련지어 받아들이기 어렵다(Macrone 105).

T. S. 엘리엇(Eliot)은 오셀로가 매우 긴장된 순간에 자신의 행위를 변명하면서 스스로를 극화하고 관중들을 기만하고 있다고 생각한다. 오셀로가 염두에 두는 것은 데스데모나가 아니라 자기 자신이다. 엘리엇은 관객들뿐만 아니라 자신까지 기만하면서 스스로 위로하는 그를 부정적으로 평가한다. 이 연설에 대한 엘리엇의 평가는 다음과 같다. "오셀로의 이 연설은 내게 자화자찬하는 내용으로 들린다. 그는 현실에서 도피하려고 부단히 노력하고 있고, 데스데모나에 대해 생각하기를 중단하고 계속 자신에 대해서 생각한다. … 오셀로는 자신을 극화하면서, 연민을 자아내는 애처로운 인물로 자신을 형상화하는 일을 성공하고 있다"(111). 오셀로가 자기 극화를 통해 타인을 기만하는 자기중심적 인물이라는 주장은 설득력이 있다. 오셀로는 자신을 국가에 대한 공이 있다고 자화자찬

하고, 자신을 현명하지는 못했지만, "아내를 너무 사랑했던" 인물로 극화하고 있기 때문이다. 이런 자기 극화는 도리어 데스데모나의 사랑을 기만한 오셀로를 부정적으로 투사한다. 오셀로는 "쉽게 질투에 빠지는 사람"이 아니라고 스스로 변호한다. 그는 또한 진심으로 뉘우치는 것처럼 들리는 말로 관객들의 동정을 유도한 다음 마침내 자살한다.

브래들리(A. C. Bradley)에게 오셀로는 다른 사람을 쉽게 믿고, 일단 믿으면 절대적으로 신뢰하는 단순한 인물이다. 그는 오셀로가 쉽사리 질투에 빠지는 인물은 아니지만 질투라는 독을 주입한 이아고에게 속아서 변했다고 변호한다. 브래들리에게 오셀로의 비극은 "한번 격정에 빠지면 앞뒤를 가리지 않고 조금도 주저하지 않고 인간이 상상할 수 있는 가장 단호한 방식으로 행동한다는 점"에 있다(163). 브래들리는 오셀로를 근본적으로는 고결한 인물로 간주한다. 그에 대한 긍정적 평가이다. 그리고 데스데모나를 살해한 동기가 증오가 아니라 자신의 명예라고 주장한다. 데스데모나를 죽인 동기가 질투가 아니라 명예라는 브래들리의 주장은 후에 많은 비평가의 지지를 확보한 유명한 논평이다.[18] 질투 때문이 아니라 자신이 지키려는 명예 때문에 데스데모나를 죽였다는 오셀로의 자기변호를 받아들인 셈이다.

그러나 "쉽게 질투에 빠지는 사람"이 아니라는 오셀로의 말을 액면 그대로 받아들이기 어렵다. 이아고가 계략을 쓰자마자, 오셀로가 주저 없이 질투에 빠져 앞뒤를 살피지 않고 사고를 치기 때문이다. 데오볼드(Lewis Theobald)의 주장을 따르면 오셀로가 그렇게 빨리 질투에 사로잡힌 것은 이아고 때문이 아니라 오셀로가 "타고난 급한 성질"에 기인한다

18 엘리엇의 이러한 주장에 동조하는 평자들은 Nowotthy와 Matthews 등이다. 다음을 참조. M. T. Nowottny, "Justice and Love in *Othello*," *UTQ* 19.4 (1952): pp.330-344. G. M. Matthews, "Othello and the Dignity of Man," *Shakespeare in a Changing World: Essay*, ed. Arnold Kettle (International Publishers, 1964), pp.123-145.

(448). 급한 성격과 열등감이 결합하면서 오셀로는 쉽게 질투에 사로잡힌다. 쉽게 질투에 빠진 원인으로 오셀로 자신의 성격이 이아고의 계략보다 더 크게 작용한다는 말이다. 오셀로는 쉽게 격정에 사로잡힐 뿐만 아니라, 사태의 앞뒤를 제대로 파악하지 못하는 우둔한 인물이다. 또한, 그는 모든 것을 자기중심적으로 파악하고 자신을 극화하는 인물이다.

"현명하게 사랑하진 못했지만, 아내를 너무 사랑했던" 사람이라는 오셀로의 자기변명과 극화는 설득력을 확보할 수 없다. 리비스(F. R. Leavis)는 너무나 사랑하여 데스데모나를 죽였다는 오셀로의 자기 극화를 자기기만의 증거로 받아들였다. 오셀로의 사랑을 이상적인 사랑이 아니라 기만적 감정으로 받아들인 것이다. T. S. 엘리엇과 마찬가지로 리비스 또한 오셀로의 마지막 연설에 드러난 자기 극화를 검토하여 오셀로를 자기 연민에 빠진, 자신의 논리에 갇힌, 자기중심적 인물로 간주한다. 그는 또한 오셀로가 오만할 뿐만 아니라, 인간에 대한 이해와 지성이 부족하여 이아고에게 쉽게 속고, 자기중심적인 사고 때문에 쉽게 격정에 빠지는 인물이라고 주장했다(276, 270). 오셀로를 지성이 부족하고 이기적 욕망을 드러내는 부정적 인물로 평가하는 것이다.

오셀로의 자기변명을 받아들였던 브래들리와는 달리, 리비스는 자기중심적 사고와 연결된 오셀로의 자기 극화를 주시하여 다음과 같이 주장한다. "오셀로는 고결한 방식으로 자신의 이기적 성향을 드러낸다. … 자기 극화를 드러내 보이는 습성은 오셀로 기질의 본질적인 요소인데, 이 습성은 극의 마지막 장면에서도 본질적 요소로 남아 있다. … 그것은 기껏해야 고상한 자기중심적 성향의 인상적인 표현이다."(265) 이기적 성격과 자기중심성과 자부심은 멀리 떨어진 성향이 아니다. 지나친 자부심은 곧 이기적 성향과 연결되기 때문이다.

3막 3장에서 이아고가 오셀로에게 질투심을 주입하는 데 성공할 수 있었던 것은, 리비스의 주장을 따르면, 이아고가 자기중심적 오셀로의 심리 안에 이미 형성되기 시작한 의혹과 두려움을 겉으로 드러내면서 자극했기 때문이다. 리비스는 오셀로를 자신조차도 제대로 알지 못한 둔한 인물로 평가한다(264, 269). 오셀로의 행위는 기만적이며, 그의 사랑 또한 기만적이다. 자신에 대한 변호와 변명도 기만적이다. "현명하게 사랑하진 못했지만, 아내를 너무 사랑했다"라는 오셀로의 자기 극화는 자신과 타인을 기만하는 자기중심적 성향을 드러낸다. 데스데모나가 죽기 직전에 기도할 기회를 달라고 했을 때, 오셀로는 이를 거부한다. 오셀로는 그녀의 구원 가능성을 박탈했을 뿐만 아니라, 자신의 구원 가능성도 박탈한다. 스스로 심판자가 되기를 자처하고 정의를 집행하는 자로 행동하는 불경죄를 범하고 있기 때문이다.

여성을 혐오하면서 여성을 자신만의 소유로 하려는 의식은 이율배반적이다. 혐오하는 대상을 갈구한다는 모순을 범하고 있기 때문이다. 오셀로와 데스데모나의 관계는 한 대상을 두고 양립할 수 없는 이율배반적인 의식이 부딪히고 있음을 보여주고 있다. 그러나 이런 이율배반적인 심리가 결코 이해될 수 없는 심리는 아니다. 오셀로의 여성 혐오는 자신만의 소유로 하고 싶지만 그렇게 하지 못한 것에 대한 반발이다. 데스데모나는 미모의 젊은 백인 여성이며, 검은 피부의 늙은 오셀로는 베네치아 사회의 이방인이다. 그러므로 데스데모나에 대한 그의 열등감과 불안과 질투를 이해하기 어렵지 않다.

전통 비평에서는 비극적 결말을 '악의 화신'인 이아고의 탓으로 돌리면서 오셀로를 변장하고 그의 영웅으로서의 자질을 긍정적으로 평가한다. 또한, 오셀로가 데스데모나를 너무나 사랑했기에 죽였다고 평가하기도 한다. 그러나 최근의 비평적 논의, 특히 페미니스트 비평은 오셀로의 부정적 속성에 초점을 맞춘다. 그는 이기주의자며, 판단력이 마비된 인물이며, 기만적이고 오만한 인물이다. 여성에 초점을 맞춘 비평적 평가가 아니더라도, 오셀로는 긍정적으로 평가되기 어려운 인물이다. 자기중심적 인물이며, 소유욕에 사로잡힌 인물이며, 이기적이며, 오만하다는 평가에서 벗어날 수 없기 때문이다.

이 작품을 두고 볼 때 여성 혐오와 소유의식의 관계는 분명하다. 여성 혐오 심리가 먼저 생기고 소유의식이 뒤를 따르는 것이 아니라, 열등감에서 유발된 잠재적인 소유의식이 여성 혐오 심리에 선행한다. 오셀로의 소유의식이 단적으로 드러나기 시작하는 시점이 데스데모나의 정절을 의심하기 시작하고, 여성 혐오 담론을 구사하는 시점부터라는 것은 이를 증명한다. 소유하기 힘든 대상에 대한 불안과 긴장은 그 대상에 대한 혐오를 낳고, 그 대상의 소멸이라는 결과로 이어진다. 그러므로 비극의 씨앗은 데스데모나나 이아고가 아니라 오셀로 자신이 갖고 있다. 자신에 대한 신뢰는 타인에 대한 신뢰보다 선결되는 문제이다. 베네치아의 이방인인 오셀로는 검은 피부의 무어인으로 잠재적인 열등감에 사로잡혀, 자신을 신뢰할 수 없었고, 이는 다른 사람에 대한 질투와 불신으로 이어진다. 사랑하는 대상과 자신에 대한 불안은 오셀로의 소유의식으로 이어지고, 이 소유의식은 마침내 대상을 자신만의 것으로 만들기 위한 살해로 이어진다. 데스데모나에 대한 오셀로의 태도와 행동을 통해 셰익스피어는 소유의식은 존재 양식과 함께 할 수 없다는 것을, 그리고 자신을 신뢰하지 못하는 사람은 타인을 믿고 사랑할 수 없다는 것을 보여주고 있다.

인용문헌

Bradley, A. C. *Shakespearean Tragedy: Lectures on Hamlet, Othello, King Lear, Macbeth*. 1904. 3rd ed. London: Macmillan, 1992.

Eliot, T. S. "Shakespeare and the Stoicism of Seneca." *Selected Essays*. New York: Harcourt Brace Jovanovich Inc., 1950. 107-20.

Greenblatt, Stephen. *Renaissance Self-Fashioning*. Chicago: Chicago UP, 1980.

Greene, Gayle. "This that you call love: Sexual and Social Tragedy in *Othello*." *Journal of Women's Studies in Literature* 1-1 (1979): 16-32.

Kahn, Coppelia. *Man's Estate: Masculine Identity in Shakespeare*. Berkeley: U of California P, 1981.

Leavis, F. R. "Diabolic Intellect and the Noble Hero: A Note on *Othello.*" *Scrutiny* 6.3 (1937): 259-83.

Neely, Carol T. "Women and Men in *Othello*." *The Woman's Part: Feminist Criticism of Shakespeare*. Eds. C. R. Swift Lenz, Gayle Greene, and C. T. Neely. Chicago: U of Illinois P, 1980. 211-39.

Newman, Karen. "'And Wash the Ethiop White': Feminity and the Monstrous in *Othello*." *Shakespeare Reproduced: The Text in History and Ideology*. Eds. J. E. Howard and M. F. O'Connor. New York: Methuen, 1987. 143-62.

Nicoll, Allardyce. "The Tragedies of Othello, the Moore of Venice." *Studies in Shakespeare*. New York: Leonard & Virginia Woolf, 1927. 104-09.

Ranald, M. L. *Shakespeare and His Social Context: Essays in Osmotic Knowledge and Literary Interpretation*. New York: AMS P, 1987. 135-52.

Sanders. Norman, ed. "Introduction." *Othello*. By W. Shakespeare. New Cambridge Shakespeare. Cambridge: Cambridge UP, 1984. 1-51.

Snow, Edward A. "Sexual Anxiety and the Male Order of Things in *Othello*." *ELR* 10 (1980): 384-412.

Stallybrass, Peter. "Patriarchal Territories: The Body Enclosed." *Rewriting the Renaissance: the Discourse of Sexual Difference in Early Modern Europe*. Eds. M. W. Ferguson et al. Chicago: U of Chicago P, 1986. 123-42.

Stirling, Brents. "Reputation, Reputation, Reputation!" *Unity in Shakespearian Tragedy: The Interplay of Theme and Character*. New York: Gordian P, 1966. 111-38.

Stone, Lawrence. *Family, Sex and Marriage in England 1500-1800*. Abriged Edition. New York: Harper & Row, 1987.

Theobald, Lewis. "Notes on *Othello*(1773)," *The Works of Shakespeare*. Vol. 7. Ed. Lewis Theobald. New York: AMS P, 1968. 369-494.

Tilley, M. P. *A Dictionary of the Proverbs in England in the 16th and 17th Centuries*. New York: AMS P, 1950.

Ulrici, Hermann. *Shakespeare's Dramatic Art: And His Relation to Calderon and Goethe*. Trans. A. J. W. Morrison. London: Chapman Brothers, 1846.

Vaughan, V. M. Othello: *A Contextual History*. New York: Cambridge UP, 1994.

Wayne, Valerie. "Historical Differences: Misogyny and Othello." *The Matter of Difference: Materialist Feminist Criticism of Shakespeare*. Ed. Valerie Wayne. Ithaca: Cornell UP, 1991. 153-80.

4

『리어왕』

King Lear

『리어왕』(*King Lear*)은 고통의 비극이다. 작품의 메인플롯은 리어왕(King Lear)과 세 딸의 이야기이며, 서브플롯은 글로스터(Gloucester)와 두 아들의 이야기이다. 그러나 고통을 통한 인식이라는 주제를 두고 두 플롯은 서로를 반영한다. 리어왕은 딸들의 실체에 대해 무지하고 글로스터는 아들들의 실체에 대해 무지하다. 메인플롯과 마찬가지로 서브플롯에서도 아버지는 사악한 자식에게 속아 선한 자식을 오해한다. 그런 잘못으로 인해 리어왕은 미치고 글로스터는 봉사가 되어 심한 고통을 겪는다. 그러나 리어왕과 글로스터는 고통을 겪으면서 자신의 정체성을 인식하고 실체를 파악한다.

이 작품은 자신에 대해 무지한 리어왕과 글로스터가 자신의 정체성과 상황을 인식하고 세상의 진실을 파악하는 과정을 보여주고 있다. 리어왕이 미친 상태에서, 그리고 글로스터가 눈먼 상태에서 자신의 정체성과 세상의 실체를 더 잘 볼 수 있다는 것은『리어왕』이 드러내는 어두운 진실이다. 이 작품에서 서브플롯은 메인플롯의 골격을 반복하면서 그 주제를 거울처럼 반영한다.

메인플롯에 등장하는 말과 진실의 괴리는 서브플롯에서 글과 진실의 괴리 문제로 반복되면서 겉과 속, 외양과 실재의 문제를 조명한다. 리어왕과 글로스터는 자식들의 겉모습에 속아 속마음을 오해하는 잘못을 저지르고, 고통스러운 방랑길에 오른다. 둘은 방황하다가 폭풍이 몰아치는 황야에서 만난다. 미친 리어왕과 눈이 먼 글로스터가 만나 고통의 축제를 벌이고 고통을 통한 인식에 이른다.

말할 것이 없으면 받을 것도 없다

Nothing will come of nothing (I.i.89)

"날 얼마나 사랑하는지"를 말해보라는 리어의 물음에 코델리아(Cordelia)가 "드릴 말씀이 없다"(Nothing)라고 했을 때, 리어가 하는 말이다. 말과 진실의 괴리를 파악하지 못하는 리어의 어리석음을 드러낸 말이다. 1막 1장에서 리어가 딸들에게 "너희들이 얼마나 날 사랑하는지 말해보라"라고 묻고 세 딸이 이에 대답하는 장면은 겉과 속, 말과 진실의 간격이 얼마나 클 수 있는지를 보여주는 장면이다. 리어왕은 왕국을 삼등분하여 세 딸에게 나눠주려고 한다. 왕국의 질서를 어지럽히는 행위이다. 그는 물려줄 몫을 정하기 전에 말을 통해 세 딸의 사랑을 저울질한다. 겉으로 표현하기 어려운 사랑과 진실을 말을 통해 판단하려는 어리석음을 리어가 범하고 있는 것이다. 리어가 "나를 가장 사랑하는 딸에게 가장 큰 몫을 주겠다."(love us most,/ That we our largest bounty may extend)(I.i.51-52)라고 말했을 때, 큰 딸인 거너릴(Goneril)의 반응은 다음과 같다.

> 아버님, 저는 말이 전할 수 있는 내용보다 더욱더
> 제가 보는 것과 공간과 자유보다 더 아버님을 사랑합니다.
> 가치 있고, 값지고, 귀한 그 어떤 것보다 더, 은총과 건강과
> 아름다움과 명예를 지닌 생명만큼이나 아버님을 사랑합니다.
> 자식이 드릴 최고의 사랑, 부모가 받을 최고의 사랑을

바칩니다. 목소리로는 감히 다 표현할 수 없는 사랑으로,
뭣으로도 완벽히 표현할 수 없는 사랑으로 당신을 사랑합니다.
Sir, I love you more than [words] can wield the matter,
Dearer than eye-sight, space, and liberty,
Beyond what can be valued, rich or rare,
No less than life, with grace, health, beauty, honour;
As much as child e'er loved, or father found;
A love that makes breath poor, and speech unable:
Beyond all manner of so much I love you. (I.i.55-61)

거너릴은 사랑이 너무 커서 말로 다 드러낼 수 없다고 하면서, "무엇으로도 완벽하게 표현할 수 없는 사랑"으로 리어왕을 사랑한다고 표명한다. 그리고 "생명만큼이나" 아버님을 사랑하고, "부모가 받을 수 있는 최고의 사랑"으로 리어왕을 사랑한다고 선언한다. 그녀의 말은 언어 과잉이 드러난 과장된 언어이다. 거너릴은 "말이 전할 수 있는 내용보다 더" 리어왕을 사랑하기 때문에 자신이 가진 사랑을 다 표현할 수 없다고 고백한다. 그녀는 사랑을 너무 부풀려서 드러낸다. 그런데 리어왕은 언어의 과잉을 인지하지 못하고 그녀의 말을 곧이곧대로 받아들인다. 리어왕에게 '있는 것'은 있고, '없는 것'은 없을 뿐이다. 리어왕은 둘째 딸인 리건(Regan)이 구사하는 언어의 과장도 파악하지 못한다(Eagleton 76-77). 리건은 자신이 할 말을 언니가 다 했지만, "너무 짧게 표현"했다고 말하고, 한술 더 떠서 아버지 리어만을 사랑하며 살아가는 것이 유일한 행복이라고 고백한다(I am alone felicitate/ In your dear Highness' love.)(I.i.75-76) 그녀의 말도 거너릴 못지않게 과장이 심하지만, 이를 알아차리지 못한 리어왕은 흡족한 표정을 짓는다.

초반부의 리어왕은 겉과 속, 말과 진실, 외양과 실재 사이의 차이가 있다고 생각하지 못한다. 거너릴과 리건의 사랑 고백은 진심과는 거리가 멀다. 그들은 말로써 진실을 숨기는 위선적인 인물들이다. 반면 코델리아(Cordelia)는 현란한 미사여구를 구사하는 두 언니보다 훨씬 더 효성스러운 딸이다. 그런데도 "얼마나 사랑하는지"를 말해 보라는 리어왕에게 코델리아는 "드릴 말씀이 없다"(Nothing)고 답한다.

> 코델리아: 드릴 말씀이 없습니다, 폐하.
> 리어: 없다니?
> 코델리아: 없습니다.
> 리어: 말할 것이 없으면 받을 것도 없다. 다시 말해 봐.
> 코델리아: 불행하게도 제 마음을 입에 다 담을 수 없어요.
> 　자식 된 도리로 아버지를 사랑합니다.
> 　더도 덜도 아닙니다.
> 리어: 아니 어찌 된 거냐, 코델리아! 달리 말해 봐!
> 　그래야 너도 받을 게 있을 것이 아니겠느냐?
> Cordelia. Nothing, my lord.
> Lear. Nothing?
> Cordelia. Nothing.
> Lear. Nothing will come of nothing, speak again.
> Cordelia. Unhappy that I am, I cannot heave
> 　My heart into my mouth. I love your Majesty
> 　According to my bond; no more nor less.
> Lear. How, how, Cordelia? Mend your speech a little,
> 　Lest it may mar your fortunes. (I.i.87-94)

"말해 보라"는 리어의 요구와 "할 말이 없다"는 코델리아의 답은 이 작품에서 마치 메아리처럼 울린다. 언니의 고백이 "너무 짧다"라고 리건이 말했지만 "드릴 말씀이 없다"라는 코델리아의 답은 너무 짧다. 그러나 코델리아는 자신의 "사랑이 혀끝으로 담아내기에 너무 크고 풍성하다"(my love's/ More ponderous than my tongue)(I.i.77-78)라고 생각하고 있다. 리어왕은 "드릴 말씀이 없다"라는 코델리아의 말에 "아무 할 말이 없으면, 아무것도 받지 못하니" 다시 말해보라고 요구한다. 그러나 코델리아는 자식으로서 아버지를 사랑할 뿐 더 "드릴 말씀이 없다"라고 반복한다. "아버님은 절 낳으셨고 기르셨고 사랑하셨습니다. 그 보답으로, 자식된 도리로 저는 아버님께 순종하고 아버님을 매우 사랑하고 존경합니다."(I.i.96-98)[1] 진심이 담긴 말임에도 불구하고 리어는 섭섭한 심정을 드러내면서 화를 낸다. 그러고는 코델리아를 영원히 남으로 생각하겠다고 성급하게 선언한다. 겉으로 드러난 것에 현혹되어 진실에 눈을 감은 것이다.

'없음' 또는 '무'(無)는 이 작품 전체를 포괄하는 주제이다(Elton 179). 리어왕에게는 '무'의 상태에 존재하는 것은 아무것도 없다. 그에게 사랑한다는 말의 '없음'은 사랑하는 마음의 '없음'과 같다. 그러나 코델리아의 '없음'은 '무'(無)로 끝나지 않는다. 언니들보다 아버지를 덜 사랑하는 것처럼 보인 그녀가 곤경에 처한 리어를 구하려는 유일한 딸이기 때문이다. 첫째인 거너릴과 둘째인 리건의 사랑 고백은 진실과는 거리가 먼 과장된 언어로 표현된다. 그러나 시간이 흐르자 두 딸의 본성은 여지없이 드러난다.

리어왕은 많은 기사와 시종을 거느리고 거너릴의 집에 간다. 그런데

1 (I.i.96-98) "You have begot me, bred me, loved me. I/ Return those duties back as are right fit,/ Obey you, love you, and most honour you."

그녀는 리어에게 기사와 시종들 수를 줄이라고 요구한다. 1막 3장에서 거너릴은 리어왕에게 사랑을 고백했던 것과는 완전히 다른 자세를 취한다. 그녀는 리어를 두고 노망한 "어리석은 늙은이"(I.iii.16), "다시 아이가 된 늙은 바보"(I.iii.19)라고 질책한다. 2막 4장에서 리건 또한 언니처럼 리어왕을 가혹하게 대한다. 자식들은 부모를 배반하고 부모는 자식들을 저주한다. 리어는 이제 "아무것도 아닌" 무(無)의 상태로 전락하는데, 코델리아에게 했던 말이 자신에게 되돌아온 것이다.

리어왕은 코델리아에게 "아무것도 아닌 것에서는 아무것도 나올 수 없다"라고 했지만, 자신이 무심코 한 말에 담긴 깊은 뜻을 알지 못한다. 왕으로서 모든 것을 가졌던 리어왕에게 현재 남아 있는 것은 아무것도 없다. 어리석은 리어는 후반부에 이르기까지 겉과 속의 간격을 인식하지 못한다. 즉 그는 허위와 진실, 외양과 실재, 부재와 현존의 차이를 인지하지 못한다. 그리고 이러한 현상은 리어왕과 세 딸의 이야기로 구성되는 메인플롯에서만 나타나는 것이 아니다. 글로스터와 두 아들의 이야기를 담은 서브플롯에서도 나타나고 있다.

리어왕은 왕국의 질서를 어지럽히고 대가를 치르지만, 글로스터는 에드먼드라는 사생아를 낳아 가정의 질서를 파괴하고, 그 대가를 치른다. 사생아인 에드먼드가 가짜 편지를 이용해 아버지 글로스터와 적자인 에드가의 관계를 망치고 있기 때문이다. '말'과 진실의 괴리가 메인플롯에서 인물들의 겉과 속의 괴리를 드러냈다면, 서브플롯에서 겉과 속의 괴리를 드러내고 진실의 부재를 명시하는 것은 에드먼드의 '글,' 즉 위조편지이다(Burckhard 239). 편지를 들고 등장한 사생아 에드먼드는 1막 2장에서 적자 에드가가 상속받을 땅을 자기가 차지하겠다는 욕망을 다음과 같이 드러낸다.

왜 서자란 말인가? 왜 천출이란 말인가?
내 사지는 멀쩡하고, 내 생각은 고매하고,
정실부인 자식 못지않게 아버질 꼭 닮은 내가 왜?
왜 나에게 천출이란 낙인을 찍는단 말인가?
천출이라고? 서자라고? 천하다고, 천출이라고?
자연스러운 욕정의 비밀스러운 탐닉 속에서 탄생한 내가,
낡고 김빠지고 지겨운 잠자리에서
비몽사몽간에 만들어진 얼간이 무리보다
훨씬 더 멋진 몸과 활력에 넘치는
기질을 타고난 나 같은 사람이 왜? 자, 그러니
적자 에드가여, 그대가 상속받을 땅을 내가 차지해야겠소.
아버지는 적자인 형 못지않게 서자인 에드먼드도
사랑하니까. '적자'라고. 거참 좋은 말이군!
자, 적자인 형이여, 이 편지가 효과를 발휘해,
나의 계략이 성공한다면, 서자인 에드먼드가
적자 위에 올라서게 될 것이다. 난 자란다, 번창한다.
Why bastard? wherefore base?
When my dimensions are as well compact,
My mind as generous, and my shape as true,
As honest madam's issue? Why brand they us
With base? with baseness? bastardy? base, base?
Who, in the lusty stealth of nature, take
More composition and fierce quality
Than doth, within a dull, stale, tired bed,
Go to th' creating a whole tribe of fops,

Got 'tween asleep and wake? Well, then,
Legitimate Edgar, I must have your land.
Our father's love is to the bastard Edmund
As to the legitimate. Fine word, "legitimate"!
Well, my legitimate, if this letter speed
And my invention thrive, Edmund the base
Shall [top] th' legitimate. I grow; I prosper. (I.ii.6-21)

대단히 강력한 에너지를 뿜어내는 에드먼드의 독백이다. 그가 신봉하는 것은 관습이나 법이 아니라 '자연'이다. "자연이여, 그대는 나의 여신이다. 나는 그대의 법칙에 따를 것을 맹세한다."(Thou, Nature, art my goddess, to thy law/ My services are bound.)(I.i.19-20) 관습에 얽매여 천하다고 낙인찍힌 서자의 신세로 살지 않겠다는 말이다. 에드먼드는 관습에 따라 주어진 정체성을 거부하고, 신분의 유동성을 강조하는 르네상스 시대의 근대적 인간상을 상정한다. 그는 자신의 힘과 잠재력을 믿는 근대적 인간이다. 에드먼드는 "자연스러운 욕정"을 탐닉하는 가운데 태어난 자신이 "지겨운 잠자리"에서 태어난 형 에드가보다 훨씬 더 멋진 인간이라고 주장하면서 적자인 에드가가 상속받을 땅을 자신이 차지할 것이라고 선언한다. 그리하여 에드먼드는 날조된 편지로 아버지인 글로스터를 속여 에드가를 내치게 만든다. 위조편지가 효과를 발휘해 계략이 성공한다면, "천출인 에드먼드가 적자 위에 올라서게 될 것"이다.

리어는 딸들에게 속고 글로스터는 서자인 에드먼드에게 속는다. 에드먼드는 날조한 편지를 손에 들고 글로스터 앞에서 그 편지를 숨기는 체한다. 그러자 글로스터는 편지에 대해 추궁하고 에드먼드는 "아무것도 아니라고" 하면서 그의 궁금증을 자극한다.

글로스터: 왜 급하게 편지를 감추려고 하느냐?

에드먼드: 전 아무 소식도 모릅니다, 아버님.

글로스터: 무슨 편지를 읽고 있었느냐?

에드먼드: 아니, 아무것도 아닙니다.

글로스터: 아무것도 아니라면 왜 그리 놀란 사람처럼 급하게 그걸 주머니에 넣느냐? 아무것도 아니면 그리 감추어야 할 필요가 없지 않으냐. 어서, 보자. 아무것도 아니면 안경도 필요 없겠지.

에드먼드: 아버님, 부탁입니다. 용서하세요. 이것은 형님께서 보낸 편지입니다. 아직 다 읽어 보지는 못했어요. 지금까지 읽어 본 내용은 보여드리기에 적절하지 않은 내용입니다.

글로스터: 이놈, 당장 내놓아라.

Gloucester. Why so earnestly seek you to put up that letter?

Edmund. I know no news, my lord.

Gloucester. What paper were you reading?

Edmund. Nothing, my lord.

Gloucester. No? What needed, then, that terrible dispatch of it into your pocket? The quality of nothing hath not such need to hide itself. Let's see. Come, if it be nothing, I shall not need spectacles.

Edmund. I beseech you, sir, pardon me; it is a letter from my brother that I have not all o'er-read; and for so much as I have perused, I find it not fit for your o'erlooking.

Gloucester. Give me the letter, sir. (I.ii.28-39)

편지를 두고 "아무것도 아니다"라는 에드먼드의 말은 사랑을 두고 "아무 할 말이 없다"라는 코델리아의 말에 아이러니하게 상응한다. 그것이 뭔지를 "보자"라고 종용하는 글로스터의 모습은 코델리아에게 다시 "말해 보라"라고 요청했던 리어왕의 모습을 아이러니하게 반영한다. 말을 더 듣기를 원했던 리어왕이나 편지를 보기를 원하는 글로스터는 겉모습에 속아 실체를 파악하지 못하는 어리석은 인물이다. 에드먼드는 "아무것도 아니다"라는 말을 통해 다음과 같이 아버지를 현혹한다.

> 에드먼드: 형을 위해 변명해 보자면, 형이 저의 마음을 떠보려고 이것을 쓴 것 같습니다.
>
> 글로스터: [읽는다.] "노인을 공경하라는 인습은 인생의 절정에 있는 우릴 쓰디쓰게 만들고, 늙어서 재산 가진 걸 즐길 수도 없을 때까지, 그 재물을 가질 수 없도록 한다. … 좀 더 의논할 게 있으니 내게 오너라. 깨울 때까지 아버지께서 주무시기만 한다면, 아버지 수입의 반은 영원히 네 것이 될 거고, 너는 형의 사랑을 받으며 살 것이다. 에드가."
>
> Edmund. I hope, for my brother's justification, he wrote this but as an essay or taste of my virtue.
>
> Gloucester. (*Reads*) "This policy and reverence of age makes the world bitter to the best of our times; keeps our fortunes from us till our oldness cannot relish them. … Come to me, that of this I may speak more. If our father would sleep till I waked him, you should half his revenue for ever, and live the beloved of your brother, Edgar." (I.ii.44-55)

에드먼드가 가장(假裝)을 통해 글로스터를 믿게 하는 방법은 절묘하다. 그는 결정적 순간에 글로스터에게 억지로 편지를 보여주는 체하면서 에드가를 변호한다. 편지의 필체가 에드가의 것인지 아닌지를 확인하려는 글로스터에게 에드먼드는 "형의 필체이긴 하지만 마음이 담긴 글 같지는 않다."(in respect of that, I would fain think it were not.)(I.ii.64-65)라고 얼버무린다. 에드먼드의 변호에도 불구하고 글로스터는 편지에 에드가의 "본심이 담겨 있다"라고 생각하면서 에드가를 "천륜을 거스르는" 짐승만도 못한 놈이라고 결론짓는다(I.ii.76-77). 그리하여 에드가를 체포하라고 명령한다. 에드먼드의 계략이 성공한 셈이다. 그러나 이 지점에서 에드먼드는 "감히 저의 목숨을 걸고 맹세합니다. 형은 아버님에 대한 저의 효심을 시험하기 위해 이 편지를 썼지, 다른 위험한 의도는 없었을 것"(I.ii.85-88)[2]이라고 다시 한번 에드가를 변명한다. 에드가에 대한 변호를 통해 자신의 의도를 숨기고 있는 것이다.

날조된 편지로 아버지를 속인 에드먼드는 이제 에드가에게 접근한다. 그는 에드가에게 아버지의 마음을 상하게 한 일이 없는지 잘 생각해 보라고 하면서, "아버지의 노기가 수그러질 때까지 자제하고 가까이 가지 마라."(I.ii.161-162)[3]고 충고하고 이 일이 잘 해결되도록 돕겠다고 말한다. 에드먼드는 마음에도 없는 말을 하면서 순진한 에드가를 속인다. 글로스터는 물론 에드가가 에드먼드를 믿는 이 지점에서부터 에드먼드의 계획은 빠른 속도로 작동하기 시작한다. 에드가가 퇴장하자 에드먼드는 성공을 확신하고 다음과 같이 자신을 합리화한다. "타고난 혈통으로 되지 않으면 재주를 부려서라도 땅을 꼭 차지해야지. 목적을 이루기 위해서는 어떤 수단도 정당한 거야."(I.ii.183-84)[4] 사실 에드먼드는 목적

2 (I.ii.85-88) "I dare pawn down my life for him, that he hath wrote this to feel my affection to your honour, and to no further pretence of danger."

3 (I.ii.161-162) "I pray you, have a continent forbearance till the spied of his rage goes slower."

4 (I.ii.183-184) "Let me, if not by birth, have lands by wit:/ All with me's meet that I can fashion fit."

을 이루기 위해 어떤 방법과 수단도 가리지 않는다.

1막 3장에서 악한 거너릴은 리어왕을 노망한 "늙은 바보"(I.iii.20)라고 질책하면서 사악한 본성을 드러낸다. 그녀는 많은 시종을 이끌고 자신의 집에 머무르는 리어왕을 홀대하면서 동생인 리건의 집으로 보내려고 한다. 광대는 위선적인 거너릴을 믿는 왕의 어리석음을 지적하면서 다음과 같이 노래한다. "보여준 것보다는 더 많이 갖고 있고, 아는 것보다는 덜 말해야 하고, 가진 것보다는 덜 빌려주어야 해."(I.iv.118-120)[5] 스스로 모든 걸 포기한 리어왕의 현재 상황을 직시하고 있는 바보 광대의 충고는 매우 현실적이다. 노령의 리어왕은 우둔하고, 광대인 '바보'는 그의 상전인 리어왕보다 더 현명하다. 그는 아이러니하게도 자신의 주인인 리어왕의 선생처럼 행동한다. 광대는 왕에게 묻는다. "아저씨, 쓸데없는 것이라고 아무 쓰임새도 없을까?"(Can you make no use of nothing, nuncle?)(I.iv.130-131) 이에 리어는 답한다. "쓸데없는 것은 쓸데없는 것에 불과해."(nothing can be made out of nothing.)(I.iv.133) 1막 1장에서 코델리아에게 "말할 것이 없으면 받을 것도 없을 것"이라고 외쳤던 리어왕은, 바보 광대에게도 같은 말을 하고 있다. 리어왕에게 '없음'은 여전히 '없음'일 뿐이다.

바보 광대는 스스로 퇴위하여 왕국의 무질서를 초래한 리어왕의 '쓸데없는' 짓을 조롱하지만, 리어왕은 퇴위 후 '쓸모없는' 존재가 된 자신의 초라한 상태를 깨닫지 못한다. 엘튼(W. R. Elton)의 지적을 따르면, "쓸데없는 것"이란 구절의 함축적 의미와 "쓸데없는 것"이라는 리어왕의 표현 사이에서 아이러니가 발생하며, "없음과 있음"은 서로가 대체할 수 있고, "외양과 실재"와 "그림자와 실체"는 비슷한 대립 쌍이다(179). 어

5 (I.iv.118-120) "Have more than thou showest,/ Speak less than thou knowest,/ Lend less than thou owest."

리석은 판단과 행동으로 인해 리어왕은 "실체 없는" 그림자로 전락한다. 바보는 스스로 왕관을 포기한 리어왕이 '무'의 상태를 알도록 자극한다. 그러나 인식은 고통이란 대가를 치르고서야 주어진다. 어리석은 리어왕은 고통을 겪으면서 현명해진다. 고통을 통해 리어왕은 '무'의 상태로 전락한 자신을 인식하고, 바보 광대와 코델리아가 말하는 '무'의 의미를 파악한다.

바보 광대는 '아무것'도 아닌 리어왕의 상태를 반복해서 지적하면서 그의 어리석음을 풍자한다. "이제 아무 숫자도 없는 영이야. 지금 당신 신세보다는 내가 나아. 나는 광대지만 당신은 아무것도 아니니까."(I.iv.192-194)[6] 바보는 현명하고 왕은 우둔하다. 바보는 우스꽝스러운 모습에도 불구하고 왕인 리어보다 더 똑똑하고 현명하다. 그는 두 딸의 사악한 정체를 인식하고, 그에게 권력을 분배한 리어왕의 어리석음을 파악하고 있으며, 나아가 선한 코델리아의 실체를 파악하고 있기 때문이다. 리어왕을 두고 현재 자신보다도 못한 존재라고 조롱하는 바보 광대는 우둔한 상전인 리어왕이 자신의 정체성을 파악할 수 있게 가르치는 "현명한 스승"이다(Heilman 186). 리어왕이 왜 "아무것도 아닌 존재"로 전락했는가를 알고 있는 바보 광대는 그에게 현란한 말에 속아 판단을 그르치고 그렇게 되었다는 것을 깨우치려고 노력한다.

거너릴의 잔인한 대우를 받은 리어왕은 이제 그녀의 본 모습을 깨달을 뿐만 아니라 잃어버린 자신을 찾으려는 노력을 시작한다. 고통에 시달리는 리어왕은 다음과 같이 묻는다.

> 여기 누가 날 아는가? 이건 리어가 아니야.

6 (I.iv.192-194) "now thou art an O without a figure. I am better than thou art now, I am a fool, thou art nothing."

리어가 이렇게 걷나? 이렇게 말하나? 눈은 어디 있나?
생각은 느려지고, 분별력은 혼수상태에 빠졌는가?
하! 정녕 내가 걷고 있는 것인가? 그렇지 않다.
내가 누구인지 말해줄 자 누구란 말이냐?
Does any here know me? This is not Lear.
Does Lear walk thus? speak thus? Where are his eyes?
Either his notion weakens, his discernings
Are lethargied—Ha! waking? 'Tis not so.
Who is it that can tell me who I am? (I.iv.226-230)

리어왕이 자신의 정체성을 찾으려는 노력을 시작한다는 것을 보여주는 대사이다. 리어는 "내가 누구인지 말해줄 자 누구인가?"를 묻고, 바보는 당신은 "리어왕의 그림자"(Lear's shadow)(I.iv.231)라고 말하면서 그를 깨우치려고 노력한다. 리어왕은 드디어 자신의 정체성을 파악하기 시작한다. 타인을 이해하기 시작하고, 겉모습에 속아 전락한 자신의 상태를 깨닫기 시작한다.

리어왕은 '사랑 고백 경연'에서 자신을 깊이 사랑하는 척하면서 아첨을 일삼던 거너릴의 위선적 면모를 파악하고, 코델리아에게 범했던 잘못을 반성한다.

아, 너무나도 작은 허물아, 어찌하여 너는
코델리아에게서 그렇게 추하게 보였느냐?
그 허물은 고문 도구처럼, 내 타고난 본성을
마땅히 있어야 할 그 자리에서 내몰았다.
가슴에서 사랑을 다 뽑아낸 후 담즙을 집어넣었다.

오, 리어, 리어, 리어! 이 대문에 부딪혀 머리를 부숴라!
어리석음을 불러들이고 귀한 판단력을 내쫓았으니…
O most small fault,
How ugly didst thou in Cordelia show!
Which, like an engine, wrenched my frame of nature
From the fixed place; drew from heart all love,
And added to the gall. O Lear, Lear, Lear!
Beat at this gate, that let thy folly in
And thy dear judgment out! (I.iv.266-272)

리어왕이 자신의 어리석음을 깨닫고 있는 것처럼 보이게 하는 대사이다. 그러나 다음 대사를 보면 리어왕이 완전한 깨달음에 이른 것은 아니라는 것을 알 수 있다. "내게는 또 다른 딸이 있다. 그녀는 분명 친절하게 날 대하고 편안하게 해줄 것이다."(I.iv.305-306) 리어왕이 말하는 "또 다른 딸"은 리건이고, 그녀가 거너릴보다는 더 친절할 것으로 기대한다. 그러나 "또 다른 딸"은 코델리아이며, 그녀가 리어왕에게 진짜 효녀이다. 온갖 아첨을 동원해 사랑을 고백하지 못했던 그녀가 리어에게는 애정이 없는 딸로 보였겠지만, 리어왕을 진정으로 사랑하는 유일한 딸은 코델리아다(Clemen 178).

리어는 두 딸이 번갈아 가며 자신을 정중하게 모실 것으로 생각하고, 그들에게 모든 것을 주었지만, 권력과 재산을 양도받고 난 후 그들은 아버지를 무시한다. 거너릴의 배은망덕은 리어왕에게 "독사 이빨"보다 더 가혹하다. 그리하여 그는 그녀가 아이를 낳으면 그 아이가 어미의 뜻을 거슬러 패륜의 고통을 안겨주는 아이로 자라도록 해달라고 신에게 요청한다.

만약 그녀가 잉태해야 한다면,
악의를 품은 자식을 만들게 하시고, 어미 뜻을 거슬러
패륜의 고통을 안겨주는 아이로 성장하게 하소서!
젊은 그녀 이마에 주름살이 깊이 패도록 하시고
흐르는 눈물로 그녀의 뺨에 골을 파게 하시고,
어미로서 누릴 수 있는 기쁨과 보살핌을
모두 조소와 멸시로 바꾸어, 배은망덕한 자식이
독사 이빨보다 얼마나 더 가혹한지를
느낄 수 있도록 하소서.

If she must teem,
Create her child of spleen, that it may live
And be a thwart disnatured torment to her!
Let it stamp wrinkles in her brow of youth,
With cadent tears fret channels in her cheeks,
Turn all her mother's pains and benefits
To laughter and contempt, that she may feel
How sharper than a serpent's tooth it is
To have a thankless child! (I.iv.281-289)

아비로서는 차마 하지 못할 언사를 내뱉으면서 딸을 저주하는 리어는 정신이 온전하지 못하다. 1막 5장에서 리어왕은 미치게 될 것을 두려워한다. "자비로운 하늘이시여, 제발 미치지 않게 해주시길! 온전히 있게 해주소서. 미치고 싶지 않아요!"(I.v.46-47)[7] 리건은 다를 것으로 생

7 (I.v.46-47) "O, let me not be mad, not mad, sweet heaven! Keep me in temper, I would not be mad!"

각하고 거너릴의 집을 떠나 그녀에게 간 리어는, 거너릴이 "독사의 이빨"처럼 매정하고 "독사 같은" 혀를 가진 인간이라고 불평한다. 그러나 거너릴과는 다를 것이라는 기대와 달리, 리건은 거너릴보다 더 잔인하고 나쁜 인물이다. 리어는 겉으로 보이는 것과 실재의 차이를 여전히 분간하지 못한다. 인식의 눈이 먼 리어는 그릇된 판단으로 인해 참기 힘든 고통을 당한다.

인내를 주소서! 제게 필요한 인내를 주소서!

Give me that patience, patience I need! (II.iv.271)

딸들의 불효와 자신의 실재를 인식하기 시작한 리어가 고통을 견딜 인내심을 달라고 신께 간구하는 대사이다. 견디기 힘든 정신적 고통을 겪으면서 리어왕은 "미칠 것 같다"(I shall go mad)(II.iv.286)고 절규한다. 2막은 리어처럼 자식에게 속아 판단의 오류를 범하고 고통을 겪을 글로스터를 보여준다. 2막 1장에서 에드먼드는 숨어있던 에드가를 속여 달아나게 한 뒤, 글로스터에게 에드가가 자신을 부추겨 아버지를 죽이자고 했다고 거짓말을 한다. 에드가와 싸워 상처를 입은 것처럼 조작하는 에드먼드에게 글로스터는 에드가를 체포하라고 명하면서, 그를 "숨겨주는 자는 죽음을 면치 못할 것"(He that conceals him, death)(II.i.63)이라고 공언한다. 그러고는 "충성스럽고 효성이 지극한"(Loyal and natural boy)(II.i.84) 에드먼드가 자신의 땅을 상속할 것이라고 선언한다. 불효막심한 에드먼드를 믿고 충성스러운 에드가를 믿지 않는 글로스터는 "충성스럽고 효성이 지극한" 코델리아를 믿지 않고 내쳤던 리어왕의 우행을 비춘다. 리어왕이 딸들의 현란한 말에 현혹되어 진실을 보지 못했던 것처럼, 글로스터 또한 에드먼드의 조작된 편지에 현혹되어 진실을 보지 못하고 선량한 에드가를 내친다. 선한 에드가가 처한 상황은 선한 코델리아가 처했던 상황과 유사하다.

악한 에드먼드는 악한 거너릴과 공조한다. 위조편지로 인해 선한 에드가는 아버지를 배반한 악한 아들이 되고, 사악한 서자인 에드먼드는 선한 아들로 '보이게' 된다. 그러나 '보이게' 된 것은 '부재의 현존'으로 일시적인 현상일 뿐이다. 언젠가는 진실이 본 모습을 드러내기 때문이다. 어쨌든 에드먼드는 조작된 편지로 아버지의 사랑을 얻고 유산 상속을 약속받는다. 적자인 형을 밀어낸 서자 에드먼드는 주위를 장악하고, 모든 것이 그의 각본과 연극에 따라 진행되고 에드가는 추방당한다. 에드먼드에게 속아 글로스터는 집안의 질서를 파괴하고, 어리석은 리어왕은 딸들의 현란한 말에 속아 왕국의 질서를 파괴한다. 왕국 분할이라는 어리석은 과오를 범한 리어왕의 행위는 비극적 파국으로 이어진다.

리건의 집에서 콘월(Cornwall)은 오스왈드(Oswald)를 협박하는 켄트(Kent)에게 차꼬를 채우도록 명한다(2막 2장). 에드먼드의 계략으로 인해 생명의 위협을 느낀 에드가가 2막 3장에 등장해, 짐승의 몰골을 한 미친 톰(Tom)의 모습으로 변장해 위기를 벗어나려는 생각을 다음과 같이 드러낸다. "때로는 미친 사람처럼 무엇인가를 저주하고, 때로는 기도를 하면서 자선을 베풀어 달라고 졸라대. '불쌍한 털리갓, 불쌍한 톰!'이라고 해야지. 그래야만 살아남을 수 있어. 난 더는 에드가가 아니야."(II.iii.19-21)[8]

에드가는 미친 톰으로 변장해 자신의 정체성을 숨긴다. 그는 이제 에드가가 아닌 존재로 행세한다. 에드먼드로부터 자신을 보호하고 진실이

8 (II.iii.19-21) "Sometime with lunatic bans, sometime with prayers,/ Enforce their charity. Poor Turlygod! poor Tom!/ That's something yet: Edgar I nothing am."

통하지 않는 세상에서 살아남기 위한 방책이다. 리어왕의 어리석은 판단과 코델리아에 대한 부당한 행위를 비판하다가 추방당한 켄트도 변장한 모습으로 리어왕을 수행한다. 충신 켄트는 사악한 거너릴과 리건으로부터 자신을 보호하고 왕을 수행하기 위해 변장이란 수단을 택하고, 에드가는 에드먼드에게서 자신을 보호하고 아버지를 수행하고 섬기기 위해 변장을 택한다. 켄트는 본 모습을 감춘 채 리어왕을 수행하고, 에드가는 톰이란 이름으로 자신을 숨기고 아버지 글로스터를 수행한다. 리어왕은 변장한 켄트를 알아보지 못하고, 글로스터는 톰으로 변장한 에드가를 알아보지 못한다. 켄트와 에드가는 그들이 아닌 자로 말하고 행세한다. 불의의 세상에서 살아남으려는 방편으로 자신과는 다른 이름으로 존재하는 그들은 "부재하는 현존"이다(Derrida 154). 켄트와 에드가의 변장은 일시적이긴 하지만 스스로 자신의 정체성을 해체하는 행위이다. 변장한 켄트는 리어왕의 깨우침에 일조하고, 변장한 에드가는 글로스터를 뉘우치게 만든다. 두 사람 모두 '부재의 존재'로 정의를 현존하게 하는 데 일조하는 인물들이다. 에드가가 택한 물리적 변장의 요인은 에드먼드의 심리적 변장과 거짓이다.

2막 4장에 이르자 리어왕은 자신의 우행과 과오를 인식하기 시작한다. 리어왕은 거너릴의 집을 나와 리건의 환대를 기대하지만, 리건 역시 리어왕을 박대하면서 가신 중 몇 명을 계속 거느리려는 아버지의 기대를 좌절시킨다. 리어왕에게 왜 그렇게 많은 시종이 필요하냐고 질책하는 리건에게 리어왕은 다음과 같이 말한다.

> 아, 필요를 따지지 마라! 아무리 비천한 거지들이라도
> 그 하찮은 소지품 중, 필요 이상의 여분을 가진 법.
> 인간에게 필요한 것 이상이 허용되지 않는다면

> 인간의 삶은 짐승의 삶과 다를 바 없는 천한 삶이 될 거야.
>
> O, reason not the need! our basest beggars
> Are in the poorest thing superfluous.
> Allow not nature more than nature needs,
> Man's life is as cheap as beast's. (II.iv.264-267)

리어왕은 "인간에게 필요한 것 이상의 것이 허용되지 않는다면" 인간의 삶은 짐승의 삶처럼 천할 것으로 생각한다. 정신이 오락가락하지만 리어왕은 이제 자신이 딸들에게 배반당한 "불쌍한 늙은이"(a poor old man)(II.iv.272)라는 것을 깨닫는다. 리어왕의 자기 인식이 드러나는 지점이다. 자신의 실재를 인식한 리어왕은 고통스럽다. 그리하여 고통을 견딜 인내심을 달라고 신께 간구한다.

> 신이시여! 인내를 주소서! 제게 필요한 인내를 주소서!
> 신들이시여, 여기 절 보소서, 이 불쌍한 늙은이를!
> 나이만큼 슬픔도 많고, 불쌍한 이 늙은이를!
> 딸년들의 마음을 흔들어 아비를 배반하게 만든 게
> 당신이라면, 그걸 순순히 참고 있을 만큼
> 저를 바보로 만들지 마십시오.
>
> You heavens, give me that patience, patience I need!
> You see me here, you gods, a poor old man,
> As full of grief as age, wretched in both.
> If it be you that stir these daughters' hearts
> Against their father, fool me not so much
> To bear it tamely. (II.iv.271-276)

리어왕은 사악한 딸들조차도 자신의 "피붙이"(my flesh, my blood)라는 것을 인식하고 그들의 사악한 행동에 대한 책임이 자신에게 있다고 인정한다. "너는 내 피붙이요 내 딸이다. 아니, 차라리 내 살 속에 박힌 병이다. 그 또한 내 것이라고 해야겠지."(II.iv.221-223)[9] 자신을 박대하는 딸에게 하는 말이다. 그런데 깨달음의 순간에도 리어의 정신은 오락가락한다. 딸들의 배은망덕이 초래한 정신이상이다. 견디기 힘든 정신적 고통을 겪으면서 리어왕은 "미칠 것 같다"(I shall go mad)(II.iv.286)고 외치면서 폭풍이 몰아치는 황야로 떠난다.

헐벗은 자들이 느끼는 고통을 몸소 느껴보라

Expose thyself to feel what wretches feel (III.iv.34)

부유한 자들이 불행한 사람들의 고통을 깨닫고 이들을 도우라고 촉구하는 리어의 말이다. 황야에 폭풍이 몰아치는 가운데, 정신적 고통과 육체적 고통의 밑바닥에서, 타인에 대한 깊은 연민을 드러내는 리어왕의 각성이 감동적이다. 켄트는 폭풍우가 몰아치는 황야에서 리어왕을 찾고, 3막 2장에서 거친 폭풍 속에서 고통을 겪고 있는 리어왕을 발견한다. 리어왕은 폭풍 속에서 다음과 같이 소리친다. "바람아 불어라, 네 뺨이 터지도록! 세차게 불어라!"(Blow, winds, and crack your cheeks! rage, blow!)(III.ii.1) 폭풍우 속에서 리어왕은 하늘을 향해 정의를 호소하며 절규한다. "배은망덕한 인간을 생산하는 대자연의 틀을 깨어버리고 모든 씨앗을 당장 쓸어내 파괴해 버려라!"(III.ii.8-9)[10] 리어왕의 격렬한 분노의 상징으로

9 (II.iv.221-223) "thou art my flesh, my blood, my daughter—/ Or rather a disease that's in my flesh,/ Which I must needs call mine."

10 (III.ii.8-9) "Crack nature's moulds, an germains spill at once/ That make ingrateful man!"

간주할 수 있는 폭풍우는 또한 사악한 인간을 벌하는 정의의 사자로 간주할 수도 있다. 여기서 폭풍은 "자연의 보편적 사나움과 잔인성의 일부"이다(Knight 195). 뿐만 아니라 폭풍은 사악한 딸들의 "잔인한 폭력성"을 반영한다(Spencer 136).

거친 폭풍 속에서 리어왕은 자신을 "불쌍하고, 약하고, 힘없고, 천대받은 노인"(A poor, infirm, weak, and despised old man)(III.ii.20)으로 규정한다. 그는 자신의 정체성을 깨닫고, "내가 지은 죄보다 남들이 내게 지은 죄가 훨씬 더 크다."(I am a man/ More sinned against than sinning)(III.ii.59-60)라고 절규한다. 자신은 저지른 죄 이상으로 충분한 대가를 치렀다는 말이다. 리어는 자신이 죄를 지었다는 것을 인식한다. 그리고 이 깨달음은 리어를 더욱 고통스럽게 만든다.

자식에게 배신당한 리어는 신들에게 죄의 유무에 따라 벌을 내리고 정의를 실현해 달라고 호소하면서 폭풍우가 내리치는 하늘을 향해 외친다. 리어왕은 자신이 미쳐가고 있다고 생각한다.

> 아니야. 난 더는 울지 않을 거야. 이런 밤에
> 날 내쫓다니! 억수같이 퍼부어라. 나는 참을 거야.
> 이런 밤에! 아, 리건, 거너릴!
> 사심 없는 마음으로 모든 걸 준 늙고 인자한 아비가 아니냐.
> 아, 그리 생각하니 미칠 것 같구나. 그만두자.
> 그런 생각은 그만두자.
> No, I will weep no more. In such a night
> To shut me out! Pour on; I will endure.
> In such a night as this! O Regan, Goneril!
> Your old kind father, whose frank heart gave all—

O, that way madness lies; let me shun that;
No more of that. (III.iv.17-22)

리어는 딸들의 배은망덕을 생각하면서, 폭풍우가 몰아치는 황야를 헤맨다. "사심 없는 마음"으로 모든 것을 준 아비로서 딸들의 배은망덕과 죄를 생각하면 리어는 "미칠 것 같다." 리어왕은 "미치는 것"을 두려워하면서 고통을 참아 견디려고 하지만 이는 쉽지 않다. 리어왕은 3막 2장에서 "돌아버릴 것 같다"(My wits begin to turn)(III.ii.67)고 했지만, 리어는 이미 실성한 상태이다. 정신이 오락가락하면서도 리어는 바보 광대에게 거친 폭풍우를 피해 먼저 오두막 안으로 들어가라고 권한다.

이리 오너라, 얘야. 얘야, 어떠냐? 추우냐?
나도 춥구나. 여봐라, 그 오두막은 어디 있느냐?
궁핍이라는 마법은 신기하기도 하지.
천한 것도 귀한 것으로 만들 수가 있으니까. 가자, 오두막으로!
불쌍한 바보 광대 녀석아, 내 마음 한구석에서
이제 네가 불쌍하다는 생각이 드는구나.
Come on, my boy. How dost, my boy? Art cold?
I am cold myself. Where is this straw, my fellow?
The art of our necessities is strange
That can make vile things precious. Come, your hovel.
Poor Fool and knave, I have one part in my heart
That's sorry yet for thee. (III.ii.68-73)

리어왕은 죄를 참회하고 지은 죄 이상의 고통스러운 대가를 치른 사람이다. 리어왕은 헐벗고 고통스러운 상태에서 처음으로 가엾고 헐벗은 사람들을 진심으로 동정한다. 자신의 현재 상태와 더불어 가엾은 사람들의 상황까지도 인식하고 그들을 배려하는 성숙한 인간의 모습을 드러내고 있다. 또한, 리어왕의 언어는 처음과는 달리 단순하다. 리어왕은 '아무것도 없는' 상태에서 이제 모든 것의 실체를 파악하기 시작한다.

3막 3장의 배경은 글로스터의 성이다. 글로스터는 학대당하는 리어왕을 구하기 위해 어떤 조치가 조만간 취해질 것이라고 하면서 에드먼드에게 이를 비밀로 하라고 지시한다. 그러나 에드먼드는 아버지를 배반하고 이를 공작에게 알려 성공의 발판으로 삼으려 한다. 3막 4장은 폭풍이 치는 황야의 오두막 근처를 배경으로 진행되는데, 여기서 리어왕은 이전과는 전혀 다른 모습을 보여준다. "큰 병을 앓으면, 작은 병은 거의 느껴지지 않는 것"(where the greater malady is fixed,/ The lesser is scarce felt)(III.iv.8-9)처럼, 거친 폭풍조차도 리어왕에게는 별 것 아닌 것처럼 느껴진다. 배은망덕이란 상처와 고통이 너무 커서 다른 것은 크게 느껴지지 않는다는 말이다. 폭풍이 격렬하게 내리치는 가운데 리어왕은 인간과 세상에 대한 깨달음을 얻고, 고통스러운 상황 속에서 "불쌍하고 헐벗은 자"들에게 진심 어린 연민과 동정을 보낸다(Heilman 76).

고통스러운 상황을 겪기 전까지는 "가엾고 헐벗은 사람들"에게 그리 큰 연민을 느끼지 않았던 리어왕은 이제 극심한 고통 속에서 연민을 느끼고 그들의 고통을 이해한다. 거친 폭풍우가 치는 가운데 광대에게 먼저 오두막 안으로 들어가라고 권하는 리어왕은 이제 과거의 리어가 아니다. 모든 "집 없고 불쌍한 자"에 대한 연민을 드러내는 다음 대사는 리어왕의 영적 재생을 보여주는 지점이다.

> 불쌍하고 헐벗은 자들아. 지금 너희들이 어디 있든

이 잔인한 폭풍우를 참아 견뎌야 한다.
머리를 둘 집도 없이 허기진 배를 움켜쥐고,
창문 구멍처럼 뻥 뚫린 누더기를 걸치고,
어떻게 이런 고약한 날씨를 견디겠느냐? 오, 지금까지
난 이 사람들에게 너무 무관심했다. 부귀를 누리는 이들아,
이것을 약으로 삼아, 빈자들의 고통을 몸소 느껴봐라.
당신들에게 남아도는 것을 훌훌 털어내
하늘이 좀 더 모두에게 공평하다는 걸 보여줘라.
Poor naked wretches, whereso'er you are,
That bide the pelting of this pitiless storm,
How shall your houseless heads and unfed sides,
Your [looped] and windowed raggedness, defend you
From seasons such as these? O, I have ta'en
Too little care of this! Take physic, pomp,
Expose thyself to feel what wretches feel,
That thou mayst shake the superflux to them,
And show the heavens more just. (III.iv.28-36)

극 중 전환점이다. 리어는 가난한 자들에게 무관심했던 자신을 반성하고, 그의 연민은 이제 고통받는 모든 인간으로 확장된다. 리어왕이 비참한 상태에 이르러서야 비로소 불행한 주위 사람들의 고통을 깨닫고 이 세상의 "가엾고 헐벗은 자들"에 대한 연민과 사랑을 드러내는 것은 슬픈 진실이다. 운명의 수레바퀴 맨 밑바닥으로 떨어져서야 비로소 자신의 정체성을 깊이 인식하고, 타인에 대한 깊은 연민을 드러내고 있기 때문이다. 리어왕은 비참한 상태에 이르러 진실을 깨닫고 겉과 속의 틈을

파악하며 이기심의 껍데기를 깨고 나온다. 고통을 통해 현명해진 것이다. 리어왕의 이러한 영적 발전은 옷을 찢고 벗는 상징적인 형태로 재현된다.

> 너는 네 모습 그대로구나. 외관을 갖추지 못한 인간은 너처럼 가엾고 벌거벗은 두발짐승일 뿐이야. 벗어, 벗어, 이 빌려 입은 옷들을 벗어! 자 이제, 단추 좀 끌러다오. (옷을 찢는다)
>
> Thou art the thing itself: unaccommodated man is no more but such a poor bare, forked animal as thou art. Off, off, you lendings! come unbutton here. [*Tearing off his clothes*]
>
> (III.iv.106-109)

"누더기를 걸치고" 몰아치는 폭풍과 비를 견디고 있는 톰을 보고 리어가 하는 말이다. 그러나 "가엾고 벌거벗은 두발짐승" 같은 톰의 모습은 리어의 현재 모습을 반영한다. 누더기를 걸친 리어 또한 "허기진 배를 움켜쥐고" 잔인한 비바람을 견디고 있다. 폭풍우 속에서 리어왕이 옷을 찢는 행위는 모든 가엾고 고통받는 사람들과 자신을 동일시하려는 상징적인 행동이다. 이는 또한, 리어왕이 위선을 직시하고 겉과 속의 괴리를 인식하게 될 것이라는 걸 제시하는 상징적인 장치이다. 리어왕은 사람들이 옷처럼 걸쳐 입은 아첨과 위선의 가면 이면을 보지 못했고, 현실을 직시하지 못했다. 그러나 리어왕의 물질적 몰락은 영적 소생의 시발점이 된다. '없음'이 '없음'으로 끝나지 않는 현상이다. 리어왕은 가진 것이 아무것도 없는 비참한 상태에서 가장 인간다운 모습을 보여준다. 리어왕은 중반 이후 극 초반부에 드러났던 허세를 더는 보이지 않는다.

리어왕이 자신의 과오를 깨닫기 시작하는 3막 4장에서 글로스터는 여전히 두 아들의 정체에 대해 무지하다. 폭풍우가 몰아치는 광야를 헤매는 리어를 수행하는 켄트에게 글로스터는 다음과 같이 언급한다.

> 폐하께서 점점 이상하다고 하지만, 당신께 말하겠소.
> 나도 미칠 것 같소. 아들자식 하나가 있소.
> 지금은 나와 인연이 끊겼지만…. 놈이 바로 최근에,
> 나의 목숨을 노렸소. 놈을 사랑했는데, 여봐요,
> 나처럼 아들을 사랑한 아비는 아마 없을 거요.
> 사실을 말씀드리자면, 너무 슬퍼 돌아버리겠소.
> Thou sayest the King grows mad, I'll tell thee, friend,
> I am almost mad myself. I had a son,
> Now outlawed from my blood; he sought my life,
> But lately, very late. I loved him, friend,
> No father his son dearer; true to tell thee,
> The grief hath crazed my wits. (III.iv.165-170)

자식의 배신으로 고통스러운 글로스터는 자신도 미칠 지경이라고 말한다. 그러나 정작 자신을 미칠 지경으로 만든 것은 에드가가 아니라 에드먼드이다. 리어왕 딸들의 악한 실체를 파악하는 글로스터가 자기 자식들의 실체에 무지하고 자신이 처한 상황을 제대로 파악하지 못한다는 것은 아이러니이다. 등잔 밑이 어둡기 때문이다.

악인들은 악을 도모하기 위해 악인들과 연합하고, 악은 악을 격려한다. 리어왕의 사악한 두 딸과 에드먼드가 연합하여 리어왕과 글로스터라는 두 노인을 괴롭히기 때문이다. 날조된 편지로 에드가를 모함했던 에드먼드는 3막 5장에서 콘월에게 아버지인 글로스터가 리어왕을 돕고 있

다고 고자질한다. 3막 6장에서는 리어왕과 바보 광대 그리고 광인으로 가장한 에드가가 등장하고, 글로스터는 변장한 켄트에게 리어왕을 시해 음모로부터 구하기 위해 왕을 도버 근처로 모시고 가라고 부탁한다. 3막 7장에서 글로스터는 사악한 리건의 남편인 콘월에게 눈을 뽑히는 고통을 당한다. 리어왕을 도버로 대피시킨 글로스터에게 분개한 콘월은 다음과 같이 말하면서 눈알을 뽑는다. "다시는 보지 못하게 해주지. 의자를 잡아라. 네놈의 눈알을 발로 지근지근 짓이겨 주마."(III.vii.67-68)[11] 인간의 극단적 잔인성이 드러난 참혹한 장면이다. 에드먼드는 자신의 아비를 배반한 대가로 백작의 작위를 물려받는다.

글로스터는 진실을 '보지' 못하고 에드먼드에게 속아 과오를 범한 대가로 눈을 상실한다. 여기서 글로스터에게 주어진 역경은 "도덕적 인식과 가치와 도덕적 행위"에 대한 시험이다(Colie 479). 리어왕이 어리석은 탓에 딸들에 대한 그릇된 판단을 내려 도덕적 관점에서 눈이 멀어 버렸듯이, 판단력이 부족한 글로스터는 자식의 겉모습에 속아 눈이 먼 상태에 이른다. 글로스터는 눈알을 뽑히는 고통을 당하면서도 여전히 에드먼드의 정체를 간파하지 못한다. 에드먼드가 자신을 고통에서 구해 줄 것으로 생각하면서 절규하기 때문이다. 이때 리건은 에드먼드의 정체를 밝힌다. "넌 네놈을 증오하는 아들에게 부탁하는 거야. 우리에게 네 역모를 폭로한 자가 바로 그였어."(III.vii.88-89)[12] 글로스터는 두 눈이 뽑히는 고통을 당하고서야 자신이 처한 상황과 진실을 파악하는 눈을 가진다. 자신의 어리석음을 깨달은 글로스터는 이제 신들께 자신의 잘못과 과오를 용서해달라고 빈다. "아, 내가 어리석었어! 에드가가 중상모략을

11 (III.vii.67-68) "See't shalt thou never. Fellows, hold the chair,/ Upon these eyes of thine I'll set my foot."

12 (III.vii.88-89) "Thou call'st on him that hates thee. It was he/ That made the overture of thy treasons to us."

당했어. 선한 신들이여, 제 잘못을 용서하시고, 에드가에게 복을 베푸소서!”(III.vii.91-92)[13] 글로스터는 맹목의 상태에서 통찰에 이른다. 글로스터는 문밖으로 쫓겨나고, 두 눈이 없는 글로스터를 하인이 부축하여 퇴장한다.

위조편지로 형을 모함하고 글로스터를 배반한 에드먼드는 그 대가로 콘월로부터 아버지 글로스터가 가졌던 작위를 받는다. 딸의 현란한 미사여구에 속아 진실을 보지 못했던 리어왕처럼 글로스터 또한 에드먼드의 위조편지에 속아 진실을 보지 못하고 적자인 에드가를 추방한다. 선한 에드가는 선한 코델리아와 비슷한 처지에 빠지고, 악한 에드먼드는 리어왕의 악한 딸과 공조한다. 선한 인물들은 자신의 정체를 숨기고 상전을 수행한다. 메인플롯에서 켄트가 변장한 모습으로 리어왕을 수행하면서 봉사하고, 서브플롯에서 에드가는 미친 톰으로 변장하고 글로스터를 수행한다. 리어왕은 켄트가 변장한 것을 알아차리지 못하고, 글로스터는 변장한 톰이 에드가라는 것을 알지 못한다. 고통과 그것을 참아 견디는 인내는 『리어왕』을 관통하는 주제이다. 그리고 에드가는 인내의 화신이다. 아무 죄도 없는 그는 동생의 모함으로 인해 극심한 고통을 당하고, 그 고난과 고통을 참아 견디는 인물이다. 최악의 상황 속에서도, 처참한 운명에 빠지더라도 희망을 품고 살면, 최악을 벗어날 수 있다고 생각하는 견인주의자이다.

13 (III.vii.91-92) “O my follies! then Edgar was abused./ Kind gods, forgive me that, and prosper him!”

내가 어디 있었는가? 지금은 어디 있는가?

Where have I been? Where am I? (IV.vii.50)

자신의 존재성에 대한 리어의 물음이다. 과거와 현재의 자기 정체성에 대한 물음이다. 폭풍우가 치는 황야에서 그리고 전쟁터에서 참담한 고통을 겪은 리어는 이제 과거의 리어가 아니다. 리어는 4막에서 코델리아에게 자신의 과오와 잘못을 고백하고 용서를 구한다. 4막 1장에서 톰으로 변장한 에드가는 봉사가 된 아버지를 만난다. 그리고 지금의 고통스러운 상황이 더는 나빠질 수 없는 최악이라고 위로한다.

최악의 상황이 되어,
가장 천하고 처참한 운명에 빠지더라도
두려움 속에 살지 말고 늘 희망을 품고 살아야지.
가장 좋은 상황도 슬픈 상황으로 바뀔 수 있고
가장 나쁜 상황이라도 웃을 상황으로 바뀔 수 있어.
그러니 환영한다. 나를 휘감은 그대 실체 없는 바람이여!
바람이 아무리 거세도, 최악의 상태로 몰아넣은
이 처참한 몸은, 신세를 진 게 없으니 두렵지 않아.
To be worst,
The lowest and most dejected thing of fortune,
Stands still in esperance, lives not in fear.
The lamentable change is from the best,
The worst returns to laughter. Welcome, then,
Thou unsubstantial air that I embrace:
The wretch that thou hast blown unto the worst

Owes nothing to thy blasts. (IV.i.2-9)

에드가는 고통을 견디면서 세월이 흐르면 "나쁜 상황이 웃을 수 있는 상황"으로 바뀔 수 있다고 생각하면서, 지금의 상태가 호전될 것이라고 믿는다. "우리가 '이것은 최악'이라고 말할 수 있는 한, 그것은 최악의 상태가 아니다."(the worst is not/ So long as we can say "This is the worst.")(IV.i.27-28) 절망의 늪에 빠진 에드가가 하는 말이다. 사실 "최악"이라고 말할 수 있는 정신이 있다면 최악의 상황을 벗어날 수 있는 여지가 있다. 정말 최악의 상황에 빠지면 "최악"이라고 말할 수 있는 여유조차 없기 때문이다. 에드가는 지금이 "최악"이라는 생각을 통해 스스로를 위로하고 현재의 고통을 완화한다. 이런 태도가 앞으로 다가올 더 극심한 "고통에 대한 단순한 언어마취"(Calderwood 5)일 수도 있지만, 에드가가 고통을 참아 견디는 모습은 감동적이다.

소경이 된 글로스터 또한 고통을 참아 견딘다. "나에겐 길이 없으니 눈이 필요 없어. 두 눈이 있을 때 난 넘어졌어."(I have no way, and therefore want no eyes;/ I stumbled when I saw.)(IV.i.18-19) 눈이 있을 때, 에드먼드에게 속아 진실을 보지 못하고 과오를 범해 소경이 된 글로스터가 하는 말이다. 이제 그는 눈이 없지만 심안(心眼)으로 진실과 허위를 분간한다. 글로스터가 노인에게 자신을 수행하는 사람이 누구인가를 묻자, 그는 "미친 사람이고 거지"라고 답한다. 이때 글로스터는 다음과 같이 말한다.

완전하게 미친 건 아냐. 그럼 구걸도 못했을 테니까.
지난밤 폭풍우 속에서 그런 자 하나를 봤어.
그를 보니 인간이 마치 벌레 같아 보이더군.
그때 아들 생각이 났어. 하지만 그때까진 그를

마음속으로 선뜻 받아들이지 못했어. 후에 더 많은 소문을 들었어.
장난꾸러기 아이들이 마치 파리를 다루듯이
신들은 우릴 다뤄. 장난삼아 우리를 죽이니까.
He has some reason, else he could not beg.
I' th' last night's storm I such a fellow saw,
Which made me think a man a worm. My son
Came then into my mind, and yet my mind
Was then scarce friends with him. I have heard more since.
As flies to wanton boys, are we to th' gods,
They kill us for their sport. (IV.i.31-37)

리어왕에게 베푼 친절로 인해 리건의 남편 콘월에게 두 눈을 잃은 글로스터가 내뱉는 말이다. 신과 인간에 대한 비관적인 대사이다. 리어왕은 폭풍우가 몰아치는 밤에 딸에게 버려지고, 소경이 된 글로스터 또한 폭풍이 몰아치는 황야를 헤맨다. 장님이 되기 전 글로스터가 보았다는 "벌레 같은" 자는 미친 거지의 행색으로 가장(假裝)한 큰아들 에드가이다. 글로스터는 신들을 장난꾸러기 아이들에 비유하고, 인간을 잔인한 신들의 장난 대상으로 전락한 하찮은 파리에 비유한다. 리어와 마찬가지로 글로스터도 신을 잔인하다고 느낀다. 신의 잔인성과 "분별없는 야만성"을 지적하는 이 구절은 절망적인 이 작품에서 가장 "절망적인 구절"이고, 셰익스피어 작품에 드러난 가장 비관적인 구절 중의 하나이다(Macrone 39). 리어왕도 "운명의 노리개"로 태어난 인간의 비극성을 다음 구절에 담고 있다. "나는 운명의 노리개로 태어난 존재다."(I am even/ The natural fool of fortune.)(IV.vi.190-191) 인간을 운명에 조롱당하는 장난감으로 본다는 말이다.

봉사인 글로스터는 미친 거지처럼 행동하는 적자 에드가를 알아보지 못한다. 그러나 글로스터 역시 리어처럼 고통을 통해 실체를 파악하는 통찰력을 갖게 되며 불쌍하고 불행한 사람들을 연민의 눈으로 바라본다. 그는 추위에 떨고 있는 톰/에드가를 동정하면서 남은 재산을 그에게 건네준다. 그러고는 다음과 같이 연민을 드러낸다. 고통을 겪은 리어가 불쌍한 사람들에게 드러내는 연민과 유사하다.

> 자, 이 돈주머니를 받아. 하늘의 재앙을 겸손하게 받아들여
> 모든 불행을 잘 참고 견디는구나. 비참한 내 모습이
> 너를 덜 불행하게 만드는 것 같구나. 하늘이여, 늘 공평하소서!
> 가진 것이 넘치고 욕망을 마음껏 채울 수 있는 자,
> 하늘의 뜻 무시하고, 스스로 겪지 않았다고 타인의 불행을
> 거들떠보지 않는 자들이 당신의 힘을 느끼게 하소서.
> 그래서 지나치게 많이 가진 걸 나누어서,
> 각자가 넉넉하게 가지게 만드소서.
> Here, take this purse, thou whom the heavens' plagues
> Have humbled to all strokes. That I am wretched
> Makes thee the happier. Heavens, deal so still.
> Let the superfluous and lust-dieted man
> That slaves your ordinance, that will not see
> Because he doth not feel, feel your power quickly.
> So distribution should undo excess,
> And each man have enough. (IV.i.59-66)

글로스터는 불행을 견디는 에드가를 대견스럽게 여기면서, 타인의

불행에 무관심한 부자들이 가진 것을 불쌍한 사람들에게 나눠 줘, 좀 더 공평하고 정의로운 세상을 만들라고 촉구한다. 리어왕과 글로스터는 고통을 겪으면서 깨우치고 현명해지는데, 리어왕에게는 정신적 고통이 두드러지고, 글로스터에게는 육체적 고통이 좀 더 두드러져 보인다. 리어왕은 말에 속고 글로스터는 글에 현혹되어 진실을 보지 못하고 과오를 범한다. 어리석은 리어왕은 두 딸의 미사여구에 귀가 멀어 진실한 코델리아를 내치며, 어리석은 글로스터는 에드먼드의 위조편지에 속아 진실한 에드가를 추방한다. 하지만 어리석은 두 노인은 황야에서 폭풍에 시달리면서 고통당하고, 아무것도 가지지 못한 무(無)의 상태에서 깨달음을 얻는다.

글로스터는 눈을 잃은 후 오히려 진실을 보는 마음의 눈을 가진다. 그런데도 글로스터의 자각은 리어왕의 자각에는 미치지 못한다. 타인에 대한 연민과 배려의 강도가 리어왕의 그것에 미치지 못하기 때문이다. 변장한 에드가는 자신을 알아보지 못하는 아버지에게 변장한 톰의 입을 빌려 말하면서 글로스터를 수행한다. 글로스터는 고통스러운 삶을 견디지 못해 절벽에서 떨어져 죽으려고 한다. 절벽에서 떨어지기 전, 글로스터는 에드가를 축복해 달라고 신들께 기도한다.

> 제가 더 이 고통을 견딜 수가 있다면,
> 당신의 큰 뜻을 거스르지 않는다면, 타다 남은 촛불 심지처럼
> 혐오스러운 삶의 잔해는 다 타서 없어져 버릴 겁니다.
> 아, 에드가가 살아 있다면, 제발 그를 축복하소서!
> If I could bear it longer, and not fall
> To quarrel with your great opposeless wills,
> My snuff and loathed part of nature should
> Burn itself out. If Edgar live, O, bless him! (IV.vi.37-40)

봉사가 된 글로스터에게 현재의 고통을 끝내는 길은 이 세상을 하직하는 일이다. 자신이 내친 에드가에 대한 죄책감과 끔찍한 고통에 시달리는 글로스터는 이제 더는 살고 싶은 마음이 없다. 기도하고 난 후 글로스터는 평지를 낭떠러지로 생각하고 몸을 앞으로 기울인다. 글로스터는 절벽에서 떨어진 것으로 생각하지만, 실제로 절벽에서 떨어진 것은 아니다. 하지만 에드가는 살아남은 글로스터에게 절벽에서 떨어졌지만, 신께서 구해 주셔서 기적적으로 살았다고 거짓말을 한다. 아버지를 위로하는 에드가의 '거짓'은 선한 '거짓'이다. 거짓이긴 하지만 그 '거짓'이 아버지를 치유하는 힘으로 작용하기 때문이다(Herbert 92). 에드가의 도움으로 살아갈 힘을 갖게 된 글로스터는 이제 고통을 감내하면서 살아가기로 결심한다. "지금부터 어떤 고통도 참아 견딜 거야. 그 고통이 스스로 충분하다고 외치며 사라질 때까지."(Henceforth I'll bear/ Affliction till it do cry out itself.)(IV.vi.75-76)

4막 6장의 황야에서 미친 리어와 눈먼 글로스터가 만난다. 이 지점은 메인플롯과 서브플롯이 합쳐지는 지점이다. 두 늙은이의 만남을 통해 눈멂과 통찰의 주제가 드러나는 지점이다. 들꽃 왕관을 쓴 리어왕은 미친 사람처럼 보인다. 그러나 다음 대사는 그가 현실을 직시하고 있다는 것을 보여준다. 리어왕은 딸의 아첨이 거짓이라는 걸 알아차린다. "나는 그들 정체를 눈치채고, 속셈을 간파했어. 그만둬. 그들은 말을 믿을 인간이 되지 않아. 그들은 내가 만능이라고 했지만, 그것은 거짓말이야. 나도 학질은 면할 수가 없으니까."(IV.vi.103-105)[14] 리어왕이 딸들의 아첨을 진실로 받아들였던 과오를 인정하고 있다는 것을 보여주는 대사이다.

전반부에서 수사적 장식으로 인해 과장되었던 리어의 언어가 이 지

14 (IV.vi.103-105) "I found 'em, there I smelt 'em out. Go to, they are not men o' their words: they told me I was every thing. 'Tis a lie, I am not ague-proof."

점부터 단순해지기 시작한다. 리어왕은 자신도 다른 모든 사람과 마찬가지로 학질에 걸리는 것에서 자유롭지 못하다는 것을 알고 있다. 글로스터가 "국왕 폐하가 아니신지요?"라고 묻자, 리어왕은 "그래, 어느 모로 보나 왕이지!"(Ay, every inch a king!)(IV.vi.107)라고 대답한다. 스스로 왕권을 포기한 리어는 왕관을 쓰지 않았지만, "가엾고 헐벗은" 사람들을 동정하고 살피는 그는 이제 "어느 모로 보나 왕"인 것처럼 보인다. 리어는 다음 대사에서 겉모습을 넘어 세상의 실체를 파악하는 통찰력을 드러낸다.

뭐냐! 미쳤느냐? 눈이 없어도 이 세상이 돌아가는 것쯤은 볼 수 있어. 귀로 한 번 봐. 저기 저 재판관이 저기에 있는 좀도둑을 어떻게 꾸짖는지 봐. 귀로 들어. 자리를 바꿔봐. 어느 편이 재판관이고 어느 편이 도둑인지 가려낼 수 있느냐? 농부가 기르는 개가 거지 보고 짖어대는 것을 본 적이 있어?

What, art mad? A man may see how this world goes with no eyes; Look with thine ears. See how yond justice rails upon yon simple thief. Hark, in thine ear: change places; and, handy-dandy, which is the justice, which is the thief? Thou hast seen a farmer's dog bark at a beggar?

(IV.vi.150-155)

리어왕의 통찰을 보여주는 구절이다. 눈과 귀의 기능을 바꿔보라는 리어왕의 말 속에는 겉모습을 넘어 진실을 투시하는 지혜가 엿보인다. 그는 봉사인 글로스터에게 눈이 없어도 "세상이 돌아가는 것쯤은 볼 수 있을 것"이라고 충고한다. 사실 글로스터는 눈이 먼 후 내적 통찰력을 통해 실체를 더 잘 보게 되었다. 눈의 부재가 오히려 내면의 성찰을 유도한 것이다. 육체적으로 눈먼 글로스터의 상태는 "광기라는 리어왕의 정신적 맹목(盲目)"을 비춘다(Pierce 153). 리어왕도 글로스터도 극심한 고통을 통해 실재와 진실을 인식하는 지혜를 터득한다. 리어왕은 눈 없이 고통에 시달리는 글로스터에게 자기 눈을 줄 수 있다고 위로하면서, 세상의 고난을 참아 견디라고 충고한다.

4막 6장에서 다음과 같이 말할 때 리어왕은 지극히 이성적이다. 그의 인식이 부패한 사회에 존재하는 악의 영역까지 확장되고 있기 때문이다.

> 그 거지가 개를 보고 달아나는 걸 본 적이 있지? 거기서 권위의 위대한 모습을 볼 수 있을 거야. 감투를 쓰면 개도 사람을 복종시킬 수 있지. 고약한 순경 놈아, 그 잔인한 손을 멈춰라! … 누더기를 입으면 작은 악행들도 드러나고, 법복이나 모피로 만든 가운을 입으면 모든 것들이 숨겨지는 법. 금으로 만든 갑옷으로 감싼 죄는 강력한 정의의 창도 맥없이 부러뜨리고, 누더기로 감싼 죄는 난쟁이 지푸라기로도 뚫을 수가 있어. 그럼 죄를 짓는 사람은 아무도 없어. 아무도, 아무도 없다고 했다.
>
> And the creature run from the cur? There thou mightst behold the great image of authority: a dog's obeyed in office./ Thou rascal beadle, hold thy bloody hand! … Through tattered clothes [small] vices do appear;/ Robes and furred gowns hide all. [Plate sin] with gold,/ And the strong lance of justice hurtless breaks;/ Arm it in rags, a pigmy's straw does pierce it./ None does offend, none, I say, none. (IV.vi.157-168)

리어왕은 다른 사람들의 잘못뿐만 아니라 자신의 잘못까지도 인식하고 있다. 죄가 있고 없음이 권력에 의해 좌우되는 세태의 어두운 모습을 간파하고, 역설적인 언어 속에 진실을 담아내는 리어왕의 모습은 전반부와 확연하게 다르다. 극의 초반부에서 리어왕은 "권력을 남용"하는 모습을 보였다(Parker 159). 그러나 스스로 권력을 포기한 리어왕은 권력이 누구든지 복종시킬 힘이 있고, 위선의 가면을 덮어쓴 많은 사람이 권력에 아첨한다는 사실을 알게 되었다. 세상의 어두운 모습을 역설적인 언어에 담아내는 리어왕을 두고 에드가는 "뜻이 있는 말과 뜻 없는 말이 섞여 있고, 실성 중에 이치가 있다"(matter and impertinency mixed,/ Reason in madness!)(IV.vi.174-175)고 말한다. 리어왕은 미쳤지만, 가끔 혜안을 드러내는 말을 내뱉는다. 그는 극 초반부에서 "제정신인 상태에서 비이성적인 모습"을 보였지만, 이제 "실성한 상태 속에서 이성적인 모습"을 드러낸다. 리어왕은 겉과 속의 불일치가 존재하는 이 세상의 불합리성을 인지한다. 그는 마침내 겉모습을 넘어 실체를 보는 통찰력을 가지게 되었다. 또한, 불완전한 세상의 현실과 부조리한 인간 조건을 인식할 수 있게 되었다(Kott 132-133). 실성한 리어는 4막 6장에서 자기와 마찬가지로 배은망덕한 자식에게 배반당해 봉사가 된 글로스터에게 자신의 눈을 가지라고 한다.

> 네가 내 운명을 생각하고 울겠다면, 내 눈을 가져라.
> 난 그대를 잘 알고 있다. 그대 이름은 글로스터.
> 참아야 해. 우리는 이 세상에 울면서 태어났지.
> 처음 공기 냄새를 맡는 순간 우리가 운다는 것을
> 그대도 알고 있을 것이다.
> If thou wilt weep my fortunes, take my eyes.
> I know thee well enough; thy name is Gloucester;
> Thou must be patient; we came crying hither:

Thou know'st, the first time that we smell the air

We wawl and cry. (IV.vi.176-180)

리어는 우리가 이 잔인한 세상에 울면서 태어났으며, 참고 사는 것이 당연한 일이니 그에게 참으라고 부탁한다. 세상과 인간 존재에 대한 비관적인 인식이다. 위의 대사에 이어 리어는 다음과 같이 다시 비관적인 세상과 인간에 대한 통찰력을 드러낸다. "인간은 울면서 세상에 태어났어. 바보들이 가득한 이 큰 무대에 나온 것이 슬퍼서 우는 거야."(When we are born, we cry that we are come/ To this great stage of fools.)(IV.vi.182-183) 리어왕은 광기와 고통에 시달리고 있지만, 세상이란 무대에 태어난 인간 존재의 비극성을 간파하고 있다. 인간은 누구나 세상이라는 무대에서 자기 뜻과는 상관없이 맡은 배역을 수행해야 한다는 그의 대사는, 에드가의 언급처럼, "광기 속에서 이성"이 번득이고 있음을 보여준다. 리어왕은 자신은 물론 자신을 둘러싼 세상의 실체를 파악한다.

4막 7장에 이르자 전쟁터의 프랑스군 막사에서 리어왕과 코델리아의 화해가 진행된다. 고통으로 지친 리어왕은 잠을 자고 일어난 후 잘못을 범했던 막내딸 코델리아에게 죄책감을 느끼고 다음과 같이 말한다. "너는 축복받은 영혼이다. 그러나 난 지옥의 불 수레바퀴에 매인 몸이다. 내 눈에서 흘러내리는 눈물이 납을 녹여 흐르듯 내 볼을 태우는구나!"(IV.vii.45-47)[15] 리어왕은 자신이 저지른 죄로 인해 "불의 수레바퀴"에 묶여 고통받는다. 그러나 리어왕은 고통을 통해 통찰력을 얻고 인식에 이른다. 고통을 통해 리어왕은 세상에 존재하는 위선과 아첨의 실재를 인식하고, 나아가 헐벗고 굶주린 천한 자들에 대한 연민을 보여준다. 육체적

15 (IV.vii.45-47) "Thou art a soul in bliss, but I am bound/ Upon a wheel of fire, that mine own tears/ Do scald like moulten lead."

으로나 정신적으로나 가장 비참한 지경에 이르러 리어왕은 현명해지고 그의 인식은 깊어지며 인간 이해의 폭 또한 넓어진다. 잠에서 깬 리어왕은 비통하게 다음과 같이 묻는다. "내가 어디 있었는가? 지금은 어디 있는가?"(Where have I been? Where am I?)(IV.vii.50) 과거에 대한 반성과 참회, 그리고 정체성에 대한 현재의 인식이 드러난 대사이다. 그는 자신이 "몹시 어리석고 못난 늙은이"라고 코델리아에게 고백한다.

> 난 몹시 어리석고 못난 늙은이다.
> 한 시간도 더도 덜도 아닌
> 막 팔십을 넘긴 몸이다. 그리고 솔직히 말해,
> 내 정신이 온전하지 않은 것 같아 두렵구나.
> I am a very foolish fond old man,
> Fourscore and upward, not an hour more nor less;
> And to deal plainly,
> I fear I am not in my perfect mind. (IV.vii.59-62)

코델리아의 진심을 제대로 파악하지 못하고 모질게 대했던 리어왕은 이제 잘못을 반성하고 코델리아에게 용서를 구한다. 리어가 자신의 과오를 인정하고 어리석었다는 것을 고백하는 이 대사를 두고, 젠킨스(Jenkins)는 무지했던 리어왕이 고통을 통해 자각에 이르고 "겉모습과 실재의 괴리"를 파악하는 능력과 지혜를 갖게 되었다고 간주한다(86). 윌슨(Dover Wilson)의 주장을 따르면 광증에 시달리는 리어왕의 고통은 "연옥의 고통"에 상응하고, 코델리아와의 재회와 화해는 "천국의 기쁨"에 상응한다(126). 그는 리어왕이 고통을 통해 지혜를 체득하고 코델리아의 헌신적 사랑을 통해 구원되어 갱생한다고 생각한다. 그러므로 윌슨에게 이 작품은 운명의 역경과 시련을 극복한 "인간 정신의 승리"를 제시하는 작품이다(125). 리어왕의 결말에 대한 긍정적인 해석이다. 고통을 통한 리어왕의 참회와 갱생, 그리고 코델리아의 "사랑과 자기희생"을 통해 인간 구원의 가능성을 발견한 리브너(Irving Ribner) 또한 결말을 긍정적으로 해석한다(139). 그럼에도 불구하고 선한 코델리아의 죽음은 비관적이다.

절대로, 절대로, 절대, 절대로, 절대로!

Never, never, never, never, never (V.iii.309)

선한 코델리아가 죽는 것을 도저히 받아들일 수 없었던 리어의 절규이다. 긍정적 해석은 고통을 견디고 그 고통을 통해 자각에 이른 리어가 환희 속에서 죽었다고 주장하지만, "아무것도 없는" 황량한 인간 세상을 비추는 리어의 마지막 절규는 긍정적 해석에 회의적으로 반응하도록 한다.

5막 2장에서 리어왕과 코델리아는 에드먼드의 포로가 된다. 5막 3장에서는 리어의 사악한 두 딸은 에드먼드를 둘러싼 갈등으로 인해 서로를 죽인다. 체포된 코델리아와 리어왕은 에드먼드의 명에 따라 곧 죽을 운명이다. 그러나 리어왕은 이렇게 말한다. "자, 감옥으로 가자. 우리 둘이 새장 속의 새들처럼 노래 부르자."(Come let's away to prison:/ We two alone will sing like birds I' th' cage.)(V.iii.8-9) 자신이 처한 운명에 대한 무지를 드러내는 대사이다. 결말에서 모든 악한 인물들은 죽는다. 에드가는 에드먼드를 죽이고 거너릴은 리건을 독살하고 거너릴 자신도 자살한다.

에드먼드는 죽어가면서 "운명의 수레바퀴가 완전히 한 바퀴를 돌았다."(The wheel is come full circle)(V.iii.175)라고 말하는데, 에드가가 한 다음

말에 대한 반응이다. "신들은 공평하여, 즐거운 악행을 탐하는 죄를 우리를 벌주시는 도구로 삼으신다. 아버님께서는 어둡고 부정한 잠자리에서 너를 배게 한 죄의 대가로 두 눈을 잃으셨다."(V.iii.171-173)[16] 운명의 수레바퀴가 완전히 한 바퀴를 돌아 에드먼드 자신의 악행이 대가를 치르게 되었다. 그러나 에드먼드는 글로스터가 봉사가 된 것을 운명의 탓으로 돌리지 않고, 글로스터 자신의 탓으로 돌린다. 그는 글로스터의 욕정이 "즐거운 악행"을 범하게 하여 에드먼드를 낳았고, 이것이 그에게 "눈을 잃는 대가"를 치르게 했다고 생각한다. 악한 에드먼드는 계략을 꾸며 아버지가 적자인 에드가를 몰아내도록 했고, 글로스터의 욕정은 에드먼드의 악행에 원인을 제공했다(Macrone 46).

악한 자들은 모두 죽는다. 그러나 아무런 죄가 없는 코델리아도 사악한 힘의 희생자가 되어 죽는다. 리어왕은 왜 선한 코델리아가 죽어야 하는지를 이해할 수 없다. 그리하여 다음과 같이 울부짖으며 죽는다.

> 내 불쌍한 바보가 교수형을 당했다! 없다, 없어, 없다, 생명이!
> 쥐도, 개도, 말도 생명이 있거늘, 왜 너는
> 숨 쉬지 않느냐? 너는 다시 돌아오지 않을 거야.
> 절대로, 절대로, 절대, 절대로, 절대로!
> 제발 좀 이 단추를 벗겨다오. 고맙다.
> 이게 보이느냐? 이 아이를 좀 봐, 좀 봐, 이 아이 입술을,
> 저길 보아라, 저기를 좀 봐! [죽는다.]
> And my poor fool is hanged. No, no, no life?
> Why should a dog, a horse, a rat, have life,

16 (V.iii.171-173) "The gods are just, and of our pleasant vices/ Make instruments to plague us:/ The dark and vicious place where thee he got? Cost him his eyes."

And thou no breath at all? Thou'lt come no more,
Never, never, never, never, never.
Pray you, undo this button. Thank you, sir.
Do you see this? Look on her! Look, her lips,
Look there, look there. (*He dies*) (V.iii.306-312)

브래들리(A. C. Bradley)는 이 작품이 "리어왕의 구원"을 재현하고 있고, 리어가 "사랑의 환희"를 느끼면서 죽었다고 주장한다(252). 리어가 고통이 아니라 환희 속에서 죽었다는 그의 견해는 작품의 결말에 대한 가장 낙관적인 해석이다. 브래들리가 견지하는 낙관성의 토대는 리어왕이 고통을 견디고 그 고통을 통해 자각에 이르렀다는 점이다(246). 그런데 이 작품을 부조리극으로 파악한 코트(Jan Kott)의 관점은 매우 비관적이다. 그에게 『리어왕』은 신의 섭리와 모든 낙관적인 가치관을 조롱하는 부조리한 작품이다. "『리어왕』에서 무대는 온통 비어 있다. 무대 위에는 아무것도 없다. 단지 인간이 요람에서 무덤까지 여행하는 잔인한 속세가 있을 뿐이다"(Kott 116). 그는 무고한 인간이 피를 흘리며 죽어가는 허망한 세상을 상정한다. 희망 없는 인간의 존재 조건은 부조리하며 신의 섭리는 존재하지 않는다. 코트에게 『리어왕』은 그 어떤 깨달음과 자각도 없는 세계이며, 결코 구원이 주어지지 않는 비관적인 세계이다. 모든 인간관계는 깨지고 신의 섭리가 부재한 부조리한 세상이다(121). 낙관적 시각은 리어왕의 구원과 갱생을 지나치게 강조하고, 비관적인 시각은 깨달음의 과정을 지나치게 무시한다. 비관적 해석이 리어왕의 깨달음과 인식을 과소평가하는 것을 제외하면 비교적 설득력이 있는 견해이다. 『리어왕』에 자비로운 신의 모습은 잘 드러나지 않고 구원의 가능성이 없는 어두운 세상이 남아 있기 때문이다.

작품의 결말은 비관적이다. 신의 섭리가 부재한 세상, 온전한 인간관계가 부재한 세상을 보여주기 때문이다. 리어왕에게 이 세상은 부조리하며, 인간은 모두 "거대한 무대"에서 슬프고 고통스러운 역을 맡아 연기하는 "운명의 노리개"(fool of fortune)(IV.vi.191)이다. 『리어왕』의 세계는 코델리아처럼 선한 사람들조차 사악한 힘의 희생자로 전락하는 부조리한 세상이다. '시적 정의'는 악한 인물의 죽음을 통해 부분적으로 작용한다. 하지만 선한 자의 죽음도 동반한다. 작품의 결말에서 그 어떤 희망도, 어떤 "구원의 낌새"나 "신의 섭리"도 느껴지지 않는다(Elton 334). 인간은 허망하게 죽어가고 인간의 상처를 치유해 주는 자비로운 신의 모습은 보이지 않는다. 리어왕의 마지막 절규("말도 개도 쥐도 생명이 있는데, 왜 넌 숨을 쉬지 않느냐?")는 잔인하고 부조리한 세상에 태어나 고통스럽게 살아가는 인간을 보고 절망한 사람의 외로운 외침으로 들린다.

『리어왕』은 정체성의 탐구와 고통을 다루는 작품이다. 모진 고통 끝에 자각에 이르는 리어왕과 글로스터의 정신적 성장을 재현하고 있다. 미친 리어왕과 눈먼 글로스터는 고통을 겪으면서 자신의 정체성을 찾으려는 노력을 기울이고 마침내 통찰에 이른다. 리어왕은 고통을 통해 깨달음을 얻고, 폭풍우가 치는 가운데 헐벗은 이들을 먼저 배려하는 인간성을 드러내며, 위선을 직시하고 진실을 보는 눈을 획득한다. 눈이 먼 글로스터 또한 고통을 통해 실체를 인식하는 마음의 눈을 가진다.

『리어왕』은 허무하고 비관적인 세상을 재현한다. 악인들 모두 죄의 대가를 치르지만 선한 자들 또한 고통을 피할 수 없기 때문이다. 종결부에서 진실과 허위의 실체가 드러나고, 에드먼드를 위시한 사악한 인간들은 모두 죽지만, 코델리아를 위시한 선량한 자들도 죽음을 피하지 못한다. 선한 자들에게도 운명은 가혹하다. 신은 인간사에 무심하고 인간들은 의미 없이 죽어가며, 신의 섭리는 명시적으로 드러나지 않는다. 악의 힘은 강력하고 선의 힘은 무력하다. 이 작품의 결말은 구원과 새로운 시작의 희망이 보이지 않는 부조리한 인간 조건을 투사한다.

이 작품의 비극성은 글로스터와 리어왕을 포함한 모든 인간이 '너무 늦게' 깨닫고 자각한다는 것이고, 고통을 겪지 않고서는 그 누구도 쉽게 인식과 통찰에 이를 수 없다는 점이다. 그것이 인간에게 주어진 한계일 것이다. 『리어왕』은 고통스러운 삶에 직면한 인간이 그 본질을 직시하게 하면서, 그 고통의 '축제'를 통해 역설적으로 고통의 감정을 정화한다. 육신의 눈이 먼 글로스터와 정신의 눈이 먼 미친 리어는 고통을 참아 견디면서 그 고통을 통과한다. 『리어왕』은 고통의 비극이다.

인용문헌

Bradley, A. C. *Shakespearean Tragedy*. 1904. 3rd ed. London: Macmillan, 1992.

Burckhardt, Sigurd. *Shakespearean Meanings*. Princeton: Princeton UP, 1968.

Calderwood, J. L. "Creative Uncreation in *King Lear*." *Shakespeare Quarterly* 37.1 (1986): 5-19.

Clemen, Wolfgang. *"King Lear" The Development of Shakespeare's Imagery*. London: Methuen, 1972.

Colie, R. L. *Paradoxia Epidemica: The Renaissance Tradition of Paradox*. Princeton: Princeton UP, 1966.

Derrida, Jacques. *Of Grammatology*. Trans. G. C. Spivak. Baltimore: Johns Hopkins UP, 1974.

Eagleton, Terry. *William Shakespeare*. Oxford: Blackwell, 1986.

Elton, William R. *King Lear and the Gods*. San Marino: Huntington Library, 1966.

Heilman, Robert B. *This Great Stage: Image and Structure in King Lear*. Baton Rouge: Lousiana State UP, 1948.

Herbert, Judd. *Tragedy and Tragic in Western Culture*. Montreal: Determination, 1982.

Jenkins, Raymond. "The Socratic Imperative and *King Lear*." *Renaissance Papers* 1963 (1964): 85-93.

Kott, Jan. *Shakespeare Our Contemporary*. Trans. B. Taborski. London: Methuen, 1965.

Macrone, Michael. *Brush Up Your Shakespeare*. New York: Gramercy Books, 1990.

Parker, M. D. H. *The Slave of Life: A Study of Shakespeare and the Idea of Justice*. London: Chatto and Windus, 1955.

Pierce, Robert B. "'I Stumbled When I Saw': Interpreting Gloucester's Blindness in King Lear." *Philosophy and Literature* 36.1 (2012): 153-66.

Ribner, Irving. *Patterns in Shakespearean Tragedy*. London: Methuen, 1960.

Shakespeare, William. *King Lear*. The Riverside Shakespeare. Ed. Ed. G. B. Evans. Boston: Houghton Mifflin, 1974.

Spencer, Theodore. *Shakespeare and the Nature of Man*. New York: Macmillan, 1942.

Wilson, J. Dover. *The Essential Shakespeare*. Cambridge: Cambridge UP, 1932.

5

『맥베스』

Macbeth

『맥베스』는 흔들리는 욕망과 야심의 비극이다. 셰익스피어 작품 가운데 시적인 언어 구사와 이미지가 가장 돋보이는 작품이다. 맥베스는 던컨왕을 시해한 후 손에 묻은 피를 보며 다음과 같이 읊조린다. "온 바닷물을 다 퍼부으면 이 손에서 피를 깨끗하게 씻어 낼 수 있을까? 아니야. 도리어 나의 이 손이 넓고 넓은 바다를 핏빛으로 물들여, 푸른빛을 주홍빛으로 바꿔 놓을 거야." 맥베스가 행한 악의 결과가 선홍빛으로 물든 아름다운 바다의 이미지로 투사되고 있는 놀라운 구절이다.

아름다운 시행들과 함께 이 작품에서 돋보이는 것은 인간의 욕망에 대한 셰익스피어의 통찰이다. 셰익스피어는 권력에 대한 욕망으로 흔들리는 맥베스의 심리를 재현하면서 우리 역시 그처럼 흔들리는 욕망으로 인해 고통받을 수 있는 존재라는 점을 상기시킨다. 욕망에 거꾸로 매달린 인간이 어찌 맥베스뿐이겠는가? 맥베스는 왕좌를 차지하기 위해 그리고 그 왕좌를 유지하기 위해 악행을 저지른다. 그러나 그는 악마가 아니다. 살해라는 행위의 부도덕성을 인지하고 있고 이를 실행하기를 주저하는 인물이기 때문이다. 맥베스는 무고한 인물을 스스로 살해할 수 있는 잔인한 인물은 아니다. 마녀가 악의 씨앗을 심고, 레이디 맥베스로부터 악을 실행할 힘을 얻고서야 그는 비로소 악행을 저지른다. 셰익스피어는 맥베스라는 인간을 아무런 생각 없이 살해를 자행하는 악마가 아니라, 악행을 저지르는 것을 고민하는 인간으로 재현한다. 왕이 되고 싶은 검은 야심과 양심 사이에서 맥베스의 욕망은 흔들린다. 그리고 맥베스는 정당성이 없는 자신의 행위를 주저한다. 마녀들은 그를 악으로 유혹하며, 레이디 맥베스는 주저하는 그가 악을 실행하도록 자극한다.

셰익스피어는 빛과 어둠의 대조를 통해 어두운 밤을 피로 물들게 한 맥베스의 검은 야심과 욕망을 강조한다. 그리고 몸에 '맞지 않는 옷'의 이미지를 통해 맥베스의 겉과 속의 괴리를 드러내고 있다. 이 글은 맥베스와 마녀의 관계, 맥베스와 레이디 맥베스의 관계를 논의하고, 겉과 속의 괴리를 드러내는 옷과 가면의 이미지를 통해 작품의 주제와 맥베스의 성격을 논의한다.

좋은 것은 나쁘고, 나쁜 것은 좋다

Fair is foul, and foul is fair (I.i.11)

마녀 셋이 천둥과 번개가 치는 황야에 나타나 앞으로 전개될 혼란스러운 세상을 예고하는 말이다. 질서가 무너진 세상을 재현하는 『맥베스』는 마녀들의 등장으로 시작한다. 그만큼 마녀들의 존재가 중요하다는 말이다. 가치관의 전도를 암시하는 모호한 표현은 이 작품에서 선과 악의 경계가 모호하고 겉과 속의 구분 또한 애매하리라는 것을 암시한다. 이 말은 맥베스가 장차 겪게 될 도덕적 혼동과 "도덕적 암흑" 상태를 예고하는 말이기도 하다(Knights 122). 맥베스가 안개 자욱한 황야에서 처음으로 내뱉는 말 또한 마녀들의 대사와 유사하다. "난 그렇게 험하고도 좋은 날을 본 적이 없다."(so foul and fair a day I have not seen)(I.iii.38) 맥베스가 마녀들과 만나기도 전에 내뱉는 이 말은 맥베스가 심리적 영역에서 마녀들과 연결되어 있다는 것을 암시한다. 그의 대사는 아이러니하게도

"좋은 것은 나쁘고, 나쁜 것은 좋다"는 마녀들의 애매한 대사를 반향하고 있기 때문이다. 마녀들은 심리적 관점에서 날뛰는 욕망으로 혼란스러운 맥베스와 맞대어 있다.

맥베스는 전쟁에서 승리하고 돌아오는 길에 마녀들을 만나 "앞으로 왕이 될 것"이라는 예언을 듣는다.

> 마녀1: 맥베스 만세! 글라미스 영주 만세!
> 마녀2: 맥베스 만세! 코오도 영주 만세!
> 마녀3: 맥베스 만세! 앞으로 왕 되실 분!
> 1 Witch: All hail, Macbeth, hail to thee, Thane of Glamis!
> 2 Witch: All hail, Macbeth, hail to thee, Thane of Cawdor!
> 3 Witch: All hail, Macbeth, thou shalt be King hereafter!
> (I.iii.48-50)

여기서 마녀1이 말하는 "글라미스 영주"는 맥베스의 과거이다. "코오도 영주"는 맥베스의 현재이다. 승리한 그를 치하하여 던컨왕이 이미 "코오도 영주"라는 작위를 내렸기 때문이다. 문제는 세 번째 마녀가 하는 말이다. "앞으로 왕 되실 분"이라는 마녀의 말에 맥베스는 깜짝 놀란다. 마음속 깊이 자리 잡은 어두운 욕망을 자극했기 때문이다. 맥베스에게 왕이 될 욕망이 없었다면, 헛소리를 하지 말라고 태연하게 꾸짖었을 것이다. 놀란 표정을 한 맥베스에게 동료 장군인 뱅코우(Banquo)는 다음과 같이 말한다.

> 장군, 왜 그리 놀라시오? 듣기 좋은 말 같은데,
> 두려워하는 것 같소. 진심으로 묻겠다.

> 너희들은 환상이 빚어낸 허깨비냐,
> 아니면 지금 눈앞에 보이듯 살아 있는 존재냐?
> Good sir, why do you start, and seem to fear
> Things that do sound so fair? I' th' name of truth,
> Are ye fantastical, or that indeed
> Which outwardly ye show? (I.iii.51-54)

뱅코우는 마녀들에게 허깨비인지 아니면 실재하는지를 묻고, 자신의 앞날에 대해서도 말하라고 명한다. 여성의 모습을 하고 있지만, 남성처럼 수염을 단 마녀들은 부자연스러운 존재들이다. 모이(Toril Moi)는 마녀를 두고 다음과 같이 평한다. 마녀들은 "남성도 아니고 여성도 아니며, 인공적인 것도 자연적인 것도 아니며, 실체가 있는 것도 없는 것도 아니며, 마음속에 내재하는 것도 밖에 존재하는 것만도 아니다"(166-167). 그들은 대립 쌍의 경계에 포진한다. 그리하여 실체가 있을 수도 없을 수도 있다. 그들이 하는 말은 늘 모호하다. 겉과 속의 의미가 다르기 때문이다.

자신에 대해서도 예언하라는 뱅코우의 명령에 첫째 마녀는 "맥베스만 못하지만, 더 위대한 분"(Lesser than Macbeth, and greater)(I.iii.65)이라고 답하며, 둘째 마녀는 "맥베스만큼 행복하진 않지만, 더 행복하게 될 분"(Not so happy, yet much happier)(I.iii.66)이라고 답하고, 셋째 마녀는 뱅코우가 "왕이 되지는 않지만, 자손들이 왕이 될 것"(Thou shalt get kings, though thou be none)(I.iii.67)이라고 예언한다. 맥베스의 경쟁자인 뱅코우에게 주어진 마녀들의 모호한 예언이다. 마녀들의 존재는 그들의 말만큼이나 모호하며, 이 모호성은 마녀들의 특징이다.

마녀들을 "맥베스의 무의식이 투사된" 그림자로 간주할 수 있다

(Aronson 99). 그들이 맥베스의 무의식적 욕망을 투사하기 때문이다. 맥베스의 동료 장군인 뱅코우가 마녀를 "암흑의 도구"(instruments of darkness) (I.iii.124)로 간주하는 것은 일리가 있다. 악이 자행되는 암흑의 세계와 관계를 맺고 있고, 맥베스의 그림자처럼 무의식에 잠재하는 어두운 욕망을 구현하고 있기 때문이다. 거비너스(Gervinus)는 마녀들이 맥베스의 "마음속에 자리 잡은 유혹이 구체화한 것"이라고 주장했다(592).

맥베스가 마녀들을 만나기 전부터 던컨을 살해하고 왕이 될 야심이 있었는지 아닌지는 분명하지 않다. 마녀들의 예언으로부터 야심이 생겨났는지 그렇지 않은지 또한 분명하게 드러나 있지 않다. 하지만 마녀들의 예언이 그의 잠재적 욕망에 불씨로 작용한 것은 분명하다. 맥베스가 장차 왕이 되리라는 마녀들의 예언을 들은 후 흔들리기 때문이다. 이글턴(Terry Eagleton)은 이 작품의 주인공이 마녀들이라고 주장한다(47). 이 작품에서 마녀들의 비중은 크고, 주인공에 대한 그 영향력 또한 간과할 수 없다. 그러나 그들이 주인공이 될 수는 없다. 왜냐하면, 마녀들은 맥베스와 레이디 맥베스와의 관련성 아래 그 중요성이 드러날 뿐, 그 자체로 중심인물이 될 수는 없기 때문이다.

마녀들의 존재를 맥베스가 저항하기 어려운 유혹과 운명으로 간주한다면, 죄에 대한 맥베스의 책임은 경감될 수 있을 것이고 이 작품은 운명비극이다. 누구도 마녀들이 대변하는 운명적인 유혹을 감당하기 어렵기 때문이다. 마녀들이 애매한 예언으로 맥베스의 마음을 흔들어 놓은 것이 사실이다. 그러나 그들이 맥베스에게 그것을 이룰 수 있는 사악한 수단을 제공하지는 않았다는 점을 주시해야 한다. 운명적인 요소가 맥베스의 파멸에 관여하고 있음에도 불구하고 셰익스피어는 그것을 맥베스가 피할 수 없는 불가항력의 힘으로 재현하지 않는다. 운명적인 요소가 영향력을 행사하고 있음에도 불구하고 맥베스의 몫이 남겨져 있다는 말이다. 그는 전쟁터에서는 용맹한 인물이지만 아내의 말에 꼼짝 못 하는 공처가이다(Muir 47-48). 맥베스는 주저하지 않고 살인을 저지를 수 있는 잔인한 성격의 인물은 아니다.

만약 이 극이 성격비극이 아니라 운명비극이라고 가정한다면, 맥베스가 저항하기 어려운 악마의 힘은 마녀로 재현되었다고 할 수 있을 것이다. 커리(W. C. Curry)에 따르면 마녀들은 "어둠의 힘과 관련된 악마"(61)이다. 맥베스의 마음을 교란해 왕을 암살하고 자신이 왕이 되겠다는 흑심을 품도록 유혹하기 때문이다. 마녀들의 예언을 믿고 맥베스는 왕을 살해하고, 뱅코우의 자손이 장차 왕이 될 거라는 마녀의 예언에 두려움을 느껴 뱅코우를 살해한다. 마녀들은 맥베스가 살인을 저지르도록 유혹했다는 책임에서 결코 자유롭지 못하다. 맥베스의 검은 야심을 간파한 마녀들이 왕이 될 것이라고 예언하면서 그를 유혹했지만, 그것을 달성할 수 있는 직접적인 수단을 제공하진 않았다. 그들은 "도덕적으로 중립적"인 존재다(Muir 56). 맥베스는 자신을 유혹한 마녀들을 탓하긴 하지만, 행위의 궁극적 책임을 그들에게 돌리지 않는다. 맥베스는 검은 야심을 제어하지 못하고 왕을 살해하고 왕관을 쓴다. 흔들리는 욕망과 집착으로 인해 맥베스는 '추한' 존재로 전락한다. 왕관은 멋져 '보이지만' 양심을 저버린 도덕적 질서 파괴의 결과는 "걸어 다니는 그림자"처럼 헛된 삶이다.

이 작품에서 겉으로 드러난 외양과 그 자리에 실제로 있는 것은 차이를 드러낸다. 그리고 맥베스의 겉과 속의 괴리를 드러내는 적절한 이미지는 '의복'과 관련된 이미지다. 적을 무찌른 공으로 던컨왕이 자신에게 코오도 영주 작위를 내렸다는 전갈을 받은 맥베스는 앞서 들은 마녀들의 예언이 실현되었다고 생각한다. 그러나 그는 왕의 전갈을 가져온 로스(Rosse)에게 다음과 같이 말한다. "코오도 영주는 지금 살아 있지 않소?

로스 경은 왜 내게 빌린 옷을 입히려 하시오?"(The thane of Cawdor lives; why do you dress me/ In borrowed robes?)(I.iii.109-110) 맥베스는 자신에게 새로 내려진 작위가 "빌린 옷"처럼 자연스럽지 않다고 반응한다. 그러나 맥베스는 예언의 실현을 "대권을 주제로 한 웅대한 연극의 멋진 서막"(happy prologue to the swelling act/ Of the imperial theme)(I.iii.128-29)으로 받아들인다. 그는 다음 방백을 통해 자신의 혼란한 심경을 밝힌다.

> 이 괴상한 조짐은 나 맥베스에게
> 나쁠 것도 없고, 그렇게 좋을 까닭도 없어.
> 나쁜 징조라면, 왜 진실을 예언하여 나에게
> 앞날의 영광을 확신시키는가? 난 지금 코오도 영주다.
> 만약 좋은 징조라면, 왜 이렇게 날 홀리게 만들어,
> 섬뜩한 환영이 나의 머리털을 곤두서게 만든단 말인가?
> 왜 평온했던 내 심장이, 자연의 섭리를 벗어나,
> 갈빗대를 방망이질하여 날 숨차게 한단 말인가?
> 현재의 두려움, 상상 속 공포에 비하면 아무것도 아니다.
> 왕을 죽이는 일은 아직 공상에 불과한 것이지만,
> 그 공상으로 인해 마음의 평형은 깨어지고
> 온갖 억측 때문에 나의 분별력은 질식하고,
> 존재하지 않는 환영만 눈앞에 어른거리는구나.
> This supernatural soliciting
> Cannot be ill; cannot be good. If ill,
> Why hath it given me earnest of success,
> Commencing in a truth? I am thane of Cawdor,
> If good, why do I yield to that suggestion

Whose horrid image doth unfix my hair
And make my seated heart knock at my ribs,
Against the use of nature? Present fears
Are less than horrible imaginings:
My thought, whose murder yet is but fantastical,
Shakes so my single state of man that function
Is smothered in surmise, and nothing is
But what is not. (I.iii.130-142)

맥베스는 마녀의 예언이 그리 "나쁠 것도 없고, 그리 좋을 까닭도 없다"라고 반응하는데, 이는 1막에서 마녀들이 한 대사, "좋은 것은 나쁘고, 나쁜 것은 좋다"는 애매한 대사를 환기한다. 던컨왕을 시해하려는 상상으로 인해 두려움에 사로잡힌 맥베스는 다음과 같이 말하면서 마음을 가라앉히려고 한다. "왕이 될 운이라면, 글쎄, 애쓰지 않아도, 운명이 내게 왕관을 씌워줄지도 모를 일."(If chance will have me king, why, chance may crown me,/ Without my stir)(I.iii.143-144) 행위의 책임을 '운명'으로 돌리면서 자신을 변호하는 말이다. 마녀들의 말에 현혹되지 말라는 뱅코우의 경고에도 불구하고 맥베스는 그 유혹에서 벗어나지 못한다. 맥베스는 예언 일부가 이루어진 것이 나쁜 징조인지, 아니면 좋은 징조인지 묻지만, 물음에 대한 답은 쉽게 제시되지 않는다.

맥베스는 이제 다음 단계를 상상한다. 마녀가 스코틀랜드의 왕이 될 것이라고 말하는 순간, "양심에 앞서 야심이 머리를 쳐들어" 맥베스는 암살을 생각하기 시작한다. 그는 친척이요 현재의 왕인 던컨의 살해를 상상하고 소스라치게 놀란다. 자연의 섭리를 벗어나 왕이 되겠다는 부자연스러운 상상은 맥베스의 머리털을 곤두서게 하고 마음의 평형을 깨뜨린다. 살해하는 일은 환상에 지나지 않지만, 맥베스의 분별력을 질식시킬 만큼 강력한 환상이다. 분별력이 사라진 맥베스의 눈앞에 "존재하지도 않는 환영"만이 어른거린다(Macrone 6). 맥베스는 마침내 왕이 되는 것이 운명이라면, 자신은 애쓰지 않아도 왕이 될 것이라는 헛된 희망을 품기에 이른다. 던컨을 살해하는 일은 상상이지만 맥베스를 공포로 몰아넣는다. 그러나 맥베스는 던컨왕을 살해하고, 훔친 왕의(王衣)를 걸치고 왕좌에 오른다.

"몸에 안 맞는 옷"의 이미지에 관한 두 번째 언급은 뱅코우에 의해 주어진다. 뱅코우는 새로운 작위가 자신에게 주어진 것을 어색하게 받아들이는 맥베스를 보고 다음과 같이 말한다. "새로 얻은 영예는 어색한 옷처럼, 한동안 입어서 익숙해질 때까지는, 몸에 잘 맞지 않는 법."(I.iii.144-146)[1] 뱅코우는 코오도 영주라는 작위를 맥베스에게 "어색한 옷"(strange garment)으로 비유한다. 맥베스도 그 타이틀을 "빌린 옷"에 비유하면서 불편하게 생각하지만, 그리 어색한 옷은 아니다. 전공을 치하하여 던컨왕이 맥베스에게 코오도 영주라는 작위를 하사했기 때문이다. 1막 7장에서 맥베스는 레이디 맥베스에게 시해 계획을 중단하는 게 좋겠다고 언급한다.

> 폐하께서는 최근 내게 새로운 영예를 내려 주셨소.
> 또한, 나는 모든 사람에게서 좋은 평판을 받고 있소.
> 찬란한 광채로 윤기가 도는 옷과 같은 영예를
> 이렇게 급하게 팽개칠 수 없지 않겠소.
> He hath honored me of late, and I have bought

1 (I.iii.144-146) "New horrors come upon him,/ Like our strange garments, cleave not to their mould/ But with the aid of use."

Golden opinions from all sorts of people,
Which would be worn now in their newest gloss,
Not cast aside so soon. (I.vii.32-35)

맥베스는 새로 주어진 코오도 영주라는 영예를 "찬란한 광채로 윤기가 도는 옷"에 비유하면서 만족스럽게 생각한다. 전공에 따라 얻은 정당한 대가이기 때문이다. 하지만 제왕이 된다는 건 다른 문제다. 그는 사람들의 평판을 의식한다. 그래서 새로운 영예를 벗어던지고 왕의 피로 물든 옷을 입고 싶지 않다. 그러나 레이디 맥베스는 코오도 영주라는 "새 옷을 벗어 던지고 던컨에게서 훔친 옷으로 갈아입기를 싫어하는"(Brooks 35) 남편을 질책한다. 그녀가 생각하기에는 맥베스는 이미 상상 속에서 왕관을 쓰고 왕의 '옷'을 입고 있다. 맥베스에게 왕이 되고 싶은 욕망이 있지만, 행동할 용기가 없다. 그리하여 그에게 레이디 맥베스는 묻는다. "당신이 지금까지 입고 있던 희망은 술에 취했나요?"(Was the hope drunk/ Wherein you dressed yourself?)(I.vii.35-36) 맥베스를 자극하는 대단히 도발적인 말이다. 브룩스(Cleanth Brooks)의 언급을 따르면 "술에 취해 잠든 희망을 몸에 걸친 맥베스의 형상"은 이상한 옷을 입은 "우스꽝스러운 광대 모습"을 떠올리게 한다(35). 맥베스는 왕의 옷을 입고 싶지만, 그것을 훔쳐서 입고 싶지는 않다. 그러나 계속되는 부인의 압박을 견디지 못해 맥베스는 왕의 옷을 훔친다.

맥베스는 새로운 타이틀을 "빌린 옷"처럼 부자연스럽게 생각하지만, 던컨왕의 옷을 훔쳐 "어색한 옷"을 억지로 몸에 맞추려고 애쓴다. 옷의 이미지가 겉과 속의 괴리를 드러내는 이미지라면, 암흑의 이미지는 흑심을 은폐하고 잔인하게 행동하는 맥베스와 그가 저지른 죄와 죽음에 관련된 이미지이다. 1막 4장에서 던컨왕이 자신의 성에 올 것이라는 소식을 들은 맥베스는 홀로 읊조린다.

컴벌런드 공이라! 이 계단이야말로,
걸려 넘어지든, 아니면 뛰어넘어야 할 장애물이구나!
앞을 가로막고 있으니 말이다. 별들아, 빛을 감추어라!
그 빛이 나의 검고 깊은 욕망을 비추지 마라.
눈이여, 손이 하는 걸 못 본 체하라! 하지만 해치워야 해.
눈이 보게 되면 질겁할 일이라도….
The Prince of Cumberland! that is a step
On which I must fall down, or else o'erleap,
For in my way it lies. Stars, hide your fires,
Let not light see my black and deep desires;
The eye wink at the hand; yet let that be
Which the eye fears, when it is done, to see. (I.iv.48-53)

던컨왕이 맬컴(Malcolm)을 자신의 왕위를 이을 태자로 책봉하자 맥베스가 읊조리는 말이다. 그는 어둠의 힘을 빌려 자신의 "검고 깊은 욕망"과 눈으로 보면 "질겁할 일들"을 은폐하려고 생각한다. 살해를 은폐하기 위해 암흑의 도움은 절실하다.

1막 5장에서 레이디 맥베스 또한 사악한 행동을 은폐하기 위해 다음과 같이 암흑의 힘을 초대한다. "오너라! 검은 밤이여! 검고 검은 지옥 연기 속에 모습을 감추어서, 날카로운 내 칼날이 만드는 상처를 보지 마라"(I.v.50-52).[2] 악령들을 악의 잔치에 초대해 자신의 달콤한 젖을 쓴

2 (I.v.50-52) "Come, thick night,/ And pall thee in the dunnest smoke of hell,/ That my keen knife see not the wound it makes."

담즙으로 바꾸어 달라고 요구했던 레이디 맥베스는 이제 밤과 어둠의 사악한 기운을 불러들인다. 레이디 맥베스는 주저하는 맥베스가 악을 행하도록 하는 일에 큰 역할을 한다. 마녀가 악의 씨앗을 심었다면 그녀는 이 악이 발화하게 하는 데 일조한다. 그녀의 힐책과 지속적인 자극이 없었다면 맥베스가 살인하지 않았을지도 모른다. 그녀는 어둠 속에서 사악한 생각을 구체화하고 이를 가능하게 해줄 어둠의 힘을 불러들인다.

레이디 맥베스는 "인정이란 젖이 넘쳐흘러" 지름길을 알아도 선뜻 택하지 못하는(It is too full o' th' milk of human kindness/ To catch the nearest way) (I.v.17-18) 맥베스의 유순한 성격을 잘 알고 있다. 그러나 그녀는 자신의 욕망을 채우기 위해서라면 남편에게 어떤 악행이라도 사주할 수 있는 부도덕한 인물이다. 또한, 주저 없이 악행을 할 수 있는 잔인하고 용감한 인물이다. 맥베스는 목적을 이루기 위해 모든 걸 무시할 정도로 잔인한 인물은 아니지만, 다음과 같이 말하는 아내의 자극으로 독해진다.

> 당신 귀에 저의 정신을 불어넣어,
> 운명과 초자연이 힘을 합쳐
> 당신 머리에 황금 왕관을 씌우려는 걸
> 방해하는 모든 것을 제 용감한 혀로
> 꾸짖어 쫓아버리겠어요
> I may pour my spirits in thine ear;
> And chastise with the valour of my tongue
> All that impedes thee from the golden round,
> Which fate and metaphysical aid doth seem
> To have thee crowned withal. (I.v.26-30)

레이디 맥베스는 남편이 왕이 되는 것을 방해하는 그 어떤 것이라도 제거하겠다는 결기를 보인다. 나아가 그녀는 맥베스에게 "세상 사람들을 속이려면, 그들처럼 보이도록"(To beguile the time,/ Look like the time)(I.v.65-66) 태연하게 행동하라고 충고한다. 또한 "순진한 꽃처럼 보이되, 그 속에 숨은 뱀"(look like th' innocent flower,/ But be the serpent inder't)(I.v.65-66)이 되라고 요구한다. 얼굴에는 미소를 띠고 마음속에는 비수를 품으라는 주문이다. 레이디 맥베스는 맥베스가 망설일 때마다 다그치고 행동하기를 부추긴다. 마녀처럼 레이디 맥베스도 맥베스에게 내재한 검은 야심과 욕망을 부추기는 어두운 "그림자"이다(Aronson 99).

'어색한 옷,' '맞지 않는 옷,' '빌려 입은 옷'의 이미지는 던컨왕의 살해 전에 등장하는 이미지들로, 맥베스에게 새로 내려진 코오도 영주라는 명칭과 관련된 이미지이다. 그런데 '옷'이 '몸'이라는 실체에 맞지 않는 이미지를 극단적으로 드러내는 것은 맥베스가 왕을 살해한 후이다. 던컨왕의 살해 이후 '맞지 않는 옷'의 이미지는 왕위찬탈이라는 주제를 명시적으로 드러내는 '훔친 옷'의 이미지와 관계를 맺으면서 겉과 속 또는 실체의 괴리를 분명하게 보여준다. 왕을 암살하고 맥베스가 얻은 칭호는 맥베스에게 '맞지 않는 옷'과 같고, '맞지 않는 옷' 이미지는 왕관을 쓴 맥베스를 헐렁한 옷을 걸친 "부도덕한 난쟁이 모습으로 형상화"하고 있기 때문이다(Spurgeon 326-327). 던컨 살해 이후 몸에 맞지 않는 옷의 이미지는 '훔친 옷' 이미지로 변모한다. 그리고 앵거스(Angus)가 5막 2장에서 맥베스를 두고 언급하는 다음 대사는 이런 이미지를 매우 효과적으로 제시한다.

> 맥베스의 부하들은 명령이 무서워 움직일 뿐이오.
> 충성심에서 움직이는 것이 아니요. 이제 분명히 느낄 거요.

거인 옷을 훔쳐 몸에 걸친 난쟁이 도둑놈처럼
왕의 칭호가 느슨히 몸에 걸쳐 있다는 것을.
Those he commands move only in command,
Nothing in love: now does he feel his title
Hang loose about him, like a giant's robe
Upon a dwarfish thief. (V.ii.19-22)

맥베스와의 전투에 앞서 앵거스가 맥베스를 두고 하는 말이다. 맥베스가 왕좌를 훔쳤다는 사실을 알고 있는 앵거스는 왕이라는 칭호가 맥베스에게 맞지 않는다고 언급한다. 던컨왕을 살해함으로써 맥베스는 상징적인 의미에서 "훔친 옷"을 걸친다. 그가 구사하는 비유의 핵심은 맥베스나 옷의 크기가 아니라 "맥베스가 지금 걸치고 있는 옷이 그 자신의 옷이 아니라는 사실"에 있다(Brooks 334). 맥베스는 지금 걸친 옷이 자신이 입을 옷이 아니라는 것을 의식하고 편치 않게 여긴다. 옷 속에 실체를 숨긴 맥베스는 위선의 가면을 쓰고 부도덕한 행동을 자행하는 도덕적 난쟁이로 전락한다. '훔친 옷'은 왕위찬탈을 자행한 부도덕한 맥베스의 비정상적인 행동을 지시한다. 그리고 옷에 관련된 이미지들은 그의 겉모습과 실체 사이의 불일치를 극명하게 드러낸다.

『맥베스』에서 '옷'의 은유는 겉과 속의 괴리라는 관점에서 '가면의 이미지'와 관련성이 있다(Brooks 35). '맞지 않는,' '어색한,' '빌린,' '훔친'이란 단어들이 제시하고 있듯이, '옷'은 맥베스의 실체와 맞지 않고, 사악한 실체를 숨기려는 맥베스는 가면을 쓰고 어떤 위선적 행동도 마다하지 않는다. 얼굴에는 위선적인 가면을 쓰고, 몸에는 훔친 옷을 걸쳐 입고 맥베스는 행동한다. 가면을 쓰고 위선적으로 행동하는 것은 맥베스뿐이 아니다. 레이디 맥베스는 이 점에서 맥베스보다 한 수 위인 사람이다.

1막 5장에서 던컨이 성을 떠나기 전에 죽여야 한다고 주장하던 레이디 맥베스는 남편에게 다음과 같이 주문한다.

> 영주님, 당신의 얼굴이 마치 책장과 같네요.
> 거기에 온갖 미심쩍은 것들이 적혀 있네요.
> 세상 사람들을 속이려면 그들과 같은 표정을 지으세요.
> 눈에는 환영의 뜻을, 손과 혀에도 환영하는 뜻을 표해요.
> Your face, my thane, is as a book, where men
> May read strange matters. To beguile the time,
> Look like the time; bear welcome in your eye,
> Your hand, your tongue. (I.v.62-65)

레이디 맥베스는 당혹스러운 표정을 짓는 맥베스에게 사람들을 속이려면 그들처럼 태연한 표정을 하라고 종용하고, 순수한 꽃 아래 "몸을 숨긴 독사"처럼 포커페이스를 하라고 다그친다. 맥베스는 망설이지 않고 악행을 저지를 수 있는 잔인한 인물이 아니다. 하지만 그는 살인도 거리낌 없이 저지르는 '진짜 사내'가 되라는 아내의 기대에 부응하기 위해 용감한 '사내'가 되길 작정하고 사악하게 행동하려고 결심한다. 부인이 주문하는 남성성은 맥베스에게 강박관념인 동시에 걸쳐 입어야 할 옷이다. 맥베스는 왕의 자리를 훔친 도둑이라는 사실을 은폐하기 위해, 그리고 지금까지 저지른 수많은 악행을 은폐하기 위해 위선의 가면을 쓰고 행동하며, 그럴듯한 행동과 표정으로 사람들을 속이고 죄를 은폐한다. 그는 이제 "꽃 속에 몸을 숨긴 독사"이다.

마녀들이 맥베스에게 유혹의 형태로 존재했다면, 레이디 맥베스는 그에게 실행의 형태로 존재한다. 그녀는 주저하는 맥베스가 악을 실천하도록 하는 데 가장 큰 역할을 하는 인물이기 때문이다. 생각을 실천에 옮기기 위해 어둠의 힘과 악령을 불러들이는 사악한 인물이고, 목적을 이루기 위해 그 어떤 수단과 방법도 마다하지 않는 잔인한 인물이다. 마녀들을 통해 맥베스의 마음에 악의 씨앗이 심어졌다면, 레이디 맥베스의 자극을 통해 이 씨앗이 발아한다. 맥베스가 한걸음 뒤로 물러서면 그녀는 그를 두 걸음 앞으로 밀어 넣는다. 그녀는 맥베스가 망설일 때마다 "사내가 돼라"라는 말로 허약한 '남성성'을 비웃으면서 검은 야심에 박차를 가한다. 왕을 죽인다는 무시무시한 생각으로 인해 불안한 표정을 짓는 맥베스에게 아름다운 꽃 아래 숨은 독사처럼 행동하라고 충고한다. 그리하여 맥베스는 악행을 통해 부인이 투영하는 남성성을 증명하기 위해 다음과 같이 결심한다.

> 해치워 당장 끝장을 낼 수 있다면,
> 빨리 해치울수록 좋다. 암살함으로써,
> 뒤따라 올 모든 것을 그물로 거둬들일 수 있고,
> 던컨의 죽음과 함께 내 목적을 이룰 수만 있다면….
> If it were done when 'tis done, then 'twere well
> It were done quickly: if the assassination
> Could trammel up the consequence, and catch
> With his surcease success. (I.vii.1-4)

맥베스는 던컨왕을 살해하는 행위가 그물망처럼 모든 것을 거둬들일 수 있을지에 대해 의문을 품는다. "시간의 기슭과 여울"(this bank and shoal of time)에서 현세의 삶과 다가올 저승의 삶은 예측할 수 없다. 그런데도 맥베스는 죗값을 치르게 될 위험을 감수하고 행동한다(Macrone 6). 시해의 성공 여부보다 더 중요한 것은 '사내'가 되는 일이기 때문이다. 맥베스는 아내가 원하는 '사내'가 되기 위해 왕을 시해하며, 나아가 왕좌에 위협이 될 뱅코우를 살해한다. 악이 악을 부르고 피가 피를 부르는 형국이다.

1막 7장에서 맥베스는 던컨왕을 살해하기를 주저하고 두려워한다. 왕은 그의 친척임과 동시에 손님으로 온 사람이기 때문이다. "던컨왕은 날 이중으로 믿고 여기 와있다. 첫째, 난 친척이고 신하이니, 그런 짓을 할 리가 없다고 해야겠지. 둘째, 난 이 집의 주인이니, 손님을 죽이려는 자를 막는 것이 마땅하고, 주인 스스로 칼을 뽑는 일은 당치 않은 일이겠지."(I.vii.12-16)[3] 더군다나 던컨은 만사에 공평무사한 왕이다. 그를 시해하면 동정심이 맥베스 자신의 악행을 고발하여 온 세상 사람들의 연민을 자아낼 것이라고 맥베스는 상상한다. 맥베스에게는 지금 왕을 살해할 명분도, 야심을 실행에 옮길 만한 '박차'도 없다. 맥베스는 양심의 가책을 느끼면서 살해하기를 주저한다.

> 동정심은 광풍을 걸터탄 갓 난 벌거숭이 아기처럼,
> 보이지 않는 하늘의 바람을 탄 동자처럼,
> 그 몸서리치는 악행을 모든 이의 눈 속에 불어넣겠지.
> 그럼 넘쳐흐르는 눈물로 폭풍마저 누그러질 거야.
> 나에게는 박차가 없으니, 마음먹고 있는
> 이 계획의 옆구리에 박차를 가할 수도 없고,
> 다만 있는 것은 날뛰는 야심뿐,
> 야심이 지나쳐 반대편으로 나가떨어질 지경이다.

3 (I.vii.12-16) "He's here in double trust:/ First, as I am his kinsman and his subject,/ Strong both against the deed; then, as his host,/ Who should against his murderer shut the door,/ Not bear the knife myself."

Pity, like a naked new-born babe,
Striding the blast, or heaven's cherubim, horsed
Upon the sightless courier s of the air,
Shall blow the horrid deed in every eye,
That tears shall drown the wind. I have no spur
To prick the sides of my intent, but only
Vaulting ambition, which o'erleaps itself
And falls on the other. (I.vii.21-28)

레이디 맥베스는 있는 건 "날뛰는 야심"뿐, "계획의 옆구리를 자극할 박차"가 없는 맥베스를 자극하여 행동하도록 만든다. 조금 뒤 맥베스는 "모든 사람으로부터 좋은 평판(Golden opinion)"을 받고 있으니 시해계획을 중단하자고 한다. 물론 레이디 맥베스가 이를 받아들일 리가 없다. 이렇게 망설이는 맥베스에게 부인은 다음과 같이 질책한다. "당신이 지금까지 걸치고 있던 희망은 술에 취해버렸나요?"(Was the hope drunk/ Wherein you dressed yourself?)(I.vii.35-36) 이 질책에 맥베스는 마침내 "사나이에게 어울릴 일이면 무엇이라도 하겠다"(I dare do all that may become a man)(I.vii.46)고 결심한다. 맥베스에게 강박관념으로 작용하는 '남자다움'과 '남성성'은 모든 것에 우선하는 중요한 개념이다(Harding 245). 맥베스는 여전히 왕의 살해를 생각하기 힘든 지나친 일로 생각한다. 그러나 레이디 맥베스는 다음과 같이 그를 몰아붙인다.

그런 계획을 털어놓을 때는 짐승이었어요?
그 일을 대담하게 하려고 했을 때,
당신은 사내 중에서 사내였죠. 더 대범해지면

당신은 그만큼 더 멋진 사내가 되시겠죠.

What beast was't, then
That made you break this enterprise to me?
When you durst do it, then you were a man;
And, to be more than what you were, you would
Be so much more the man. (I.vii.47-51)

레이디 맥베스는 맥베스가 사내답게 계획한 것을 대담하게 실행하면 더 사내다운 사람이 될 거라고 부추긴다. 왕을 죽이고 시신 앞에서 "대성통곡을 하면 누가 다르게 생각하겠느냐?"고 레이디 맥베스가 말하자, 마침내 맥베스는 왕을 시해하기로 결심하고 다음과 같이 말한다. "자, 가요. 그럴듯한 얼굴로 세상 사람들을 속입시다. 거짓 마음이 아는 걸 거짓 얼굴로 감출 수밖에."(I.vii.81-82)[4] 맥베스는 사람들을 속이기로 작정하고 살해를 결심한다. 그러나 그는 아무런 생각 없이 사람을 죽이는 도살자는 아니다. 맥베스는 자신이 "저지를 행위의 본질을 알면서도 사람들을 살해"하고 죄를 범하는 인물이다. 시해를 실행에 옮기기 직전까지 그의 욕망은 계속 흔들린다. 살인이라는 무시무시한 생각이 맥베스를 불안하게 하고, 그의 심장을 세차게 고동치게 하면서 공포를 느끼게 한다(Muir 47).

레이디 맥베스에게는 '남성성'과 '여성성'도 입었다가 벗을 수 있는 옷이다. 왕이 자신의 성으로 행차할 것이라는 전갈을 받고, 왕을 살해하기로 한 레이디 맥베스는 다음과 같이 어둠의 힘과 잔인한 악령을 불러들인다.

4 (I.vii.81-82) "Away, and mock the time with fairest show:/ False face must hide what the false heart doth know."

오너라! 살인이란 흉계를 일삼는 악령들아.
여기 내 가슴에서 여자의 마음을 없애고,
나의 머리 꼭대기에서 발끝까지
끔찍한 잔인성으로 가득 채워다오!
피를 탁하게 만들어 동정심의 입구와 통로를 막아라!
그래서 인간의 측은지심이 찾아와, 내 잔인한 목표를
흔들지 못하도록 해다오. 목표를 이룰 때까지는
어떤 것도 방해하지 못하게 하라! 오너라!
살해를 일삼는 악령들이여! 내 가슴에 찾아와,
젖을 쓴 담즙으로 바꿔라. 너희들은
모습 감추고, 자연의 재앙 기다리는 자들 아니냐.
Come, you spirits
That tend on mortal thoughts, unsex me here,
And fill me from the crown to the toe topfull
Of direst cruelty! Make thick my blood,
Stop up the access and passage to remorse,
That no compunctious visitings of nature
Shake my fell purpose, nor keep peace between
Th' effect and [it]! Come to my woman's breasts,
And take my milk for gall, you murd'ring ministers,
Wherever in your sightless substances
You wait on nature's mischief! (I.v.40-50)

죽음과 악의 주제를 드러내는 어둠의 이미지가 지배적이다. 마녀들이 제공하는 암흑과 악으로 유인하는 유혹의 불씨에 기름을 뿌리고 불을 붙이는 자가 바로 레이디 맥베스다. 약한 본성을 제거하기 위해 악령을 불러들이고 자신의 '성'(性)을 파기할 만큼 잔인한 레이디 맥베스의 이미지는 다름 아닌 마녀의 이미지이고, 여성성을 거부하는 그녀는 "생명을 부정하는 마녀"의 이미지를 띠고 있다(Hawkes 296, Kimbrough 181). 달콤한 젖을 쓴 담즙으로 바꾸고, "피를 탁하게 만들어 동정심의 입구와 통로"를 막는 것은 상징적으로는 "여성의 잠재적 재생"을 지시하는 "월경"을 거부하는 행위다(Adelman 94). '성'(性)을 파기한 레이디 맥베스에게 아이를 생산하는 모성 기능은 폐지될 것이다. 위의 인용에 이어지는 다음 대사에서도 레이디 맥베스는 갓 태어난 아기의 머리통이라도 부술 수 있는 잔인한 이미지로 제시된다.

> 갓 태어난 아이에게 젖을 먹여 봐서 알고 있어요.
> 젖 빠는 아기가 얼마나 사랑스러운지를 말입니다.
> 그러나 당신처럼 그 일을 하겠다고 맹세했다면,
> 그 아이가 내 얼굴을 보면서 웃음 짓고 있어도,
> 부드러운 잇몸에서 내 젖꼭지를 뽑고는
> 당장 그 머리통을 박살 냈을 겁니다.
> I have given suck, and know
> How tender 'tis to love the babe that milks me;
> I would, while it was smiling in my face,
> Have plucked my nipple form his boneless gums,
> And dashed the brains out, had I so sworn as you
> Have done to his. (I.vii.54-59)

갓 태어난 아이는 전통적으로 "인간성과 동정심"을 환기시키는 상징이다(Diehl 198). 그러나 위의 레이디 맥베스의 대사에서 아기의 이미지는 인간의 잔인성을 부각하는 역설적인 이미지로 제시되고 있다. 레이디 맥베스가 욕망을 이루기 위해서라면 자신의 젖을 빨고 웃고 있는 아기라도 죽일 수 있다고 말하기 때문이다. 그녀에게 '갓난아기'는 대담한 행동을 방해하는 불필요한 동정심을 상징한다. 그녀가 젖 빠는 갓난아기를 죽일 수 있다고 말했지만, 맥베스 부부에게 대를 이을 자식은 없다. 레이디 맥베스의 자궁은 "불모의 자궁"이며, 사실상 그녀에게 미래는 없다(Long 61). 머리통을 부술 수 있는 아이가 없다는 말이다. '갓난아기'는 나아가 "예측할 수 없는 미래"를 상징한다. 미래로 향하는 욕망의 길목에 방해가 되면 아기의 머리통을 박살 내겠다는 레이디 맥베스의 말은 자신의 미래를 포기하겠다는 말과 같다(Brooks 46).

브룩스(Brooks)의 언급을 따르면, 갓난아기는 맥베스가 죽인 맥더프의 아들처럼 등장인물로 나타나기도 하고, 맥베스가 마녀들을 다시 찾아갔을 때 나타난 환영으로, 또는 "은유의 형태"로 나타나기도 한다. 뱅코우의 자손들이 미래의 왕이 될 것이라는 예언으로 두려움을 느낀 맥베스가 마녀들을 다시 찾아가자, 마녀들 중 하나가 '왕관 쓴 갓난아기의 환영'의 모습으로 말하는데, '갓난아기'는 맥베스가 통제하기를 간절히 원하지만 "통제 불가능한 미래"를 상징한다(44-45). 맥베스를 제외한 주요 인물들에게는 자식이 있다. 맥베스가 죽였지만 맥더프에게 자식이 있었고, 맥베스가 계속 목숨을 노리는 던컨왕의 자식들과 뱅코우의 자식이 있다. 맥베스만 자식이 없고 미래가 없다. 대를 이을 자식이 없어 불안한 맥베스의 상태는 다른 사람의 자식을 살해하는 "정신적 불모와 도덕적 고갈"로 이어진다(Clayton 175).

더는 잠들 수 없어! 맥베스는 잠을 죽였다

Sleep no more! Macbeth does murther sleep (II.ii.32—33)

던컨왕 살해 직후, 2막 2장에서 정신적 고통으로 인해 잠을 이루지 못하는 맥베스가 하는 말이다. 다음 대사에는 왕을 살해하기 직전 불안한 맥베스의 심리가 잘 드러나 있다. 불안한 맥베스에게 피 묻은 단검의 환영이 보인다.

> 눈앞에 보이는 이것은 단도가 아닌가?
> 칼자루가 내 손 쪽을 향하네. 그럼 한번 잡아보자.
> 아직도 눈앞에 보이는데 잡을 수가 없구나!
> 살인을 일삼는 환영이여! 눈에는 보이는데,
> 어찌하여 내가 잡을 수 없단 말이냐?
> 이건 열에 들뜬 머리에서 생긴 헛된 환영이고,
> 마음속의 단도일 뿐이란 말인가?
> Is this a dagger which I see before me,
> The handle toward my hand? Come, let me clutch thee:
> I have thee not, and yet I see thee still.
> Art thou not, fatal vision, sensible
> To feeling as to sight? or art thou but
> A dagger of the mind, a false creation,
> Proceeding from the heat-oppressed brain? (II.i.33-38)

맥베스는 "마음속의 단도"인 "헛된 환영"에 이끌려 던컨의 방에 들어가 그를 살해한다. 그러나 기대와는 달리 맥베스 부부는 아주 좋지 못한 상태에 이른다. 그들은 정신적 고통으로 인해 삶을 재충전할 기회를 제공하는 잠을 잘 수 없기 때문이다. 맥베스는 다음과 같이 외친다. "더는 잠들 수 없어! 맥베스는 잠을 죽였다"(Sleep no more!/ Macbeth does murther sleep.)(II.ii.32—33) 맥베스는 왕이 되었지만, 자신이 죽인 던컨왕보다 훨씬 더 고통스러운 삶을 영위한다. 불안한 마음에 편한 잠을 잘 수 없었던 맥베스는 절규한다. "아직도 온 집안에 외치고 있소. '더는 잠들 수 없다!'라고. '글라미스는 잠을 죽였고, 코오도는 더는 잠을 이루지 못하며, 맥베스는 영영 잠을 이루지 못하리라'라고…."(II.ii.38-40)[5] 맥베스의 불안한 마음에 "영영 잠을 이루지 못하리라"는 환청이 들린다. 불안한 마음에서 생겨난 환영이 2막 2장에서 환청으로 대치된 것이다. 이후 맥베스는 제대로 잠을 자지 못한다. 던컨왕을 죽인 맥베스가 정작 죽여 버린 것은 그 자신의 달콤한 잠이다. 계속 들려오는 문을 두드리는 소리에 맥베스는 극도로 불안한 심경을 드러낸다. 그 소리는 마치 죄지은 맥베스의 양심을 두드리는 소리처럼 들린다. 그리하여 맥베스는 "문을 두드려" 죽은 던컨왕을 다시 깨우라고 소리친다.

성문을 두드리는 소리가 들린다. "탕, 탕, 탕! 게 누구냐?"(Knock, knock, knock! Who's there?)(II.iii.3) 맥베스의 불안한 마음에 들리는 소리는 마치 양심을 방망이로 때리는 거친 소리처럼 들린다. 이 소리를 듣고 놀란 맥베스는 다음과 같이 놀라운 구절을 뱉어낸다.

> 어디서 문 두드리는 소리가 들리는 것일까?
> 무슨 소리만 나면 이렇게 놀라다니, 내가 대체 왜 이럴까?
> 이 손이 뭐지? 아! 보기만 해도 눈알이 튀어나올 것 같구나.

5 (II.ii.38-40) "Still it cried 'Sleep no more!' to all the house;/ 'Glamis hath murdered sleep, and therefore Cawdor/ Shall sleep no more—Macbeth shall sleep no more.'"

위대한 넵튠이 다스리는 온 바다의 물을 다 퍼부으면
나의 이 손에서 피를 깨끗이 씻어 낼 수 있을까?
아냐. 도리어 내 이 손이 넓고 넓은 바다를 핏빛으로 물들여,
바닷물의 푸른빛을 주홍빛으로 바꿔 놓고 말 거야.
Whence is that knocking?
How is't with me, when every noise appalls me?
What hands are here? ha! they pluck out mine eyes.
Will all great Neptune's ocean wash this blood
Clean from my hand? No, this my hand will rather
The multitudinous seas incarnadine,
Making the green one red. (II.ii.54-60)

맥베스는 피 묻은 자신의 손이 넓은 초록빛 대양을 선홍빛으로 바꿔 놓을 것이라고 상상한다. 푸른 바닷물이 자신의 손에서 피를 씻어낼 수는 있어도 자신의 죄는 결코 씻어낼 수 없다는 것을 인식하고 하는 말이다. 맥베스 자신의 죄가 "바다로 비유되고 있는 그를 둘러싼 세상에 해독을 끼칠 것"이라는 말이다(Macrone 94). 피의 이미지를 선홍빛으로 물든 아름다운 바다의 이미지로 투사하는 맥베스의 시적 상상력과 시인적인 기질을 드러낸 구절이다.

마녀들이 1막 1장에서 언급한 것처럼, 좋아 보이는 것이 좋은 것만 아니고, 안 좋은 것처럼 보이는 것이 좋지 않은 것만은 아니다. 맥베스가 입은 왕의 의복이 좋아 보이나, 실제로는 좋은 게 아니다. 왕의 옷을 걸친 맥베스는 왕좌에 오른 후, 한 번도 편하게 잠을 이룬 적이 없고, 번민에서 벗어나 본 적이 없기 때문이다. 왕이라는 허울 좋은 외적 영광의 대가는 내적 고통과 끝없는 불안과 공포이다. 그리고 이는 불면의 형태로

나타난다.

레이디 맥베스는 맥베스에게 그럴듯한 외양으로 검은 속마음과 욕망을 숨기고 사내의 '옷'을 입고 사내답게 행동하라고 계속 다그친다(Beckwith 153). 아내의 자극으로 힘을 얻은 맥베스는 왕을 죽이고, "그럴듯한 얼굴로 사람들을 속이기" 위해 왕의 죽음을 슬퍼한다. 그러나 맥베스는 공포에 시달린다. 던컨왕을 죽이고 묻힌 손의 피를 바라보면서 맥베스는 말한다. "저지른 일을 생각하느니 차라리 얼이 빠져 버리는 것이 낫겠다!"(To know my deed, 'twere best not know myself.)(II.ii.70) 이 말은 공포에 사로잡힌 맥베스가 자아분열을 드러내는 말이다. 죄를 범하기 전에 보여준 망설임과 죄를 범한 이후 맥베스가 느끼는 불안과 공포와 고통은 그가 악마가 아니라 양심의 가책을 느끼는 인간이라는 점을 상기시키면서 관객들에게 연민의 정을 불러일으킨다. 왜냐하면, 그의 욕망은 인간이 직면할 수 있는 욕망 중 하나이기 때문이다(Muir 54).

던컨왕 살해 전 레이디 맥베스는 검은 밤이 덮쳐서 날카로운 칼날이 만드는 상처를 숨겨달라고 기원한다. 그래야 맥베스가 모습을 숨기고 쉽게 살해할 수 있기 때문이다. 그녀 또한 "어둠이 머뭇거리는 행위자와 행위 사이에 장막"을 치기를 원한다(Brooks 36). 그녀의 심리는 "눈이 보면 두려워할 일들"을 어둠 속에 숨기기를 원하는 맥베스의 심리와 맞닿아 있다. 맥베스 부부는 어두운 밤이 악을 덮어 주기를 원하고, 왕의 몸에 칼로 상처 내는 것을 숨겨주기를 원한다. 이처럼 암흑의 이미지는 은폐라는 속성에서 가면 이미지와 연결되어 있다.

2막 3장, 새벽에 속옷만 걸치고 던컨왕의 살해 현장에 나와 슬퍼하는 맥베스를 보고, 던컨의 아들인 맬컴과 도날베인(Donalbain)은 맥베스가 마음에도 없는 슬픔을 과장하여 표현한다고 생각한다. 맥베스의 실체를 간파한 것이다. 맬컴은 위선자가 "마음에도 없는 슬픔"(unfelt sorrow)(II.

iii.136)을 드러내고 있다고 언급하고, 도날베인은 얼굴에는 웃음을 띠고 있지만, 마음속에는 "칼날"(dagger)(140)을 숨기고 있다고 언급한다. 맥베스는 태연한 얼굴을 하고 "마음에도 없는 슬픔"을 겉으로 드러내면서, 사내다운 연기를 강요받은 배우이다. 그는 전쟁터가 아닌 곳에서, 누군가를 함부로 죽일 수 있는 악당이 아니다. 사내답지 못하다는 아내 때문에 마지못해 행동하는 수동적 인물이다.

이미 지나가 버린 일은 어쩔 수 없는 일

What's done, is done (III.ii.12)

던컨왕을 살해한 후 죄책감에 사로잡혀 잠을 이루지 못하고 괴로워하는 남편을 진정시키기 위해 레이디 맥베스가 하는 말이다. 엎지른 물을 다시 담을 수는 없으니 더는 생각하지 말라는 말이다.

> 왜 이러시죠, 폐하! 서글픈 공상을 벗 삼아,
> 생각할 대상이 사라지면 없어질 망상에 사로잡혀
> 왜 이리 혼자 쓸쓸히 계시는지요?
> 돌이킬 수 없는 일은 생각할 필요가 없는 법!
> 이미 지나가 버린 일은 어쩔 수 없는 일이죠.
> How now, my lord! why do you keep alone,
> Of sorriest fancies your companions making,
> Using those thoughts which should indeed have died
> With them they think on? Things without all remedy
> Should be without regard: what's done, is done. (III.ii.8-12)

레이디 맥베스는 "돌이킬 수 없는 일은 생각할 필요가 없으니" 이미 지나간 일은 잊으라고 남편을 위로한다. 그러나 악몽에 시달리는 맥베스는 "마음의 평화를 위해, 무덤 속의 평화로 보낸 사람처럼 이 세상을 하직하는 게 낫겠다."(better be with the dead,/ Whom we, to gain our peace, have sent to peace)(III.ii.19-20)라고 하면서 자신이 살해한 사람의 상태를 부러워한다. 죽은 던컨왕이 살아 있는 맥베스보다 더 행복할 거라는 상황 설정은 겉과 속의 괴리라는 주제를 부각하는 또 하나의 장치이다. 또 다른 살해를 계획하는 맥베스는 공포에 떨면서 음식을 먹고 밤마다 "무서운 악몽"(terrible dreams)에 시달린다. 뱅코우 부자를 살해할 자객들을 보내 놓고 불안한 맥베스는 아내에게 자신의 마음속에는 "전갈이 우글거리고 있다"(O, full of scorpions is my mind, dear wife!)(III.ii.36)고 고백한다. 맥베스의 불안과 공포는 악몽으로 이어진다. 피비린내 나는 악행은 공포를 자아내고, 살인에 대한 공포는 악몽으로 이어진다. 모두가 불안하고 악몽에 시달린다. 불안과 공포는 악행을 자행하는 맥베스 자신도 피해가지 못하는 악몽이다. 그는 건강한 잠을 죽이고 악몽에 시달린다.

담대한 레이디 맥베스는 살해를 그렇게 심각하게 받아들이지 않는 것처럼 보인다. 그러나 그녀 또한 후에 악몽에 시달린다. 그리고 이는 몽유병의 형태로 나타난다. 작품의 종반부는 레이디 맥베스가 죄책감을 견디지 못해 몽유병에 걸려 시달리는 모습을 재현한다. 다음은 몽유병에 걸린 레이디 맥베스가 한밤중에 궁전을 돌아다니면서 하는 말이다.

> 없어져라, 저주받은 흔적아! 사라지라니까! 하나, 둘. 자, 이젠 해치워야 할 시간이다. 지옥은 컴컴하기도 하구나. 아니, 폐하, 뭐죠! 용감한 무사께서 겁을 먹었나요? 아무도 우리의 권세에 감히 맞설 자가 없는데, 누가 알까 봐 겁낼 필요가 있을까요? 하지만 어느 누가 저 늙은

이의 몸에 그렇게도 많은 피가 있으리라고 생각할 수 있었겠어요? 왜 이러지, 이 두 손이 깨끗해질 날이 영영 없단 말인가? 제발 그만두세요, 폐하, 제발 그만! 그렇게 놀라시면 모든 일을 망칩니다.

Out, damned spot! out, I say! One—two—why, then, 'tis time to do't. Hell is murky. Fie, my lord, fie! a soldier, and afeard? What need we fear who knows it, when none can call our power to accompt? Yet who would have thought the old man to have had so much blood in him? ... ... What, will these hands ne'er be clean? No more o' that, my lord, no more o' that; you mar all with this starting. (V.i.35-45)

레이디 맥베스는 살해할 때 묻은 저주받은 피의 흔적을 없애려고 안간힘을 쓴다. 그것에 대한 기억은 공포이고 악몽으로 이어진다. 그녀는 손에 묻은 피를 씻어내는 시늉을 계속한다. 그녀가 맥베스에게 말했던 구절 ("이미 지나가 버린 일은 어쩔 수 없는 일"(what's done, is done)(III. ii.12)과 유사한 다음 구절을 몽유병에 걸린 그녀가 다시 내뱉는다는 것은 아이러니이다(Macrone 181). "이미 지나가 버린 일은 다시 되돌릴 수 없어."(What's done cannot be undone.)(V.i.68) 레이디 맥베스는 악몽과 몽유병으로 시달린다. 그러나 최종적인 파국에 이르기 전에는 집요하게 악행을 사주하고 격렬한 죽음의 에너지를 드러내면서 '사내'보다 더 '사내'다운 대담성을 드러낸다. 그녀에게는 주저 없이 살해할 수 있는 사내가 진짜 남성이다(Waith 64).

레이디 맥베스는 맥베스가 행동을 망설일 때마다 계속 다그치고, 맥베스는 마침내 아내가 주문한 남성의 '옷'을 입고 '사내답게' 행동한다. 맥베스가 던컨왕을 살해하는 행위는 아내에게 "남자다운 용기를 증명하는 상징적인 행위"에 다름 아니다(Prosper 61). 그는 사내답게 보이기 위해 악한 짓도 마다하지 않는다. 던컨을 살해한 후부터 맥베스는 더 담대하고 덜 망설이면서 행동한다. 그는 '사내답게' 뱅코우를 죽이고 맥더프의 가족을 살해한다. 시해 이후 맥베스가 저지른 살인들은 모두 불안한 마음에서 자행되었다. 뱅코우의 자손이 왕이 되리라는 마녀의 예언이 맥베스가 그를 살해하는 동기이긴 하지만, 맥베스가 정말 두려워했던 것은 뱅코우의 "타고난 왕자다운 풍모, 겁을 모르는 기질과 지혜"다. 맥베스는 그의 존재 자체가 "범죄로 얼룩진 자신의 인간성에 대한 비난"이기에 그를 두려워한다(Muir 58).

3막 2장, 맥베스는 남성의 옷을 입었다가 벗어 던지고 이제 짐승의 탈을 덮어쓴다. 그는 마침내 악으로 시작한 일을 악으로 끝내겠다고 하면서 뱅코우를 살해하기로 다음과 같이 결심한다.

> 오라, 눈을 가리는 밤의 장막!
> 자비로운 낮의 부드러운 눈을 가리고,
> 보이지 않는 너의 잔인한 손으로
> 날 겁에 질리게 하는 큰 생명의 증서를 취소하고
> 갈기갈기 찢어라! 날은 어두워지고
> 까마귀는 날개를 펴, 숲의 보금자리로 돌아간다.
> 낮의 선한 존재들이 머리를 수그린 채 졸고 있고,
> 밤의 검은 무리는 먹이를 찾아 고개를 쳐들고 있다.
> 내 말을 듣고 놀란 표정인데, 잠자코 있어요.
> 악으로 시작했으니 악의 힘을 빌려 견고하게 할 수밖에.
> Come, seeling night,
> Scarf up the tender eye of pitiful day,
> And with thy bloody and invisible hand

Cancel and tear to pieces that great bond
Which keeps me pale! Light thickens, and the crow
Makes wing to the rooky wood;
Good things of day begin to droop and drowse,
While night's black agents to their preys do rouse.
Thou marvell'st at my words, but hold thee still:
Things bad begun make strong themselves by ill. (III.ii.46-55)

불안감을 해소하기 위해 밤의 어두운 기운과 힘을 빌어 악을 행하겠다는 맥베스의 말이다. 어두운 밤길에서 자객들은 뱅코우를 살해한다. 그러나 뱅코우의 살해로 불안이 사라진 것은 아니다. 달아난 플리언스의 존재는 여전히 맥베스에게 불안으로 남는다. 어둠 속에서 진행되는 악행은 공포를 자아내고, 공포는 또 다른 공포와 악행으로 이어진다. 불안과 공포에 따르는 악몽은 멈추지 않고, 이는 또 다른 악행과 살해로 이어진다. 맥베스는 자신에게 반기를 들고 던컨왕의 아들 맬컴을 도우려는 맥더프의 가족을 살해한다. 이제 더는 맥베스에게 주저나 죄의식을 찾을 수 없다.

여자 몸에서 태어난 그 누구도 맥베스를 해치지 못할 것
None of woman born shall harm Macbeth (IV.i.80)

그럴듯한 예언으로 맥베스를 유혹해 망상에 빠지게 했던 마녀들은 "여자 몸에서 태어난 그 누구도 맥베스를 해치지 못할 것"이라고 하면서 맥베스를 기만한다. 또다시 그럴듯한 예언으로 맥베스가 헛된 희망을 품게 하는 것이다. 반전의 압권은 환영들이 말한 내용이 뒤집히고, 맥더프가 마침내 맥베스를 죽일 때이다. 맥베스가 자신에게 주어질 운명을 묻기 위해 다시 마녀들을 찾아간다. 마녀들은 독기 서린 내장, 도마뱀 눈알, 개구리의 발톱 등 온갖 흉측한 것들을 가마솥에 던져 넣고, 다음 주문을 외우면서 맥베스를 기다린다. "고생도 갑절로, 근심도 갑절로. 타거라 불꽃아, 끓어라, 가마솥아!"(Double, double toil and trouble;/ Fire burn and cauldron bubble.)(IV.i.20-21) 왕을 시해하고 왕좌에 오른 후, 불어나는 맥베스의 근심과 고통을 반영하는 주문이다.

환영은 세 가지 모습으로 맥베스 앞에 나타난다. "무장한 머리" 모습으로 나타난 첫 번째 환영은 다음과 같이 경고한다. "맥베스! 맥베스! 조심하라, 맥더프를!"(Macbeth! Macbeth! Macbeth! beware Macduff.)(IV.i.71) 피투성이 아이 모습으로 나타난 환영2는 다음과 같이 예언한다. "잔인하고 담대하고 결단성 있게 행동하고, 인간의 힘 따위는 무시하라. 여자 몸에서 태어난 그 누구도 맥베스를 해치지 못할 것이다."(IV.i.79-81)[6] 환영3은 다음과 같이 예언한다. "큰 버남 숲이 높은 던시네인 언덕으로 움직여서 맥베스를 공격하러 올 때까지는 맥베스는 절대 패배하지 않는다."(IV.i.92-94)[7]

여기서 "무장한 머리" 모습으로 나타난 첫 번째 환영은 "죽음의 상징"이고, "피투성이 아이"로 나타난 두 번째 환영은 "죽음에서 태어난 삶의 상징"이며, "손에 나뭇가지를 들고 왕관을 쓴 아이"로 모습을 드러낸 세 번째 환영은 "승리한 삶의 상징"이다(Knight 192-193). 그러나 맥베스는 이러한 것들을 자신의 욕망에 따라 해석한다. 패배를 상상할 수 없

6 (IV.i.79-81) "Be bloody, bold, and resolute: laugh to scorn/ The pow'r of man; for nine of woman born/ Shall harm Macbeth."

7 (IV.i.92-94) "Macbeth shall never vanquished be, until/ Great Birnam wood to high Dunsinane hill/ Shall come against him."

는 맥베스는 인정하지 않지만 "피투성이 아이"는 어미 배를 가르고 제왕절개로 태어난 맥더프의 상징이다. 맥베스가 뱅코우의 자손이 정말 앞으로 스코틀랜드를 통치하게 될 것인지를 묻자, 여덟 왕의 행렬이 지나가고, 맥베스는 다음과 같이 외친다.

> 네 놈은 뱅코우의 유령과 흡사하구나. 꺼져라!
> 네 놈이 쓴 왕관을 보니 눈알이 타는 것 같아.
> 또 다른 금관을 쓰고 있는 놈, 네 놈도 첫째 놈과 비슷해.
> 셋째 놈도 비슷하구나. 이 더러운 마귀할멈들!
> 왜 이걸 보여주느냐? 넷째 놈이군! 눈알이 튀어나올 것 같아!
> 뭐야, 최후심판일의 뇌성이 울릴 때까지 행렬을 계속할 건가?
> 또 한 놈! 일곱째 놈이군! 이제 더 보기 지겹다.
> 하지만 여덟째 놈이 나타나는군. 거울을 들고 있어.
> 뒤따라올 놈이 많다는 걸 보여주려고 손에 거울을 들었어.
> 어떤 놈은 두 개의 구슬과 세 개의 왕홀을 들고 있군.
> 몸서리치는 광경이다! 이제 알 만하다. 사실이군.
> 머리카락에 피가 엉긴 뱅코우가 나를 보고 웃으면서
> 저것들이 제 자손이라고 가리키고 있는 걸 보니.
> Thou art too like the spirit of Banquo: down!
> Thy crown does sear mine eye-balls. And thy hair,
> Thou other gold-bound brow, is like the first.
> A third is like the former. Filthy hags!
> Why do you show me this? A fourth! Start, eyes!
> What, will the line stretch out to the crack of doom?
> Another yet? A seventh? I'll see no more.

And yet the eighth appears, who bears a glass
Which shows me many more; and some I see
That two-fold balls and treble scepters carry,
Horrible sight! Now, I see, 'tis true,
For the blood-boltered Banquo smiles upon me,
And points at them for his. (IV.i.112-124)

여덟 왕의 환영과 손에 거울을 들고 지나가는 마지막 왕의 행렬을 보고 맥베스는 깜짝 놀란다. 이들은 다름 아닌 스튜어트 왕가의 왕들로 뱅코우의 후손들이다.[8] 이들을 보고 절망하는 맥베스를 보여주는 이 장면은 뱅코우의 후손으로 스코틀랜드와 잉글랜드를 통치한 제임스(James) 1세에 대한 아첨으로 볼 수 있는 장면이다(Macrone 26, Braunmuller 8). 환영들의 예언은 겉과 실제 사이의 괴리를 드러내면서 맥베스의 파멸을 예고한다. 표면적으로는 맥베스에게 유리한 것 같지만, 결국 그에게 불리하게 작용하기 때문이다.

4막 2장에서 맥베스는 자신의 안위에 장애가 될 맥더프를 죽이려고 했지만, 잉글랜드로 간 맥더프는 죽이지 못하고 그의 아들과 아내를 살해한다. 4막 3장에서 맥더프는 잉글랜드에 피신한 맬컴 왕자를 찾아가고, 그를 도와 맥베스를 치려는 결심을 굳힌다. 맥더프는 맥베스의 압제 아래 신음하는 스코틀랜드를 피를 흘리고 눈물을 흘리는 사람처럼 묘사한다. "가련한 조국이여! 피를 흘려라, 피를! 몸서리치는 폭정이여! 그 기반을 확고부동하게 다져라. 어떠한 미덕도 널 제어할 수 없으니. 마음

8 1603년 엘리자베스(Elizabeth) 여왕 서거 이후, 스코틀랜드와 잉글랜드를 통치한 제임스 1세는 뱅코우로부터 이어지는 전설적인 가계에 대해 자부심을 품고 있었다(Leggatt 9). 8명의 왕은 뱅코우의 8대손인 스코틀랜드의 로버트(Robert) 2세부터 제임스(James) 6세에 이르기까지 왕들(Robert II, Robert III, James I, II, III, IV, V, VI)을 뜻한다.

대로 악을 행하라."(IV.iii.31-33)[9] 맬컴 또한 조국인 스코틀랜드가 맥베스의 독재에 시달리는 것을 잘 알고 있다. "조국은 눈물을 흘리고, 피를 흘리고, 날이 갈수록 그 상처에 새로운 상처를 더해 가고 있소."(It weeps, it bleeds, and each new day a gash/ Is added to her wounds.)(IV.iii.40-41) 그들은 마침내 잉글랜드 왕이 내준 일만 명의 병사와 시워드 장군과 함께 맥베스의 압제에 시달리는 스코틀랜드를 구하러 진격한다.

맥베스는 "무장한 머리" 모습으로 나타났던 환영의 경고("맥베스! 맥베스! 조심하라, 맥더프를!")는 아랑곳하지 않고, 여전히 "여자 몸에서 태어난 그 누구도 맥베스를 해치지 못할 것"이라는 예언을 굳게 믿고 있다. 맥베스는 어떤 인간에게도 패하지 않으리라 생각하지만, 이러한 기대는 제왕절개로 태어난 맥더프의 등장으로 여지없이 깨진다.

인생은 걸어 다니는 그림자요 가련한 배우
Life's but a walking shadow, a poor player (V.v.24)

몽유병에 시달리던 레이디 맥베스가 죽었다는 소식을 듣고 맥베스가 읊조리는 구절이다. 극을 마무리하는 장면에서 환영들의 예언과는 달리 버남 숲이 움직여 맥베스에게 다가오고, 어미 배를 가르고 제왕절개로 태어난 맥더프가 나타난다. 환영들이 맥베스를 기만한 것이다. 환영들의 예언을 믿었던 맥베스는 숲이 움직여 오자, 환영을 "두 갈래 혓바닥을 가지고 참말 같은 거짓말을 하는 악마"(the equivocation of the fiend/ That lies like truth)(V.v.43-44)로 간주한다. 버남 숲은 움직일 수도 없고 실제로 움직

9 (IV.iii.31-33) "Bleed, bleed, poor country!/ Great tyranny, lay thou thy basis sure,/ For goodness dare not cheque thee."

이지도 않는다. 들키지 않기 위해 등에 나뭇가지를 꽂고 진군하는 병사들이 숲이 움직이는 것처럼 보이게 만들 뿐이다. 그래서 환영들은 "정말 같은 거짓말을 하는" 사기꾼이다.

맥더프는 5막 8장에서 맥베스에게 다음과 같이 말한다. "네 생명에 마력이 있다는 걸 단념하라. 네가 지금까지 섬겨 온 그 악령에게 물어봐라. 맥더프는 달이 차기도 전에 어미 배를 가르고 태어난 자(Macduff was from his mother's womb/ Untimely ripped)라고 말할 것이다."(V.viii.13-16) 그러자 맥베스는 환영의 예언을 다음과 같이 비판한다.

> 그런 말을 지껄이는 혓바닥은 저주를 받아라!
> 그 소리가 대장부인 내 용기마저 꺾는구나!
> 사기 치는 악마들을 다신 믿지 않을 것이다.
> 두 가지 뜻이 담긴 모호한 말로 우릴 속이고,
> 달콤한 약속을 귀에 늘어놓고, 그것을 지키는 척하다가
> 기대했던 바로 그 약속을 깨뜨려 버렸어.
> Accursed be that tongue that tells me so,
> For it hath cowed my better part of man!
> And be these juggling fiends no more believed,
> That palter with us in a double sense,
> That keep the word of promise to our ear,
> And break it to our hope. (V.viii.17-22)

맥베스는 "두 가지 뜻이 담긴 말"로 속이고," 달콤한 약속을 늘어놓고 그 약속을 깨는 환영들을 비난한다. 그들이 맥베스를 기만하여 헛된 희망을 품게 했기 때문이다. "달이 차기 전, 어머니 배를 가르고" 태어난

아이가 성장한 맥더프의 모습으로 등장한다. 맥베스가 믿은 세 환영의 진술은 예상과는 달리 작용한다. "왕관을 쓴 아이"는 "승리한 삶의 상징"으로 폭군인 맥베스가 어지럽힌 질서를 복원하는 던컨왕의 아들 맬컴이다(Jorgensen 106). 그는 병사들 모두 나뭇가지를 꺾어서 등에 꽂고 버남 숲이 움직이면서 진군하는 것으로 보이게 만들어, 절망한 맥베스를 패배로 몰아넣은 장본인이기 때문이다. 겉으로 좋게 들리던 예언이 사실은 맥베스의 파멸에 관여하는 예언이 되어버린다. 맥베스가 진실을 보는 것이 아니라 자신이 보고 싶은 것을 보고 믿은 탓이다. 그는 마침내 맥더프의 손에 죽는다. 맥베스의 삶은 겉과 속의 괴리가 심각한 이율배반적인 삶이다. 욕망을 좇아 왕이 되었지만, 아무것도 남은 것이 없는 그림자 같은 삶을 살았기 때문이다.

주로 동정심을 환기시키는 이미지로 사용된 '아기' 이미지는 4막에 이르러 삶을 환기하는 이미지로 변모하고, 5막에서는 더 이상의 미래가 없는 맥베스 부부의 모습을 환기한다. 5막은 몽유병을 겪고 있는 레이디 맥베스를 보여준다. 부도덕한 행동에 대한 대가로 주어지는 것은 부자연스러운 몽유병이다. 죄의 대가는 불면이란 저주이다. 잠자는 던컨을 죽였던 맥베스가 정작 자신의 잠을 죽이고 편한 잠을 이루지 못했던 것처럼, 레이디 맥베스 또한 죄로 인해 잠들지 못한다. 비평가들은 레이디 맥베스를 악마 또는 마녀로 간주했다. 브래들리(A. C. Bradley)는 그녀를 죄를 짓고도 "전혀 뉘우침의 기미가 없는"(333) 사악한 인물로 간주했다. 살인하기 위해 악령과 어둠의 힘을 불러들이는 그녀를 두고 악마라고 할 수 있을지도 모르겠다. 그녀는 맥베스보다 훨씬 잔인하고 악한 인물처럼 보이며, 사탄처럼 맥베스를 유혹하고 자극한다. 그러나 레이디 맥베스 또한, 악령의 도움을 받지 않고서는 극단적인 잔인성을 발휘하기에 역부족인 인물이다. 그녀는 마녀처럼 맥베스를 유혹하지만, 악마가 아니다.

그녀 또한 맥베스처럼 양심의 가책으로 고통받기 때문이다. 죄를 저지른 이후 그녀는 양심의 소리를 억누르려고 애쓰지만, 양심은 결코 마비되지 않는다. 손에 묻은 핏자국과 피 냄새에 대한 레이디 맥베스의 강박관념을 통해 셰익스피어는 그녀가 느끼는 죄의식과 불안과 공포를 드러낸다. 만약 셰익스피어가 그녀를 사탄이나 악마로 재현하려고 했다면 양심의 고통으로 인해 몽유병에 걸려 자살하는 인물로 제시하지는 않았을 것이다(Muir 61-62).

맥베스가 허무한 인생에서 느끼는 절망을 표현하려고 가련한 배우의 이미지를 동원했던 것은 우연이 아니다. 연극배우는 자신이 맡은 역할에 따라 옷을 입고 분장한다. 맥베스는 왕의 옷을 입고 왕을 연기하지만, 그의 몸에 걸쳐진 옷은 헐렁하고 몸에 안 맞는다. 자신에게 자연스러운 코오도 영주라는 역을 넘어, 훔친 옷을 걸쳐 입고 다른 배역을 부자연스럽게 연기하기 때문이다. 그래서 옷은 맥베스의 실체를 숨기기도 하고 드러내기도 한다. 맥베스는 마지막에 결국 "거인 옷을 빌려 입은 난쟁이 도둑"으로 전락한다. 변장하고 가면을 쓰고 연기하지만 진정한 왕의 모습과는 너무나 거리가 멀기 때문이다. 옷의 이미지는 이 작품에서 자신을 형성해가는 "자아의 연극적인 모습"과 이미 존재한 "자아의 본질적인 모습" 사이의 대조를 드러내어 겉과 속의 괴리라는 주제를 강조한다(Beckwith 153).

맥베스는 '훔친' 왕의를 입고, 위선의 가면을 쓰고, 어둠의 힘을 빌려 악을 자행하지만 '갓난아기'로 대변되는 미래까지 마음대로 할 수는 없다. 훔친 옷을 입은 난쟁이의 이미지로 형상화된 맥베스의 삶에 남은 것은 아무것도 없다. 화려해 보였던 과거는 아무런 의미도 없다. 양심을 저버린 죄의 대가는 죽음이다. 다음은 죽음이 임박했을 때 삶에 대한 성찰을 드러내는 5막 5장의 맥베스의 독백이다.

내일, 내일, 또 내일이 정해진 시간의
마지막 음절까지 하루하루 슬금슬금 기어가고,
모든 과거의 일들은 바보들에게
허망한 죽음으로 가는 길을 비춰 왔다.
꺼져라, 꺼져라, 단명한 촛불이여!
인생은 걸어 다니는 그림자일 뿐!
무대 위에선 뽐내고 시끄럽게 떠들지만
시간 지나면 말없이 사라지는 불쌍한 배우일 뿐!
인생은 아무 의미 없는 헛소리와 분노로 찬
백치의 이야기에 지나지 않을 뿐!

To-morrow, and to-morrow, and to-morrow,
Creeps in this petty pace from day to day,
To the last syllable of recorded time;
And all our yesterdays have lighted fools
The way to dusty death. Out, out, brief candle!
Life's but a walking shadow, a poor player,
That struts and frets his hour upon the stage,
And then is heard no more: it is a tale
Told by an idiot, full of sound and fury,
Signifying nothing. (V.v.19-28)

아내가 죽은 후 맥베스가 읊조리는 허무한 독백으로, 욕망에 거꾸로 매달려 살았던 허무한 인생에 대한 맥베스의 최종적 인식을 드러내는 구절이다. 야심을 이루었지만 불안과 공포와 고통에 시달리는 맥베스에게 욕망과 집착으로 점철된 덧없는 시간은 이제 정해진 시간의 마지막 순간을 향해 치닫고, 겉으로 화려해 보였던 과거의 일들은 이제 아무런 의미도 없다. 욕망을 통제하지 못하고 악을 자행했던 맥베스에게 "인생이란 걸어 다니는 그림자"에 불과하며 허망한 이야기에 지나지 않을 뿐이다. 삶이 그림자처럼 실체 없는 공허한 삶이란 말이다. 그에게 삶은 악몽이다.

맥베스에게 죽음은 어설픈 연극의 "헛소리와 분노"로 가득 찬 "아무런 의미도 없는 바보의 이야기에 불과한 연극"의 마지막처럼 보인다. 왕을 살해하고 왕좌를 차지한 것은 맥베스가 "연기하기에 적절치 않은 대본의 한 장면"처럼 보인다. "내일, 내일, 그리고 또 내일"이란 시간은 악몽에 시달리는 맥베스를 이리저리 끌고 다니다가, "정해진 시간의 마지막 음절," 즉 마지막 임종의 시각으로 치닫는다. 허상을 욕망하며 살았던 맥베스의 인생은 "어설픈 연극"과 같고, "짧은 촛불"이 드리우는 그림자에 불과할 뿐이다(Macrone 168).

악으로의 유혹이란 관점에서 마녀와 레이디 맥베스는 서로 연결되어 있다. 마녀와 레이디 맥베스가 맥베스의 귀에 죄를 범하도록 독을 불어넣는다는 점에서 유사하지만, 마녀는 모호한 말로 맥베스를 유혹하고, 레이디 맥베스는 분명한 말로 맥베스를 자극한다. 마녀들은 맥베스가 죄를 짓도록 유혹하지만 어떤 행동을 하라고 강요하지 않는다. 그러나 레이디 맥베스는 그가 죄를 범하도록 자극하고 강요한다. 마녀와 레이디 맥베스는 맥베스를 유혹하는 대상으로 의미가 있을 뿐, 행위에 대한 근본적인 책임은 맥베스에게 주어질 수밖에 없다.

맥베스는 자신을 유혹해 그릇된 생각을 하게 한 마녀들을 탓하긴 하지만, 행위의 책임을 그들에게 돌리진 않는다. 맥베스는 자유의지를 가진 인물이고, 모든 것이 자기 책임이라는 것을 알고 있는 인물이다. 그러므로 이 작품은 행위의 책임이 인물에게 주어지는 성격비극이고, 브래들리의 말처럼 "성격은 곧 운명"이다. 맥베스는 무고한 인물을 스스로 살해할 수 있는 잔인한 성격의 인물은 아니다. 마녀로부터 그에게 악의 씨앗이 주어졌고, 아내로부터 그는 악을 실행할 힘을 얻게 된다. 마녀들의 애매한 예언과 레이디 맥베스의 자극이 없었다면 맥베스가 살인을 저지르지 않았을지도 모르겠다. 그러나 그런 유혹에도 불구하고 맥베스가 흔들리지 않고 도덕성을 유지할 수 있을 때 그의 삶은 의미 있는 삶이 될 것이다. 악의 진공 상태에서 드러난 선의 모습이 무슨 의미가 있겠는가?

훔친 옷을 입은 도둑 이미지로 형상화된 맥베스에게 화려해 보였던 삶은 아무런 의미도 없다. 훔쳐 입은 옷을 걸치고, 왕의 역할을 하면서 떠들어대던 맥베스에게 삶은 악몽이요 아무런 의미도 없는 "걸어 다니는 그림자"(Life's but a walking shadow)에 불과할 뿐이다. 의미가 있다면 그림자 같은 인생의 무의미에 대한 성찰이다. 그림자 같은 맥베스의 인생은 "아무런 의미도 없는 바보의 이야기"에 불과하다. 공허하고 무의미한 맥베스의 독백 속에 드러나는 것은 다름 아닌 '의미 없음의 의미'이다. 욕망에 거꾸로 매달려 살았던 자신의 실체 없는 삶이 의미가 없다는 것을 맥베스가 인식하고 있기 때문이다. 죄를 범한 맥베스를 연민을 자아내는 비극적 주인공으로 격상시키는 것은 흔들리는 그의 욕망과 망설임, 권력에 대한 욕망과 집착으로 점철된 허무한 삶의 무의미성에 대한 성찰이다.

인용문헌

Adelman, Janet. "Born of Woman: Fantasies of Maternal Power in *Macbeth*." *Cannibals, Witches, and Divorce: Estranging the Renaissance*. Ed. Marjorie Garber. Baltimore: John Hopkins UP, 1987. 90-121.

Aronson, Alex. *Psyche and Symbol in Shakespeare*. Bloomington: Indiana UP, 1972.

Braunmuller, A. R. "Introduction." *Macbeth* by William Shakespeare. Cambridge: Cambridge UP, 1997.

Beckwith, Sarah. "The Power of Devils and the Hearts of Men: Notes towards a Drama of Witchcraft." *Shakespeare in the Changing Curriculum*. Eds. Lesley Aers and Nigel Wheale. New York: Routledge, 1991. 143-61.

Bradley, A. C. *Shakespearean Tragedy*. 1904. London: Macmillan, 1992.

Brooks, Cleanth. "The Naked Babe and the Cloak of Manliness." *The Well Wrought Urn: Studies in the Structure of Poetry*. 1947. New York: Harcourt Brace Jovanovich, 1956. 21-46.

Clayton, Tom. "Who 'Has No Children' in *Macbeth*?" *Shakespearean Illuminations*. Eds. Jay L. Halio and Hugh Richmond. Delaware: U of Delaware P, 1998. 164-79.

Curry, W. C. *Shakespeare's Philosophical Pattern*. Binghamton: Vail-Ballou P, 1937.

Diehl, Huston. "Horrid Image, Sorry Sight, Fatal Vision: The Vidual Rhetoric of Macbeth." *Shakespeare Studies* 16 (1983): 191-204.

Eaegleton, Terry. "The Witches are the Heroines of the Piece." *Macbeth: New Casebook*. Ed. Alan Sinfield. London: Macmillan, 1992. 46-52.

Gervinus, G. G. "Third Period of Shakespeare's Dramatic Poetry: *Macbeth*." *Shakespeare Commentaries*. Trans. F. E. Bunnett. Rpt. AMS P, 1971. 583-610.

Harding, D. W. "Women's Fantasy of Manhood: A Shakespearian Theme." *Shakespeare Quarterly* 20 (1969): 245-53.

Hawkes, Terence. "Shakespeare and New Critical Approaches." *The Cambridge Companion to Shakespeare Studies*. Ed. Stanley Wellls. Cambridge: Cambridge UP, 1986. 287-302.

Jorgensen, Paul A. *Our Naked Frailties: Sensational Art and Meaning in* Macbeth. Berkeley: U of California P, 1971.

Kimbrough, Robert. "Macbeth: The Prisoner of Gender." *Shakespeare Studies* 16 (1983): 175-90.

Knight, G. Wilson. *The Shakespearean Tempest*. London: Methuen, 1953.

Knights, L. C. *Some Shakespearean Themes*. London: Chatto and Windus, 1959.

Leggatt, Alexander. *William Shakespeare's Macbeth: A Sourcebook*. London: Routledge, 2006.

Long, Michael. *Macbeth. Twayne's New Critical Introductions to Shakespeare*. Boston: Twayne Publisher, 1989.

Moi, Toril. *Sexual/Textual Politics: Feminist Literary Theory*. London: Methuen, 1985.

Macrone, Michael. *Brush Up Your Shakespeare*. New York: Gramercy Books, 1990.

Muir, Kenneth. "Introduction." *Macbeth* by William Shakespeare. London: Methuen, 1977. 11-65.

Prosper, Matthew. *The Heroic Image in Five Shakespearean Tragedies*. Princeton: Princeton UP, 1965.

Shakespeare, William. *Macbeth*. The Riverside Shakespeare. Boston: Houghton Mifflin, 1974.

Spurgeon, Caroline F. E. *Shakespeare's Imagery and What It Tells Us*. New York: Macmillan, 1936.

Waith, Eugene M. "Manhood and Valor in Macbeth." *Twentieth Century Interpretations of Macbeth*. Ed. Terence Hawkes. Englewood Cliffs: Prentice-Hall, 1977. 63-68.

6

『안토니와 클레오파트라』

Antony and Cleopatra

『안토니와 클레오파트라』는 정념(情念)의 비극이다. 여인에게 홀려 정념에 빠지고, 이성의 눈이 멀어 상황을 잘못 판단하고 전투를 벌여 파멸한 안토니우스(Antonius)의 비극적 사랑을 그리고 있다. 당대의 로마 사람들은 안토니우스가 요부인 클레오파트라(Cleopatra)에게 홀려 로마의 영토를 이집트에 넘겼고, 옥타비아누스(Octavianus)에게 패해 파멸에 이르렀다고 생각했다. 클레오파트라에게 늘 따라다니는 이미지는 아름답고 치명적인 요부의 이미지이다. 적에게 포로가 될 순간이 다가오자 독사에게 물려 자살한 독한 여성이라는 이미지 또한 자주 반복되는 이미지이다. 팜므파탈의 화신인 그녀는 당대 로마 사람들의 비난 대상이었지만, 한편으로는 그들의 소유 욕망을 자극하는 갈망의 대상이었다. 치명적 매력으로 남성을 홀리게 해 파멸에 이르게 하는 팜므파탈의 이미지는 지금까지 통용되고 있다.

셰익스피어의 작품에서 클레오파트라는 로마제국의 인종적 지배 욕망과 서구 백인 남성의 성적 욕망이 동시에 작용하는 대상이다. 그녀는 로마의 욕망을 자극하는 풍요로운 이집트의 여왕이며, 로마 남성들이 성적 대상으로 욕망하는 매력적인 여성이다. 작품 초반에서 로마 남성인 파일로가 클레오파트라를 "집시"요 "갈보"라고 부르면서 조롱하지만, 대부분 남성에게 그녀는 사람을 끄는 매력과 마력을 지닌 여성이다. 한편으로 그녀는 남성을 불안하게 만드는 위험한 여성이다. 클레오파트라는 남성이 쉽게 통제할 수 없는 강인하고 선정적인 여성이고(Madelaine 10), 정복하고 싶지만 쉽게 정복되지 않는 대상이고, 상대를 일탈로 몰아넣는 강력한 성적 에너지를 내뿜는 여성이기 때문이다. 셰익스피어의 작품에서도 그녀가 위험한 성적 매력을 발산하는 유색인종 요부라는 이미지가 지배적이다.

서구의 기록들을 통해 클레오파트라에게 주어진 이미지는 다소 과장되었다. 그녀를 "음란한 창녀"로, 위험한 "괴물"로, 거짓을 일삼는 간교한 여인으로 언급하기도 하고(플라마리옹 115-117), 다양한 언어를 구사하는 능력 있는 군주요, 다양성을 드러내는 매력적인 여성으로 언급하기도 했다. 이 글은 이집트 여왕인 클레오파트라를 두고 진행된 인종적 재현과 성적 재현을 주시하면서 탈식민주의 비평과 페미니스트 비평의 관점에서 『안토니와 클레오파트라』를 읽으려는 작업이다. 이 과정에서 셰익스피어가 『안토니와 클레오파트라』의 주요 출전으로 삼았던 『영웅전』의 저자 플루타르크(Plutarch)와 셰익스피어의 인물 재현의 정치적 공정성을 논의한다.

여러 개의 현을 가진 악기처럼 (플루타르크『영웅전』)

여러 가지 언어를 구사하는 클레오파트라의 지성과 매력적인 목소리를 칭찬했던 플루타르크의 말이다. 사실 클레오파트라는 "여러 개의 현을 가진 악기처럼" 여러 나라의 말을 거침없이 구사했다. 기원전 48년에 폼페이우스를 추격해 이집트에 온 카이사르는 폼페이우스의 죽음을 방조한 이집트의 왕 프톨레마이오스 13세를 못마땅하게 생각하고 당시 21세인 클레오파트라를 왕궁으로 불러들였다. 클레오파트라는 아폴로도

루스를 데리고 어둠을 이용해 작은 배를 타고 왕궁에 접근했고, 아폴로도루스는 바닥에 까는 융단으로 몸을 감아 숨긴 클레오파트라를 짊어지고 카이사르에게 갔다. 그는 위험을 무릅쓰고 자신에게 온 "클레오파트라의 대담한 성격"에 감탄했고 그녀의 매력에 사로잡혔다(플루타르크 1337). 후에 그는 클레오파트라를 이집트의 여왕으로 만들고 이집트를 떠났고, 클레오파트라는 카이사르의 아들 카이사리온을 낳았다. 플루타르크가 기술하는 클레오파트라는 대담하고 매력적이다. 그 매력의 실체를 밝히지는 않았지만, 카이사르가 그녀의 매력에 홀렸다고 기술하고 있다. 플루타르크는 그녀와 안토니우스의 관계를 기술하면서 다음과 같이 클레오파트라의 매력을 기술한다.

> 클레오파트라는 세상 사람들이 흔히 이야기하는 것처럼 그렇게 뛰어난 외모를 지니지는 않았다고 한다. 다만 묘하게 사람을 끄는 매력이 있었으며, 몸매나 말씨, 성격이나 몸동작 등이 매혹적이었다고 한다. 특히 그녀의 목소리는 듣는 것만으로도 큰 즐거움이었다. 그녀 목소리는 마치 여러 줄의 현을 매단 악기처럼 여러 나라의 말을 거침없이 쏟아냈다. 그래서 그녀는 어느 나라의 사신이 오더라도 통역하는 사람 없이 상대할 수 있었다. … 여러 나라 민족의 말을 자기 나라말처럼 자유롭게 할 줄 알았다. 그녀의 조상인 여러 왕이 이집트 말조차 배우려 하지 않았고, 심지어는 마케도니아 말조차 모른다는 얘기를 들어보면, 그녀의 이런 재주는 정말 놀라운 것이었다. 클레오파트라를 알게 된 안토니우스는 단번에 마음을 빼앗기고 말았다. 그래서 그는 로마에 두고 온 아내 풀비아가 소 카이사르와 싸우고 있고, 라비에누스가 지휘하는 파르티아 군대가 메소포타미아에 들어와 시리아를 노리고 있다는 사실도 잊어버리고 말았다. 안토니우스는 클레오파트라를

따라 알렉산드리아로 갔다. 거기서 그는 마치 철없는 어린아이처럼 놀기에 바빴다. (플루타르크 1695-1696)

플루타르크는 클레오파트라를 완벽한 미모의 소유자는 아니지만, 저항하기 힘든 묘한 매력을 소유한 여인으로 기술하고 있다. 안토니우스는 클레오파트라의 매력에 홀려 곤경에 처한 로마의 아내를 잊어버리고 이집트에서 아이처럼 놀기에 바빴다. 플루타르크는 클레오파트라의 미모가 충격적일 만큼 뛰어나진 않았지만, 안토니우스는 그녀가 만든 "사랑의 함정"에 빠져 "올바른 이성과 선량한 마음"을 잃었고, 그리하여 파멸에 이르렀다고 기술하고 있다(플루타르크 1694). 파멸의 책임을 클레오파트라에게 돌리고 있다.

클레오파트라가 가진 매력의 본질은 현란한 화술과 달콤한 목소리, 그리고 "여러 개의 현을 가진 악기"처럼 여러 나라의 말을 거침없이 쏟아내는 지성이다. 또한, 플루타르크는 그녀가 자신의 아름다움을 돋보이게 만드는 특출한 능력을 갖추고 있다고 지적했다. 연극성을 통해 자신의 미모를 돋보이게 한다는 말이다. 셰익스피어 또한 클레오파트라의 이러한 면모를 강조했다. 플루타르크는 안토니우스와 클레오파트라를 처음 만난 장면을 다음과 같이 묘사한다.

클레오파트라는 지금 여자로서의 아름다움을 모두 지니고 있었고 지혜와 재치도 한창 넘쳐흐르는 시기였다. … 클레오파트라는 앞머리에 금칠하고 붉은 돛을 높이 단 배를 띄우고, 피리와 하프 가락에 맞추어 은으로 만든 노를 젓게 하여 키드누스 강을 거슬러 올라갔다. 금을 수놓은 비단 장막 밑에 기대어 앉아 있는 클레오파트라는 그림에서나 볼 듯한 비너스를 연상하게 했다. 그녀의 양쪽에는 큐피드처럼 아름다운 소년들이 부채질하고 서 있었고, 선녀처럼 아름다운 시녀들이 키를 잡거나 돛 줄을 잡으며 배를 조종하고 있었다. 그리고 배에서는 이상한 향기가 풍겨 나와 강기슭까지 흘러나왔다. (플루타르크 1694-1695)

이 광경을 본 사람들은 비너스 여신이 잔치를 베풀고 있다고 생각했다. 셰익스피어는 클레오파트라와 안토니우스가 처음 만나는 장면에 대한 묘사를 플루타르크의 책에서 거의 그대로 가져오는데, 자신을 과시하는 클레오파트라의 탁월한 연출력은 안토니우스를 만나는 유람선 장면에 잘 드러난다. 작중 인물 이노바버스(Enobarbus)는 화려하고 멋진 모습을 갖춰 항해하는 클레오파트라의 배를 다음과 같이 묘사한다.

> 여왕이 탄 배는, 빛나는 옥좌같이, 물 위에
> 찬란한 빛을 던졌지. 고물은 두드려 편 황금 판이오,
> 돛은 온통 자줏빛이고, 향기가 진동하여
> 바람마저 반해버릴 지경이었어. 은으로 만든 노가
> 피리의 장단에 맞춰 물결을 저어나가면
> 밀려 나갔던 물결도 종종걸음으로 뒤쫓아 왔어.
> 마치 노 젓는 행동에 반한 듯이……
> 여왕을 두고 말하자면 필설로는 다 묘사할 수 없었어.
> 금실을 섞어 짠 비단 차일 밑에 누운 여왕의 모습은
> 화가의 상상력이 자연의 조화를 압도한다는
> 저 비너스 여신상도 무색하게 했지.
> The barge she sat in, like a burnished throne,
> Burnt on the water. The poop was beaten gold,

Purple the sails, and so perfumed that
The winds were love-sick with them; the oars were silver,
Which to the tune of flutes kept stroke, and made
The water which they beat to follow faster,
As amorous of their strokes. For her own person,
It beggared all description: she did lie
In her pavilion—cloth-of-gold of tissue—
O'er-picturing that Venus where we see
The fancy outwork nature. (II.ii.191-201)

이노바버스는 클레오파트라가 탄 배는 말로 묘사할 수 있지만, 그녀의 모습은 "필설로 다 묘사할 수 없다"라고 하는데, 항해하는 배의 빛나는 옥좌에 앉은 클레오파트라의 모습이 매우 아름답게 보여 말로 표현하기 어렵다는 말이다. 클레오파트라는 자신을 미의 여신 비너스로 재현하면서 남성의 호기심과 상상력을 자극한다. 예술가의 상상력은 비너스를 실제 모습보다 더욱 더 아름답게 만드는데, 클레오파트라는 그 초상화보다 더욱 아름답게 보인다. 클레오파트라는 사랑의 여신 비너스를 그린 가장 뛰어난 초상화보다 더 경이로운 예술 작품으로 자신을 재현한다(Macrone 8). 이노바버스는 다양한 모습으로 자신을 미화하여 전시하는 그녀의 모습을 다음과 같이 묘사한다.

여왕의 양편에는 미소를 짓는 큐피드처럼
보조개를 짓는 미소년들이 형형색색의 부채를 들고
서 있고, 그 부채가 일으키는 바람은 그것들이 식혀놓았던
절묘한 양 볼의 홍조를 다시 타오르게 하는 듯

식혀놓았던 열기가 다시 달아오른다. [……]
여왕의 시녀들은 바다의 요정과 흡사하여,
마치 인어인 것처럼 여왕의 눈길을 살피면서 허리 굽혀
시중을 드니, 이 또한 여왕을 아름답게 꾸며 주었다.
고물에는 인어처럼 입은 한 시녀가 키를 조종하고 있는데,
비단 돛폭은 꽃잎처럼 부드러운 손길의 조종을 받아
한껏 부풀어 있다. 그 유람선에서 흘러나오는
보이지 않는 절묘한 향기는 부근의 부둣가에 넘실대고 있다
그녀를 보기 위해 온통 사람들이 몰려나왔다.
On each side her
Stood pretty dimpled boys, like smiling Cupids,
With divers-colored fans, whose wind did seem
To [glow] the delicate cheeks which they did cool,
And what they undid did. [……]
Her [gentlewomen], like the Nereides,
So many mermaids, tended her i' th' eyes,
And made their bends adornings. At the helm
A seeming mermaid steers; the silken tackle
Swell with the touches of those flower-soft hands,
That yarely frame the office. From the barge
A strange invisible perfume hits the sense
Of the adjacent wharfs. The city cast
Her people out upon her. (II.ii.201-214)

클레오파트라는 로마 사람들에게 볼거리를 제공하고 그들의 호기

심을 자극한다. 이노바버스가 묘사하고 있는 클레오파트라의 유람선은 "성애적 환상"이 극화된 곳이다(Belsey 44). 이 배의 앞머리는 금도금 되어 있고, 은으로 만든 노는 피리 소리에 맞춰 물결을 가른다. 사람들은 클레오파트라를 보기 위해, 배에서 흘러나온 향내가 가득한 부둣가로 몰려나왔다. 환상적인 모습을 연출하고 극적으로 자신을 재현하는 클레오파트라의 능력이 돋보이는 장면이다. 이 광경을 본 안토니우스는 놀라움을 감추지 못했고, 그녀의 모습에 얼이 빠져 있었다. 플루타르크와 셰익스피어가 동시에 이 장면을 묘사하는 것을 보면, 클레오파트라가 자신을 돋보이게 만드는 특출한 재능을 가졌던 것이 사실인 것 같다.

클레오파트라는 다양한 연기를 통해 남성들이 저항할 수 없는 마력을 드러낸다. 클레오파트라는 끊임없이 변화무쌍한 모습을 연출하면서 안토니우스의 욕망을 자극하고, 그 욕망의 충족을 지연시켜 그를 안달하게 만든다. 다른 여성들은 "자신이 채워주는 욕망을 싫증이 나게 하지만" 클레오파트라는 "무한한 다양성"으로 욕망을 채우는 순간 허기를 느끼게 하는 그런 여성이다.

> 나이 들어도 시들지 않고, 무한한 다양성으로 인해
> 언제 보아도 지루하지 않아요. 다른 여인들은
> 자신이 채워주는 욕망을 싫증이 나게 하지만, 그녀는
> 만족을 느끼는 순간 도리어 허기를 느끼게 만들죠.
> 가장 부도덕한 일조차도 그녀에게 잘 어울려서
> 그녀가 방종할 때도 거룩한 성직자들은 축복합니다.
> Age cannot wither her, nor custom stale
> Her infinite variety. Other women cloy
> The appetites they feed, but she makes hungry

Where most she satisfies; for vilest things
Become themselves in her, that the holy priests
Bless her when she is riggish. (II.ii.23439)

클레오파트라의 매력에 대한 이노바버스의 언급이다. 클레오파트라는 늘 변화하고 한 자리에 머무르지 않는다. 그녀는 일국의 여왕으로 혹은 여신처럼 행세하기도 하고, 한편으로는 요부 같은 모습을 드러내기도 한다. 클레오파트라는 충족을 결핍으로 느끼게 하는 여인이고, 소유하는 순간 바로 달아나는 변화무쌍한 여성이다. 안토니우스는 클레오파트라가 대변하는 욕망과 로마가 대변하는 명예 사이에서 갈등하는데, 욕망이 더 강하게 작용한다. 풀비아가 사망한 후 안토니우스는 로마로 돌아가 옥타비아누스의 누이인 옥타비아와 결혼한다. 옥타비아는 로마 문화가 여성에게 기대하는 덕성과 미덕을 구현하는 인물로 재현되며, 로마 남성을 이집트 창녀의 욕망에서 해방하는 고결한 로마 여성으로 재현된다(Hooks 40). 그러나 다시 클레오파트라에게 되돌아간다. 안토니우스를 홀리게 하여 자신에게 묶어두는 것은 자신을 환상적인 존재로 재현하는 클레오파트라의 연기와 변화무쌍한 다양성이다.

헤아릴 수 있는 사랑은 거지 같은 사랑

There's beggary in the love that can be reckoned (I.i.15)

클레오파트라가 자신을 얼마나 사랑하는지 말해보라고 했을 때, 안토니우스가 하는 말이다. 자신의 사랑이 너무 커서 그 크기를 잴 수 없다는 말이다. 클레오파트라는 연기력을 발휘해 카이사르를 살해한 브루투스를 대항해 승리하고 로마의 권력을 잡았던 안토니우스를 사로잡는다. 클레오파트라의 탁월한 연기력은 안토니우스 앞에서 숨넘어가는 시늉을 하면서 안토니우스의 심리를 조종하는 1막 2장에 잘 드러난다. 안토니우스는 로마에 두고 온 아내 풀비아의 사망 소식을 접했을 때 "이 요부 같은 여왕(enchanting queen)과 손을 끊어야 할 것"(I.ii.128)이라고 말하지만, 클레오파트라의 숨넘어가는 연기에 홀려 그녀를 벗어날 수 없다. 안토니우스는 그녀의 연기에 속아 오락가락한다. 클레오파트라가 "무한한 다양성"을 보여주는 연기를 통해 안토니우스의 눈을 멀게 하기 때문이다. 그녀에게 홀린 안토니우스는 이성적으로는 이집트를 떠나야겠다고 생각하지만, 감정적으로는 이집트에 머물고 싶다. 클레오파트라는 1막 3장에서 시녀인 차미언(Charmian)에게 다음과 같이 지시한다. "그분이 우울한 것 같으면 내가 흥겹게 춤추고 있다고 말하고, 즐거운 것 같으면 내가 몸이 아프다고 전해라."(I.iii.3-5)[1] 이러한 지시를 두고 차미언이 안토니우스를 사랑한다면 "매사에 그분의 뜻을 따르고, 어떤 일도 거역하지 말라고"(I.iii.9) 하자, 클레오파트라는 이를 바보 같은 짓이라고 일축하고, 항상 그의 뜻을 따르는 일은 "안토니우스를 잃는 길"(I.iii.10)이라고 말한다. 차미언이 안토니우스를 "도에 넘치게 시험하지 마라"(I.iii.11)고 권

1 (I.iii.3-5) "If you find him sad,/ Say I am dancing; if in mirth, report/ That I am sudden sick."

하지만, 클레오파트라는 "여성적인 농간"(feminine wile)과 연기를 전유하여 안토니우스를 심리적으로 통제하고 지배한다(Woodbridge 572).

클레오파트라는 아내에게 진실하지 않았다고 안토니우스를 질책하면서 그를 무장해제시킨다. 그녀는 먼저 자신이 배신당했고, 처음부터 그 "배신의 씨앗이 자라고 있음"을 알았다고 안토니우스를 비난하고, 풀비아에게 성실하지 않았던 안토니우스이니 자신에게도 성실하지 않을 것이며, 그의 사랑 맹세도 곧 깨어질 거짓 맹세일 것이라고 몰아붙인다(I.iii.24-31). 안절부절못하는 안토니우스를 질책하는 것은 여기서 끝나지 않는다. 클레오파트라는 안토니우스를 두고 "세계에서 가장 위대한 장군이 가장 뛰어난 거짓말쟁이가 되었다."(thou, the greatest soldier of the world,/ Art turned the greatest liar)(I.iii.38-39)고 말하면서 공격의 고삐를 멈추지 않는다. 클레오파트라는 자신의 각본에 따라 상황을 설정하고 즉흥연기를 통해 안토니우스를 마음대로 주무른다. 클레오파트라는 변덕스러운 즉흥연기를 통해 안정된 로마 남성의 가치에 균열을 가하고, 로마가 표방하는 가치의 임의성을 드러낸다(Singh 113).

안토니우스는 내란의 조짐이 있고 풀비아가 죽었으니 로마에 갔다가 다시 이집트에 오겠다고 클레오파트라를 달래지만, 그녀는 안토니우스의 사랑을 "지독한 거짓 사랑"(I.iii.62)으로 깎아내리고 풀비아에 대한 그의 태도를 비아냥거리면서 질책한다. 이에 안토니우스는 다음과 같이 말한다. "그대의 용사로 하인으로 그대가 원하는 바에 따라 화친도 할 것이고 전쟁도 할 것"(I go from hence/ Thy soldier, servant, making peace or war/ As thou affects.)(I.iii.69-71) 그는 마치 사랑의 전쟁에서 무장해제를 당한 사람의 모습과 같다. 클레오파트라는 안토니우스가 "진실을 가장한 그럴듯한 연극 장면을 연출"한다고 비난하는데, 이는 아이러니한 반향을 불러일으키면서 안토니우스의 명예를 훼손한다.

제발 얼굴을 돌리시고 풀비아를 위해 우세요.
나에게 작별인사를 하고, 이집트 여왕을 위해
눈물을 흘렸다고 말하세요. 자 이제
진실을 가장한 그럴듯한 연극 장면을 연출하고
그것을 완벽한 명예처럼 보이게 만드세요.
I prithee, turn aside and weep for her,
Then bid adieu to me, and say the tears
Belong to Egypt. Good now, play one scene
Of excellent dissembling, and let it look
Like perfect honor. (I.iii.76-80)

이미 언급한 것처럼 안토니우스가 자신을 배반했고 스스로 한 맹세를 깨는 "아주 뛰어난 거짓말쟁이"라는 클레오파트라의 비난은 "진실을 가장한 그럴듯한 연극 장면을 연출"한다는 조롱으로 완결된다. 자신이 연기하면서 안토니우스의 사랑을 연극이고 가장이고 거짓이라고 몰아붙이는 클레오파트라는 상대의 심리를 꿰뚫어 보는 탁월한 능력을 소유하고 있다. 안토니우스가 자신과 상대를 잘 파악하지 못하고 있지만, 클레오파트라는 자신은 물론 상대의 심리까지 간파하고 상대를 조종하고 있다. 안토니우스와의 사랑놀이에서 그녀는 능력 있는 연출자이고 연기자이다. 그녀는 안토니우스의 육신을 정복했을 뿐만 아니라 심리적으로도 우위에 있다. 이처럼 이 작품에서 연극성은 클레오파트라에게 다양성을 드러내고 남성을 장악하는 힘을 부여한다(Singh 117).

다양성과 연극성은 클레오파트라의 긍정적 면모이다. 그러나 이러한 긍정적 재현 외에 클레오파트라에 대한 부정적인 재현 또한 만만치 않다. 부정적 재현의 핵심은 위험한 성욕을 전유하고 이용하는 음란한 요부 혹은 창녀라는 점과 로마 남성을 무장해제하는 사악한 마녀라는 이미지이다. 작품이 시작되자 파일로(Philo)는 클레오파트라를 "집시"로 비하하고, "황갈색 얼굴을 한 여인"에게 홀린 안토니우스를 비난한다. 그런데 작품의 시작 부분에 배치된 이 대사는 극의 분위기와 클레오파트라의 이미지 형성에 큰 영향을 미친다. 파일로는 클레오파트라의 인종과 피부색을 다음과 같이 언급한다.

> 아니, 우리 장군이 벌이는 사랑놀이가 지나친 것 같소.
> 갑옷을 입은 군신의 눈동자처럼 이글이글 타는 시선으로
> 군대를 굽어보시던 장군의 부리부리한 두 눈은
> 이제는 그 본래의 임무를 저버리고
> 여인의 황갈색 얼굴을 보는데 혼이 빠졌소.
> 큰 전투 와중에서 가슴 죔쇠를 터뜨렸던
> 장군의 기백 넘치는 심장도 자제력을 잃어버리고
> 일개 집시의 욕정이나 식혀주는
> 풀무나 부채가 되어 버렸소.
> Nay, but this dotage of our general's
> O'erflows the measure. Those his goodly eyes,
> That o'er the files and musters of the war
> Have glowed like plated Mars, now bend, now turn
> The office and devotion of their view
> Upon a tawny front; his captain's heart,
> Which in the scuffles of great fights hath burst
> The buckles on his breast, reneges all temper,
> And is become the bellows and the fan

To cool a gipsy's lust. (I.i.1-10)

클레오파트라가 음란한 요부의 이미지로 관객에게 전달되고 있는 개막 장면이다. 파일로는 황갈색 얼굴의 '집시' 여인이라는 표현을 통해 클레오파트라의 음란한 욕정이 이집트 사람 전체의 집단적 성향이라는 것을 드러내면서 인종적 편견을 드러낸다. 관객들은 이러한 파일로의 묘사에 따라 그녀가 어떤 사람인가를 짐작한다. 파일로는 클레오파트라를 만나기 전에는 안토니우스의 눈이 군신의 눈처럼 빛났다고 회상한다. 그러나 과거의 군신 이미지는 현재 "집시의 욕정을 식혀주는 풀무"의 이미지로 추락한다. 파일로는 안토니우스를 로마 장군으로서의 명예와 의무를 팽개친 인물로 재현하고, 클레오파트라를 안토니우스로 대변되는 로마의 이상에 균열을 가하는 요부로 설정한다(De Sousa 144). 파일로는 안토니우스를 다음과 같이 계속 비난한다. "세상을 받치는 세 가지 기둥 중의 하나가 갈보의 바보 광대로 변해버린 것을 보시오."(I.i.12-13)[2] 로마 삼두 정치의 일원인 안토니우스가 유색인종 요부인 클레오파트라의 품에 놀아나는 것을 조롱하는 말이다. 여기서 클레오파트라의 위험한 성욕은 안토니우스의 도덕적 타락으로 이어지는 악의 기표로 작용한다. 그러므로 이 작품은 유색인종 여성과 관련된 "인종의 성화"를 재현하는 작품이다(Habib 170).

파일로를 위시한 로마 사람들이 클레오파트라를 혐오하지만, 클레오파트라는 안토니우스를 정복한다. 클레오파트라가 안토니우스에게 자신을 얼마나 사랑하는지를 묻고, 안토니우스는 계산할 수 있거나 그 크기를 잴 수 있는 사랑은 진정한 사랑이 아니라고 답한다. 클레오파트라

2 (I.i.12-13) "The triple pillar of the world transformed/ Into a strumpet's fool. Behold and see."

가 “얼마나 사랑하는지 그 한계를 알고 싶다.”라고 하자 안토니우스는 자신의 사랑에는 한계가 없다고 과장하여 말한다.

> 클레오파트라: 진정 사랑하면 말해 봐요. 절 얼마나 사랑하는지?
> 안토니우스: 헤아릴 수 있는 사랑은 거지 같은 사랑이오.
> 클레오파트라: 얼마나 나를 사랑하는지 그 한계를 알고 싶어요.
> 안토니우스: 그럼 새 하늘과 새 땅을 찾아내야 할 것이오.
> Cleo. If it be love indeed, tell me how much.
> Ant. There's beggary in the love that can be reckoned.
> Cleo. I'll set a bourn how far to be beloved.
> Ant. Then must thou needs find out new heaven, new earth.
> (I.i.14-17)

안토니우스에게 “헤아릴 수 있는 사랑은” 사랑으로 볼 수 없다. 클레오파트라에 대한 자신의 사랑이 매우 크다는 말이다. 클레오파트라에게 홀린 안토니우스에게 그녀와의 사랑 외에는 그 어떤 것도 의미가 없다. 사랑에 빠진 그에게 로마도 명예도 그리 소중한 것이 아니다(Macrone 122). 제국은 단지 흙덩이일 뿐이고 그 “지저분한 땅덩이”를 통치하는 일은 그리 큰 의미가 없다.

> 로마는 타이버 강물에 녹아 버리고,
> 질서정연한 제국의 그 넓은 문도 허물어져라!
> 이곳은 내 세상이다. 왕국들은 진흙덩이고, 지저분한
> 이 땅덩이는 인간은 물론 짐승들도 길러주었다.
> 인간의 숭고함은 이렇게 표현되는 것. (포옹한다.)

한 쌍의 연인인 두 남녀가 이렇게 포옹할 수 있다면
어떤 벌이라도 감수하고 이 세상에 고하겠다.
우리는 천하의 누구와도 비할 데 없는 존재들이다.
Let Rome in Tiber melt, and the wide arch
Of the ranged empire fall! Here is my space,
Kingdoms are clay; our dungy earth alike
Feeds beast as man; the nobleness of life
Is to do thus [*Embracing*]—when such a mutual pair
And such a twain can do't, in which I bind,
[On] pain of punishment, the world to weet
We stand up peerless. (I.i.33-40)

파일로의 말이 끝나고 무대에 등장한 안토니우스가 클레오파트라에게 하는 말이다. 그녀에게 홀린 안토니우스가 로마 장군의 의무를 포기했다는 것을 드러내는 대사이다. 안토니우스는 열정에 사로잡혀 로마를 멀리하고 클레오파트라에게 빠져든다. 1막 초반부의 이 장면은 클레오파트라에 대한 파일로의 부정적인 언급 후 제시되고 있는데, 클레오파트라가 안토니우스의 타락 원인이라는 것을 강조한다.

안토니우스는 로마에 두고 온 아내 풀비아가 죽었다는 소식을 듣고, 클레오파트라에게 홀려 사랑놀이에 빠진 상황을 개탄한다. "사람을 홀리는 이 여왕과 손을 끊어야 해. 지금까지 알고 있는 죄보다 훨씬 더 많은 수많은 해악이 방탕한 사랑놀이에서 부화할 것이니까."(I.ii.128-130)[3] 안토니우스가 정복지 여성의 마력에 홀려 놀아나는 자신을 질책

3 (I.ii.128-130) "I must from this enchanting queen break off:/ Ten thousand harms, more than the ills I know,/ My idleness doth hatch."

하는 대사이다. 방탕한 놀이를 중단하겠다는 의지가 드러난 것 같지만, 안토니우스는 결코 사랑놀이를 그만두지 못한다. 의지보다 클레오파트라의 마력이 훨씬 더 강하기 작용하기 때문이다. 클레오파트라는 안토니우스에게 저항하기 힘든 마력이고 그를 묶는 "족쇄"(fetters)(I.ii.116)이다. 로마 남성들 거의 모두 클레오파트라의 관능적 면모를 비난하지만, 한편으로는 그녀를 가지기를 욕망한다.

필설로는 다 형언할 수 없어

It beggared all description (II.ii.198)

클레오파트라를 처음 본 이노바버스가 그녀를 비너스의 초상화보다 더 아름답다고 묘사하면서 하는 말이다. 그녀는 화려한 유람선에서 요정처럼 아름다운 시녀들이 시중들게 하면서 자신을 비너스 여신으로 재현한다. 그러나 이러한 연출 능력은 한편으로는 마녀적 속성으로 비친다. 클레오파트라가 마녀라고 비난하는 사람이 안토니우스만은 아니다. 2막 1장에서 폼페이우스는 클레오파트라의 마녀적 속성을 다음과 같이 언급한다.

> 음탕한 클레오파트라, 사랑의 온갖 마력을 동원해
> 시든 그대 입술을 부드럽게 하라! 마법과
> 미모가 손잡게 하고, 그 마법과 미모가 욕정과 결합해
> 방탕한 인간을 환락의 땡초밭에 묶어두고,
> 그의 두뇌가 현기증을 느끼도록 만들어라.
> But all the charms of love,

Salt Cleopatra, soften thy waned lip!
Let witchcraft join with beauty, lust with both,
Tie up the libertine in a field of feasts,
Keep his brain fuming. (II.i.20-24)

폼페이우스의 묘사에 따르면 클레오파트라는 음탕하지만, 또한 치명적인 성적 매력과 마력을 가진 인물이다. 그녀는 마력을 동원해 안토니우스의 이성을 흐리게 하고 "그의 두뇌가 현기증을 느끼게 만든다." 그리하여 클레오파트라는 성적 매력과 마력으로 안토니우스를 홀려 무장을 해제한다.

아내 풀비아의 사망 소식을 접한 안토니우스는 로마에 돌아가 장례식을 치른 후, 얼마 지나지 않아 옥타비아누스 카이사르의 여동생인 옥타비아와 결혼한다. 옥타비아누스와 좋은 관계를 유지하기 위한 정략적인 결혼이긴 했지만, 옥타비아는 클레오파트라보다 더 아름답고 여인의 미덕을 한 몸에 지닌 로마 여성이다. 그러나 안토니우스는 그녀가 있는 로마를 떠나 다시 이집트로 되돌아간다. 클레오파트라의 마력에 홀렸기 때문이다. 요부로서의 부정적 이미지는 이 작품에서 이상적 로마 여성으로 제시된 옥타비아와 비교되면서 더욱 선명하게 드러난다. 극중에서 아그리파(Agrippa)는 로마에 돌아온 안토니우스에게 옥타비아의 아름다움과 부덕이 세상의 "어떤 여성과도 견줄 수 없다"라고 칭찬하면서(II.ii.130), 옥타비아를 안토니우스를 이집트 요부에게서 해방해줄 수 있는 로마 여성으로 재현한다(Hooks 40).

클레오파트라는 변화무쌍하게 자신의 성적인 매력을 드러내어 남성의 욕망을 일깨우고, 연기를 통해 그 욕망을 통제하면서 남성을 장악하고, 연극성을 통해 남성의 심리를 조정한다. 그러므로 연극성과 다양성은 클레오파트라가 남성을 장악하는 강력한 무기이다. 안토니우스와의 사랑놀이에서 클레오파트라는 다양성을 드러내는 능력 있는 연기자이다. 상대의 심리를 간파하고 자기 뜻대로 조종하는 힘 있는 인물이다. 클레오파트라는 "무한한 다양성"을 보여주는 연기를 통해 안토니우스의 눈을 멀게 하고, 자신의 각본에 따른 즉흥연기를 통해 안토니우스를 마음대로 다룬다.

클레오파트라는 안토니우스가 갈구하는 욕망을 충족시키기도 좌절시키기도 하면서 자기 뜻에 따라 남성을 요리하는 영리한 여성이다. 그녀가 지닌 전복성은 안토니우스에게 술을 먹인 뒤 여자의 옷을 입히고, 자신의 허리에 안토니우스의 칼을 차는 2막 5장에 대단히 효과적으로 드러난다. 클레오파트라는 이렇게 말하고 있다. "내 머리 장식과 겉옷을 그에게 입히고, 필립파이 전투에서 사용한 그분 명검을 내가 차 보았어."(put my tires and mantles on him, whilst/ I wore his aword Philippan)(II.v.22-23) 여기서 클레오파트라가 자신의 옷을 안토니우스에게 입히고 술에 취해 잠든 안토니우스의 검을 차는 행위는 은유적으로 안토니우스의 남성성이 여성에 의해 거세되는 것을 드러낸다. 이런 행동은 성의 경계를 위협하는 행동이다. 플루타르크는 이러한 행동을 옴팔레와 헤라클레스에 관한 신화에 빗대어 묘사한다.

> 옴팔레가 헤라클레스의 곤봉을 훔치고 입고 있던 사자의 가죽을 벗기는 그림에서 보듯, 안토니우스는 클레오파트라 때문에 무장을 벗고 쾌락에 눈을 돌리곤 했다. 그는 클레오파트라와 함께 있으면서 대정복의 계획을 모두 놓쳐 버렸던 것이다. 그리고 그는 마침내 파리스처럼 전쟁으로부터 달아나 클레오파트라의 품속으로 뛰어들었다. 더욱이 파리스는 전쟁에서 졌기 때문에 달아났지만, 안토니우스는 승부

도 채 나지 않은 전쟁을 포기하고 클레오파트라의 꽁무니를 쫓아다녔다. … 로마에는 안토니우스처럼 두 명의 아내를 동시에 데리고 살았던 일이 한 번도 없었다. 또한 안토니우스는 아직 결혼도 하지 않은 외국 여자를 기쁘게 해주기 위해 자신의 본부인이며 로마 사람인 아내를 쫓아버렸다. … 안토니우스는 결국 이것 때문에 파멸의 길을 걸어야 했다. (플루타르크 1747-1748)

여기서 클레오파트라와 비교되고 있는 옴팔레(Omphale)는 그리스 신화에서 헤라클레스를 부렸던 리디아의 여왕이다. 이피토스를 살해한 죄로 노예로 팔려온 그에게 여자 옷을 입히고 물레질을 시켰다. 그녀처럼 클레오파트라도 안토니우스에게 여자 옷을 입히고 노예로 다루면서 무장을 해제했다. 여장한 안토니우스와 검을 찬 클레오파트라 사이에서 진행되는 성 역할의 전도와 젠더 시스템의 "위반"은 로마의 영웅 안토니우스의 권위를 떨어뜨리면서 남성 중심의 문화를 조롱한다(Howard 419). 플루타르크가 언급하고 있는 파리스는 메넬라오스의 아내인 헬레네를 데리고 도망쳐 트로이 전쟁을 유발했던 트로이의 왕자이다. 클레오파트라와 놀아나는 안토니우스가 자신의 조국을 파멸로 몰아넣었다는 말이고, 안토니우스의 파멸이 클레오파트라와 놀아난 것에 기인한다는 말이다. 안토니우스의 아내는 로마 여성 풀비아이다.

차미언은 2막 5장에서 안토니우스의 낚싯바늘에 말린 물고기를 매달아 놓으면 안토니우스가 신이 나서 그걸 낚아 올렸다고 말하지만, 사실 안토니우스는 클레오파트라가 드리운 낚싯바늘을 문 물고기와 흡사하다. 안토니우스는 화를 냈다가 다시 노기를 풀고 웃는 등 클레오파트라의 각본에 따라 우왕좌왕하기 때문이다. 옥타비아누스 카이사르는 이집트에서 낚시질과 음주로 시간을 낭비하면서 욕정에 탐닉하는 안토니우스를 두고 "클레오파트라가 더 사나이다운 건지, 안토니우스가 더 여자다운 건지 도무지 알 수가 없다"(I.iv.4-7)라고 비난한다. 로마 장군으로서의 공적 의무를 망각하고 있는 안토니우스를 조롱하는 말이다.

안토니우스는 이집트를 정복했지만, 욕망의 관계에서는 클레오파트라의 유혹에 걸려든 물고기 같은 존재이다. 하루는 안토니우스가 낚시하였는데, 그의 낚싯대에 고기가 한 마리도 걸리지 않았다. 체면을 구긴 안토니우스는 어부가 잠수하여 자신의 낚싯바늘에 미리 잡은 고기를 걸어두도록 했다. 안토니우스는 이 고기를 낚아채면서 즐거워했고, 클레오파트라는 안토니우스의 장난기를 모른 체하며 안토니우스의 솜씨를 감탄하는 척하며 연기한다. 다음날 안토니우스는 낚시 솜씨를 보여주겠다고 손님들을 청했고 낚시를 시작한다.

2막 5장에서 클레오파트라는 다시 재치 있는 연출을 보여준다. 그녀는 말린 생선을 안토니우스의 낚싯바늘에 걸게 했고, 이것을 모르는 안토니우스는 낚싯대를 힘껏 들어 올린다. 안토니우스가 들어 올린 낚싯대에 걸린 마른 생선을 보고 사람들은 모두 웃어대며 재미있게 생각했다. 안토니우스의 속임수에 대한 클레오파트라의 멋진 응수다. 클레오파트라는 자신의 관능적 매력을 미끼로 삼아 안토니우스라는 고기를 낚는 영리한 배우이다. 안토니우스는 클레오파트라가 드리운 낚싯바늘에 물린 상태를 다음과 같이 언급한다.

> 이집트 여왕이여, 그대는 잘 알고 있질 않소.
> 나의 마음은 그대의 키에 끈으로 묶여 있어서
> 그대 떠나면 나 또한 끌려간다는 것을. 내 영혼 또한
> 그대가 완전히 지배하고 있다는 걸 잘 알고 있지 않소.
> 그대가 손짓하면 신의 명령을 어기고서라도

그대를 따를 수밖에 없다는 것도 알고 있지 않소.

Egypt, thou knew'st too well
My heart was to thy rudder tied by the strings,
And thou shouldst [tow] me after. O'er my spirit
[Thy] full supremacy thou knew'st, and that
Thy beck might from the bidding of the gods
Command me. (III.xi.56-61)

안토니우스는 자신이 정복했던 식민지의 여왕에게 성적으로 정복당한다. 그의 몸과 영혼은 클레오파트라에게 완전히 묶여 있다. 그리하여 이 "대단한 정복자"에게 애정으로 약해진 자신의 검이 "그 애정에 복종할 것"임을 천명한다(III.xi.67-68). 이 고백처럼 안토니우스는 은유적으로 클레오파트라의 성적 매력에 거세를 당한 채 그녀의 올가미에 묶여 지배당하고 있다. 클레오파트라는 자신을 너무나도 다양한 모습으로 재현하여 욕망을 일깨우고 욕망을 거침없이 분출하는 생명력이 넘치는 여성이다(Cixous 126). 그런 클레오파트라에 홀려 놀아나다가 안토니우스는 왕국들을 날려버렸다.

키스하다가 왕국과 영토를 모두 날려버렸다!

We have kissed away/ Kingdoms and provinces (III.x.7-8)

전투 상황이 크게 불리하지 않았지만, 달아나는 클레오파트라를 따라 퇴각하는 안토니우스의 행동을 보고 스케이러스(Scarus)가 하는 말이다. 안토니우스는 이집트에 머물면서 옥타비아누스 카이사르와의 일전을 준비했다. 카이사르는 클레오파트라의 아이들에게 로마의 영토를 넘겨준 안토니우스를 "제국을 창녀에게 넘겨준" 인물이라고 비난하고(III.vi.66-67), 미시나스(Maecenas)는 안토니우스가 "강력한 통치권을 음탕한 계집에게 넘겼다"라고 비난한다(III.vi.95). 옥타비아누스 카이사르는 로마의 적이 안토니우스가 아니라, 로마 장군을 이집트 용병대장으로 만든 이집트의 클레오파트라가 적이라고 믿게 한다. 그리하여 클레오파트라는 동방의 야만 종족 이집트를 대표하는 인물로 또한 로마의 건전한 이성을 흐리게 만드는 마녀로 재현된다.

로마의 장군인 안토니우스가 조국인 로마를 적으로 삼아 싸우는 악티움(Actium) 해전은 여인에게 홀려 이성적 판단이 마비된 안토니우스를 보여준다. 이노바버스는 악티움 해전에 대한 이집트 여왕 클레오파트라의 간섭을 배제해야 한다고 주장했다. "수말이 암말과 함께 전쟁에 참여하면 수말은 아주 넋을 잃을 것이고 암말들이 병사들과 그들의 수말 모두를 태울 것"(III.vii.7-9)이라고 생각했기 때문이다.[4] 여기서 암말은 안토니우스가 탈 클레오파트라이다. 그는 암말 같은 클레오파트라가 안토니우스를 혼란에 빠뜨려 "용기와 지력을 빼앗을 것"(Take from his heart, take from his brain)"(III.vii.11)이라고 생각했다. 그가 우려하는 것이 사실이 되어 버렸다. 안토니우스가 용기를 잃고 전투를 멈추고 도망치기 때문이다. 전투 중인 병사들을 버리고 클레오파트라를 따라 도망치는 안토니우스를 본 스케이러스는 다음과 같이 격렬하게 비난한다.

> 어리석어 천하의 절반을 잃어버렸어.
> 계집에게 키스하다가 왕국들과 영토들을

4 (III.vii.7-9) "If we should serve with horse and mares together,/ The horse were merely lost; the mares would bear/ A soldier and his horse."

한꺼번에 모두 날려버리고 말았어!
[……………………………]
우리 편은 죽는 게 확실한 역병 환자 같아.
저 음탕한 이집트의 계집은
문둥병에나 걸려 문드러져라!
The greater cantle of the world is lost
With very ignorance, we have kissed away
Kingdoms and provinces.
[……………………………]
On our side like the tokened pestilence,
Where death is sure. Yon ribaudred nag of Egypt
(Whom leprosy o'ertake!) (III.x.6-11)

스케이러스는 음탕한 이집트의 계집인 클레오파트라를 저주하지만, 더 이해할 수 없는 것은 그 계집을 따라 도망치는 안토니우스이다. 그는 안토니우스를 계집에게 홀려 명예를 저버린 멍청이라고 비난한다. "그 계집이 뱃머리를 돌리자 그 계집 마력에 홀린 안토니우스는 배의 돛을 활짝 펼치고, 발정한 암컷에게 환장한 수오리처럼 한창 진행되고 있는 전투를 그만두고, 그 계집을 따라 도망쳤어."[5] 자신의 병사들을 남겨두고 달아난 안토니우스의 수치스러운 행동을 비난하는 대사이다. 나아가 안토니우스의 치욕스러운 행동의 원인이 클레오파트라에게 있다는 것을 드러내는 대사이다. 스케이러스는 다음과 같이 안토니우스의 치욕과 불명예를 언급하면서 마무리한다. "평생 그런 수치스러운 행동을 본

5 (III.x.17-20) "She once being loofed,/ The noble ruin of her magic, Antony,/ Claps on his sea-wing, and (like a doting mallard),/ Leaving the fight in heighth, flies after her."

적이 없어. 전투와 사내대장부의 명예와 기개를 이렇게 포기한 적은 없어."(III.x.21-23)[6]

이노바버스는 암말인 클레오파트라가 안토니우스를 혼란에 빠뜨릴 것이라고 경고하고, 안토니우스는 그녀를 "더러운 이집트 년"이라고 욕하고, 스케이러스는 그녀를 "수오리를 호리는 암컷"으로 부르면서 패배의 책임을 클레오파트라의 배반 탓으로 돌린다. 로마 사람들 모두 이집트의 사악한 요부 때문에 해전에서 패배했다는 인종 차별 담론을 내뱉고 있다. 하지만 패배가 전적으로 클레오파트라 탓은 아니다. 역사적 기록을 따르면 클레오파트라가 배반하지 않았다고 해도 안토니우스의 패배는 분명한 사실이었다.[7] 안토니우스를 둘러싼 모든 상황이 불리했기 때문이다. 악티움 해전의 패배 책임이 극중에서 로마 사람들이 말하듯이 전적으로 클레오파트라의 책임만은 아니었지만, 플루타르크도 다음과 같은 논평에서 패배의 책임 일부를 클레오파트라 탓으로 돌린다.

> 안토니우스는 사령관으로서는 물론 한 사람의 남자로서도 너무나 부끄러운 일을 저질렀다. 그것은 완전히 이성을 잃은 사람의 행동이었다. 누군가를 사랑하고 있는 사람은 정신을 다른 사람에게 빼준다는 말이 있는데, 이때의 안토니우스가 바로 그랬다. 그는 마치 클레오파트라의 몸의 한 부분이라도 되는 것처럼 그녀가 돛을 올리고 달아나자 자신도 그 뒤를 쫓아가기 시작했다. 자신을 위해 싸우고, 자신을 위해 죽어가고 있는 부하들을 모두 잊은 채, 그는 5줄의 노를 가진 배에 알

6 (III.x.21-23) "I never saw an action of such shame;/ Experience, manhood, honour, ne'er before/ Did violate so itself."

7 악티움에서의 첫 교전에서 로마 장군 아그리파가 주변에 있는 섬들을 모두 점령하자 안토니우스의 군대에 보급품이 끊겨 버린다. 또한, 주변 국가 왕들이 옥타비아누스 편에 가담하고, 아그리파의 함대가 안토니우스를 포위하여, 열세에 놓인 안토니우스 군은 전투를 진행하기 어려웠다.

렉산드로스와 스켈리아스만을 태우고 클레오파트라를 뒤따라 달아났다. 이렇게 그는 자신의 인생을 완전히 파멸시킬 클레오파트라의 꽁무니를 뒤따랐다. (플루타르크 1728-1729)

플루타르크는 클레오파트라를 사랑하여 혼이 빠진 안토니우스가 목숨 바쳐 싸운 자신의 병사들을 배신하고 버렸다고 기술하고 있다. "완전히 이성을 잃은" 안토니우스의 행위가 클레오파트라에 기인하고 있음을 지적하는 언급이다. 클레오파트라가 전투 패배의 일부 책임이 있음에도 불구하고 패배의 근본적인 책임은 안토니우스에게 있다. 안토니우스는 해전이 불리하다는 부하들의 반대에도 불구하고 해전을 감행하여 치명적인 전략적 과오를 범했기 때문이다.

악티움 해전 후 클레오파트라의 행동은 의문의 여지를 남기고 있다. 셰익스피어의 텍스트에는 전투 중에 그녀가 갑자기 달아난 이유가 드러나 있지 않고, 조상들이 묻힌 종묘에 숨어, 안토니우스에게 자신이 죽었다는 거짓 정보를 전하는 클레오파트라의 동기가 뭔지 분명하게 제시되지 않았다. 셰익스피어는 클레오파트라가 내시를 통해 그녀 자신이 죽었다는 것을 전달한 것으로 재현하지만, 역사적 기록은 안토니우스가 클레오파트라가 죽었다는 소문을 듣고 자결했다고 전하고 있다. 악티움 해전에서 패한 안토니우스는 자신의 이성과 판단력을 마비시킨 클레오파트라를 다음과 같이 비난한다.

당신은 죽은 카이사르가 먹다가 접시 위에 남긴
식은 고기 조각이었어. 아니 당신은
네이어스 폼페이우스가 남긴 음식 찌꺼기였지.
사람들에게 들키진 않았지만, 그 밖에도 얼마나

더 음탕한 시간을 보냈는지 알 수가 없어.
I found you as a morsel, cold upon
Dead Caesar's trencher; nay, you were a fragment
Of Gnaeus Pompey's—besides what hotter hours,
Unregistered in vulgar fame, you have
Luxuriously picked out. (III.xiii.116-120)

클레오파트라의 몸을 카이사르가 먹다 남겨둔 "식은 고기조각"으로 비유하고, 폼페이우스가 먹다 남긴 "음식 찌꺼기"에 비유하는 안토니우스의 언어폭력은 로마가 자행했던 클레오파트라에 대한 폭력을 드러내고 있다. 나이가 든 클레오파트라는 이제 식은 음식이지만, 여전히 안토니우스가 먹기에 그리 만만한 음식은 아니다. 클레오파트라가 자신 있게 언급했듯이 그녀의 몸은 어떤 "제왕이라도 군침 돌게 하는 음식"(I.v.31)이다. 클레오파트라의 몸은 사랑놀이란 연회에 차려진 훌륭한 이집트 요리이다.

모든 것이 끝났구나!

All is lost! (IV.xii.9)

전쟁에서 패한 안토니우스가 하는 말이다. 악티움 해전 패배 이후 4막에서 안토니우스는 다음과 같은 여성 혐오 담론을 구사하면서 클레오파트라를 갈보인 동시에 마녀로 재현한다. 패배의 책임을 마녀 같은 클레오파트라의 배신 탓으로 돌리는 대사이다.

모든 것이 다 끝났어!
더러운 이집트 년이 날 배반했어.
우리 함대는 적에게 항복했고
적들은 모자를 높이 던지면서, 모처럼 만난 친구들처럼
함께 축배를 들고 있어. 세 번이나 변절한 갈보,
이 애송이에게 나를 팔아넘긴 건 바로 네 년이다.
마음속에서 싸우고 싶은 자는 네 년이다. 도망치게 둬.
이 마녀에게 복수하기만 하면 나의 일은 끝나는 거야.

All is lost!
This foul Egyptian hath betrayed me.
My fleet hath yielded to the foe; and yonder
They cast their caps up, and carouse together
Like friends long lost. Triple-turned whore! 'tis thou
Hast sold me to this novice, and my heart
Makes only wars on thee. Bid them all fly;
For when I am revenged upon my charm,
I have done all. (IV.xii.9-17)

안토니우스는 자신의 패배를 "더러운 이집트 년"(foul Egyptian)의 배반으로 돌리고, 클레오파트라가 "세 번이나 변절한 갈보"(triple-turned whore)라는 점을 강조한다. 이는 클레오파트라가 카이사르, 폼페이우스, 그리고 안토니우스와 놀아나다가 변절한 더러운 창녀라는 말이다. 여기서 안토니우스가 비난하는 내용의 핵심은 클레오파트라가 전쟁터에서 자신을 배반한 "더러운 이집트 년"이라는 점이고, 로마 남성들의 이성을 흐리게 만드는 마녀라는 점이다. 안토니우스는 "성적인 수치의 대상이 되었을 뿐만 아니라 정치적인 수치의 대상"(Sprengnether 598)으로 전락한 자신의 모습에 절망하고, 이를 클레오파트라의 탓으로 돌린다. 그러나 전쟁의 패배를 클레오파트라의 탓으로 돌리고 자신과 놀아난 그녀를 갈보로 부르고 마녀라고 조롱하는 안토니우스의 발언이 설득력이 있는 것은 아니다.

클레오파트라에게 주어진 요부요 창녀라는 비난과 함께 자주 반복되는 비난은 그녀가 마녀라는 점이다. 클레오파트라를 음탕한 집시라고 깎아내렸던 파일로와 마찬가지로, 안토니우스는 마녀 같은 클레오파트라가 "집시처럼 사람을 속이는 본성을 드러내" 자신을 속이고 배반하여 파멸로 이끌었다고 비난한다.

그년이 나를 배반했어.
아, 더러운 이집트 마녀! 무서운 마력, 눈짓으로
나를 전쟁터로 끌어들이기도, 집으로 끌어들이기도 하는 마력.
그녀의 품은 나의 면류관이었고, 내 행동의 중요한 목적이었지만,
그년은 집시처럼 사람 속이는 본성을 드러내
나를 속여서 파멸에 이르게 했어.
Betrayed I am.
O this false soul of Egypt! this grave charm,
Whose eye becked forth my wars, and called them home,
Whose bosom was my crownet, my chief end,
Like a right gipsy, hath at fast and loose
Beguiled me, to the very heart of loss. (IV.xii.24-29)

이 대사 이후 안토니우스는 자신의 파멸을 클레오파트라의 탓으로

돌리는 다음과 같은 폭언을 내뱉는다. "이 마녀는 죽어야 해. 그 계집은 로마 애송이에게 날 팔아넘겼어. 나는 이 계집의 계략에 속아 파멸했어. 그러니 그년은 죽어야 해."(IV.xii.47-49)[8]

『안토니와 클레오파트라』의 극중 인물들은 클레오파트라를 부정적으로 재현하면서 인종적 타자성을 강조하고 팜므파탈의 위험성을 강조한다. 클레오파트라를 위험한 성적 매력으로 로마 남성들을 호려 로마제국의 식민지 지배에 지장을 초래하는 인물로 간주하기 때문이다. 셰익스피어의 텍스트에서도 클레오파트라의 부정적 이미지가 이집트 인종과 여성의 총체적 이미지로 작용하고 있음을 부인할 수 없다. 그러나 지금까지 많은 서구의 문헌들을 통해 재현된 그녀의 이미지는 역사적 고증을 통해 사실로 입증된 것이 아니다. 우리에게 알려진 클레오파트라의 부정적 이미지는 대부분은 로마 제국주의 시각이 반영된 기록들을 통해 형성된 것이고, 그녀가 방탕하고 부정적인 이집트 여성으로 재현된 것은 "타자에 대한 지배를 정당화하려는 제국주의 전략"에 기인한다(Madelaine 10).

음탕한 "이집트의 집시"라는 인종차별적 언어에 내포된 부정적 이미지는 남성을 유혹하는 요부요 마녀라는 성적 이미지와 겹쳐서 나타난다. 클레오파트라에게 인종 차별과 성차별이 동시에 진행되면서, 그녀는 서구 백인 중심 가부장적 질서에 어긋나는 위험한 인물로 재현된다. 사실 클레오파트라는 서구 백인 중심의 가부장적 질서에 균열을 가할 수 있는 여성이다. 셰익스피어는 『안토니와 클레오파트라』에서 클레오파트라를 통해 남성이 쉽게 다룰 수 없는 강력한 여성을 재현한다. 다양성을 드러내는 성적인 매력과 연기를 통해 주위의 남성들을 올가미에 묶고 조

8 (IV.xii.47-49) "The witch shall die./ To the young Roman boy she hath sold me, and I fall/ Under this plot. She dies for't."

종하는 클레오파트라를 보여주기 때문이다. 성적으로 자유분방한 클레오파트라의 행동은 로마 남성 중심 가부장제를 위협한다. 그녀의 행동은 가부장제 문화가 규정한 여성의 미덕과 매우 거리가 먼 행동이기 때문이다. 클레오파트라는 남성의 통제 대상이 되는 것이 아니라, 다양한 연기를 통해 그녀를 통제하려는 남성을 통제한다.

4막 14장에서 클레오파트라는 시녀를 통해 안토니우스에게 자신이 자살했다는 거짓 소식을 전하는데, 이는 결국 안토니우스의 자결을 재촉한다. 그녀의 연기는 여기서 그치지 않는다. 클레오파트라의 연기는 옥타비아누스 카이사르와 벌이는 협상과 5막 2장에서 자살을 통해 자신을 불멸의 아이리스 여신으로 재현하는 장면을 통해 마무리된다.

영원불멸의 경지가 그립다!

I have/ Immortal longings in me (V.ii.280-281)

죽음을 통해 자신을 불멸의 여신으로 승화시키려는 클레오파트라의 말이다. 그녀는 자살이라는 '연극'으로 옥타비아누스를 조롱한다. 승리한 옥타비아누스 카이사르는 클레오파트라의 요구조건을 들어 주겠다고 구슬린다. 하지만 클레오파트라는 승리를 기념하는 전리품으로 자신을 데려가 로마에 전시하려는 카이사르의 의도를 알아차리고 다음과 같이 말한다. "건방진 형리들이 우리를 창녀인 것처럼 체포할 것"(saucy lictors/ Will catch at us, like strumpets)(V.ii.214-215)이고, "클레오파트라 역의 소년 배우는 빽빽거리면서 위대한 나를 창녀로 보이도록 연기하게 될 것이다."(Some squeaking Cleopatra boy my greatness/ I' the posture of a whore.)(V.ii.220-221) 옥타비아누스의 의도를 간파하고 있다는 것을 보여주는 말이다.

자신이 "창녀의 모습"으로 로마 군중 앞에 전시될 것을 알고 있는 클레오파트라는 자살하기로 결심한다. 그러나 클레오파트라는 표면적으로는 옥타비아누스가 제안한 것을 받아들이는 척하면서 그에 대한 복종을 다짐한다. 클레오파트라는 시간을 벌기 위해 의도를 숨기고 다시 연기하는데, 옥타비아누스는 이 연기에 속는다. 클레오파트라의 자살과 옥타비아누스 카이사르의 승리로 끝나는 이 작품이 표면적으로는 이집트의 야만성이 가부장제를 표방하는 서구 백인 중심 문명의 질서 아래 효과적으로 통제되는 것 같은 인상을 줄 수 있다. 그러나 클레오파트라는 복종할 것 같은 자세를 취하다가, 어느 순간 갑자기 자살함으로써 로마 군중 앞에 그녀를 전시하려는 옥타비아누스의 의도를 좌절시킨다. 또한 '방탕한' 집시를 순종적인 여성으로 길들이려는 가부장적 로마제국을 조롱한다.

클레오파트라는 자살을 결심하고 다음과 같이 말하면서 죽음의 의식을 치른다. "나에게 여왕의 옷을 입히고 왕관을 씌워다오. 영원불멸의 경지가 그립구나."(Give me my robe, put on my crown, I have/ Immortal longings in me.)(V.ii.280-281) 시드너스 강의 선상에서 안토니우스를 처음 만났을 때 자신을 마치 미의 여신 비너스로 재현했던 클레오파트라는 이제 죽음의 문턱에서 자신을 "불과 공기"(fire and air)가 되어 "영원불멸"의 경지로 나아가는 아이리스(Iris) 여신으로 승화시킨다. 클레오파트라는 '자살이라는 연극'을 통해 옥타비아누스를 조롱한다. 그리고 클레오파트라의 연극성과 변덕은 로마 중심의 지배 담론에 균열을 가하는 전복적인 힘으로 작용한다(Jankowski 107).

이집트의 요부이며 마녀라고 비난받았던 클레오파트라는 마지막 장면에서 여왕의 위엄을 갖추고, 독사에게 물려 죽는 신비한 죽음을 재현하면서 연극을 마무리한다. 클레오파트라는 자신의 매력을 통해 로마 남성들을 위협하고, 연극성을 통해 백인 남성들을 조롱한다. 그럼 클레오파트라에게 주어진 요부와 마녀의 이미지는 정당한가? 그녀의 재현에 정치적 공정성이 있는가를 묻는 말이다. 서구의 인종 차별 담론과 남성의 성차별 담론이 함께 작용하여 클레오파트라를 로마의 위험한 적으로, 그리고 위험한 욕망을 드러내면서 로마 남성을 유혹하는 악녀로 재현하기를 주저하지 않았다(Kahn 111). 그러나 클레오파트라에 대한 이런 부정적 평가가 정당성을 확보한 것은 아니다.

클레오파트라는 총명했고 재치가 있었으며, 고전문학과 수사학, 그리고 역사학 등에 조예가 깊었던 지성적 인물이다. 기하학, 천문학, 의학 등의 분야에도 해박한 지식을 가졌다고 알려진 인물이다. 그녀는 음악과 미술, 그리고 승마에도 재능이 있었고, 히브리어, 그리스어, 라틴어, 아랍어 등 여러 언어를 능숙하게 구사했던 인물이다. 또한, 이집트 왕가의 자손으로서는 드물게 이집트의 토착어를 익힌 인물이었으며, 이집트 사람들을 사랑했고 조국을 지키려고 노력했던 군주였다(플라마리옹 32-34). 이러한 긍정적인 자질들에도 불구하고, 마녀나 팜므파탈의 부정적 이미지만 강조되었고, 클레오파트라의 긍정적인 모습은 축소됐다.

탈식민주의 비평가인 룸바(Loomba)는 클레오파트라의 극적 재현에 반영된 인종적 편견뿐만 아니라 가부장적 편견을 간파하고, 방탕한 요부라는 클레오파트라의 이미지가 오랜 기간에 걸쳐 전승된 유색인종 여성에 대한 서구의 환상과 가부장제 담론이 결합하여 형성한 왜곡된 이미지라고 주장한다(Loomba 75). 그녀의 말처럼 『안토니와 클레오파트라』는 유색인종에 대한 서구의 환상과 왜곡된 인식이 반영된 작품이다.

등장인물들에 의해 클레오파트라는 이성적인 로마 남성을 무장해제하고 이성을 마비시키는 마녀의 모습으로 재현되며, 위험한 성욕으로 남성을 호리는 요부로 재현된다. 그녀는 가부장제가 규정한 여성의 미덕, 즉 정숙한 여인과는 거리가 멀고, 로마의 지배 욕망에 순종적으로 반응하는 인종적 타자와는 거리가 멀다. 그러나 셰익스피어가 클레오파트라의 이러한 부정적 이미지를 텍스트에 그대로 반영하고 있는 것은 아니다. 다시 말해 셰익스피어의 시각이 등장인물들의 왜곡된 시각과 일치하는 것은 아니라는 말이다. 왜냐하면, 안토니우스로 대변되는 로마의 가치가 클레오파트라로 대변되는 이집트 문화보다 우월한 것만으로 재현되지는 않기 때문이다.

클레오파트라가 음탕한 요부이고 마력으로 남성을 호리는 사악한 마녀라는 비난은 역으로 그런 담론을 구사하는 로마 남성들의 이미지를 흐리게 한다. 안토니우스의 타락은 클레오파트라가 아니라 방탕한 그 자신의 성향에 기인한다. 식민지를 정복한 로마의 장군이 식민지의 여왕을 음탕한 요부 또는 창녀라고 부르고, 남자들의 혼을 빼놓는 마녀라고 부르면서도 그 요부의 매력에서 벗어나지 못해 이성을 잃는 양상을 재현하는 이 작품은 서구 문화의 타자인 클레오파트라의 부정적 면모만을 드러내는 극은 아니다. 도리어 이 작품은 어리석은 로마 지배자의 부정적 면모를 드러내고, 무한한 다양성과 연기를 통해 남성들을 요리하는 영리한 이집트 여성을 재현한다. 지조 없이 시시때때로 변한다고 그녀를 비난하는 데 쓰였던 '다양성'은 도리어 그녀의 다양한 매력을 드러내는 장치로 작동하고 있다.

성차와 인종의 차이에 대한 셰익스피어의 견해가 그가 활동했던 시대의 지배적 담론과 무관하지는 않지만, 『안토니와 클레오파트라』는 당대의 지배 담론을 이의 없이 수용하여 이를 여과 없이 반영하고 있는 텍스트는 아니다. 작가가 당대의 성차별과 인종 차별 담론으로부터 일정한 거리를 유지하고 있다는 말이다. 셰익스피어는 이 작품에서 소위 '요부'라는 이집트 여성의 '족쇄'에서 벗어나지 못해 파멸한 로마 장군을 재현하고, 소위 '이성적'이고 '고결한' 로마 영웅에서 어리석은 인물로 전락한 안토니우스를 재현함으로써 로마 백인 남성 중심 문화의 정당성에 의문을 표한다.

인용문헌

플라마리옹. 『클레오파트라: 파라오의 사랑과 야망』. 지현 역. 서울: 시공사, 2002.

플루타르크. 『플루타르크 영웅전 전집 II』. 이성규 역. 서울: 현대지성사, 2000.

Belsey, Catherine. "Cleopatra's Seduction." *Alternative Shakespeare*. Vol 2. Ed. Terence Hawkes. London: Routledge, 1996. 38-62.

Cixous, Helene. "Sorties: Out and Out: Attacks/Ways Out Forrays." *The Newly Born Woman*. 1975. By Helene Cixous and Catherine Clement. Trans. Betsy Wing. Minneapolis: U of Minnesota P, 1986. 63-132.

De Sousa, Geraldo U. *Shakespeare's Cross-Cultural Encounters*. London: Macmillan, 1999.

Habib, Imtiaz. *Shakespeare and Race*. New York: UP of America, 2000.

Hooks, Roberta M. *"Shakespeare's Antony & Cleopatra." American Imago* 44.1 (1987): 37-49.

Howard, Jean. "Cross-dressing, The Theatre, and Gender Struggle in Early Modern England." *Shakespeare Quarterly* 39 (1988): 418-40.

Jankowski, Theodora A. "'As I am Egypt's Queen': Cleopatra, Elizabeth I, and the Female Body Politic." *Essays: Critical Approaches to Medieval and Renaissance Texts* 5. Ed. Peggy A Knapp. Pittsburgh: U of Pittsburgh P, 1989. 91-110.

Kahn, Coppelia. "Anthony's Wound." *Roman Shakespeare: Warriors, Wounds and Women*. London: Routledge, 1997. 110-43.

Loomba, Ania. *Gender, Race, Renaissance Drama*. Manchester: Manchester UP, 1989.

Macrone, Michael. *Brush Up Your Shakespeare*. New York: Gramercy Books, 1990.

Madelaine, Richad. ed. *Shakespeare in Production*: Antony and Cleopatra. Cambridge: Cambridge UP, 1998.

Singh, Jyotsna. "Renaissance Anti-theatricality, Anti-feminism, and

Shakespeare's *Antony and Cleopatra*." *Renaissance Drama* 20 (1989): 99-121.

Sprengnether, Madelon G. "'I wooed thee with my sword': Shakespeare's Tragic Paradigms." *Shakespeare: An Anthology of Criticism and Theory* 1945-2000. Ed. Russ McDonald. Oxford: Blackwell, 2004. 591-605.

Woodbridge, Linda. "Egyptian Queens and Male Reviewers: Sexist Attitudes in *Antony and Cleopatra* Criticism." *Shakespeare: An Anthology of Criticism and Theory* 1945-2000. Ed. Russ McDonald. Oxford: Blackwell, 2004. 570-90.

맺음말

비극은 근본적으로 고통의 문학이다. 고통의 원인을 제시하고 고통의 과정을 보여주고 깨달음을 통해 고통을 승화하고 통과하는 제의이다. 고통은 비극의 정점에 자리 잡고 있으며, 비극은 고통과 깨달음을 통해 빛을 드러낸다. 그러므로 비극은 비관적 문학이 아니다. 셰익스피어 비극 또한 마찬가지이다.

셰익스피어 비극은 고통을 이야기한다. 『햄릿』은 선택의 문제에 내포된 비극이며, 『오셀로』는 질투의 비극이며, 『리어왕』은 고통의 비극이며, 『맥베스』는 흔들리는 욕망의 비극이다. 『줄리어스 시저』는 권력의 비극이며, 『안토니와 클레오파트라』는 정념(情念)의 비극이다. 야심과 권력욕과 정념과 욕망과 질투와 소유욕이 비극의 원인이며 고통으로 이어진다. 과도한 욕망과 집착, 그리고 오만성과 판단의 오류는 비극적 파국으로 이어진다. 자기만 안다는 인식의 오만, 자신만 할 수 있다는 행위의 오만, 자기만 가질 수 있다는 도덕적 오만, 그리고 자신이 항상 옳다는 착각과 자기 뜻만을 내세우는 아집은 비극 작품의 인물들을 파멸로 이끈다. 그러나 비극의 주인공은 고통을 겪으면서 겸허하고 성숙한 인간으로 변모하고, 집착과 아집을 덜어내고 지혜로운 인간으로 변모한다.

비극은 물음과 깨달음의 문학이다. 브루투스의 이상과 현실, 햄릿의 망설임과 선택, 오셀로의 질투와 파멸, 맥베스의 욕망과 야심, 리어왕의 고통과 인식의 이면에는 항상 "나는 누구인가"라는 물음이 주어진다. 이는 곧 인간은 무엇인가라는 물음으로, 인생이 무엇인가라는 물음으로 이어진다. 또한, 인간 존재의 방향성, 즉 우리가 어디서 와서 어디로 가는가를 생각하게 만든다.

소크라테스는 "너 자신을 알라!"는 경구를 통해 자신을 아는 것이 지혜의 출발점이라는 것을 시사했다. 자신이 무지하다는 각성, 고통이 결국은 자신의 잘못에 기인한다는 각성과 깨달음, 그리고 그 고통을 참아견디는 인내는 인간의 정신적 키를 높이는 빛이다. 셰익스피어 비극의 주동 인물은 모두 죽지만, 죽기 전에 어두운 하늘을 뚫고 지나가는 한 줄기 빛처럼 통찰과 인식의 빛을 드러낸다. 자신의 정체성에 대한 인식의 빛이고, 자신을 둘러싼 사회와 우주에 대한 통찰의 빛이다.

햄릿은 고통스러운 경험을 통해 내가 모르는 미지의 세계가 있다는 것을 인식하고, 나의 세계가 결코 나 밖의 세상으로부터 분리되어 있지 않다는 각성에 이른다. 햄릿은 존재와 무(無), 삶과 죽음, 실체와 허구, 진리와 거짓, 선과 악, 행동과 무위(無爲) 사이에서 갈등하고 회의한다. 모든 것은 불확실하고 불안하며 고통스럽다. 그러나 햄릿은 잉글랜드로 가다가 죽을 고비를 넘기고 살아 돌아온 후 체념과 초탈의 자세를 견지한다. "참새 한 마리가 떨어지는 데에도 하느님의 특별한 섭리가 있는 법! 죽음이 지금 오면 장차 오지 않을 것이고, 장차 아니 올 것이면 지금 올 것이 아닌가? 지금이 아니라도 언젠가는 올 것이 아닌가?" 불길한 예감을 느끼고 레어티스와 결투하지 말라는 호레이쇼에게 햄릿이 하는 말이다. 햄릿은 삶에 대한 집착을 버리고 세상을 초연하게 관조하며 체념한다. 그리고 그 체념은 세상을 있는 그대로 받아들이는 현자의 수용이다. 햄릿은 마침내 미지의 세계와 죽음에 대한 불안감을 해소하고 평정심을 얻는다.

오셀로는 질투로 인해 엄청난 고통을 겪고 자살한다. 오셀로 자신의 각성은 그리 크게 드러나지 않지만, 그의 비극을 바라보는 우리는 질투가 자신에 대한 신뢰 부족과 열등감에 기인한다는 것을 인식하고, 타인을 사랑하기 전에 자신에 대한 신뢰가 선결되어야 한다는 것을 깨닫는다. 오셀로와 데스데모나의 관계를 통해 존재 양식과 소유 개념은 결코 함께할 수 없다는 자각에 이른다. 사랑은 달콤하나 집착하는 사랑은 고통이다. 맥베스는 왕을 시해하고 야심을 이루지만, 그의 삶은 실체 없이 "걸어 다니는 그림자"로 전락한다. 왕좌를 찬탈한 후 편히 잠들지 못하는 수많은 고통을 겪으면서, 맥베스는 실체와 괴리된 권력이나 명예를 욕망하는 것이 얼마나 헛되고 의미 없는 것인가를 깨닫는다.

아무것도 아닌 존재로 전락한 리어는 비로소 코델리아가 말했던 "Nothing"(無)의 진정한 의미를 깨닫고, 말과 진실의 괴리를 인식한다. 리어는 주위의 불쌍한 인간들의 고통을 직면하고, 모든 인간은 태어날 때 "바보들의 거대한 무대에 나온 것이 슬퍼서 우는 것"이라고 언급한다. 인간 존재 자체가 고통이라는 말이다. 리어의 깨달음이 드러난 대사이다. 실존적 의미에서 모든 인간은 외롭고 고통스럽다.

비극은 역설의 세계이다. 리어는 맹목(盲目)의 통찰(通察)이란 역설을 잘 드러내는 인물이다. 세상의 눈이 멀어야 심안으로 실체를 볼 수 있다는 역설이 미친 리어와 눈먼 글로스터의 고통스러운 경험을 통해 드러나고 있다. 헛된 욕망과 야심을 버려야 의미 있는 것을 얻을 수 있다는 역설이 "걸어 다니는 그림자" 같은 맥베스의 삶을 통해 드러나고 있다. 그리고 소유 욕망을 버려야 얻을 수 있다는 역설이 질투와 집착으로 눈이 멀어 모든 것을 잃은 오셀로의 경험을 통해 드러나고 있다. 햄릿은 "마음의 눈"(mind's eye)으로 현상의 세계 넘어 존재하는 실재를 인식한다. 브루투스는 현실 정치에서 패배하지만, 공화정 수호라는 그의 이상은 여전히 살아남는다. 패배가 공(空)은 아니라는 역설이다. 지고 잃으면서 얻는 역설이다. 코델리아가 드러내듯이 "아무것도 없는 것"(nothing)은 무(無)의 상태가 아니다. 그리하여 셰익스피어의 비극은 비워내야 가질 수 있다는, 비워야 채울 수 있다는 역설을 드러내고, 집착과 아집을 비워내야 우리의 삶을 울리는 공명통으로 만들 수 있다는 것을 보여준다. 이는 비극에서뿐만 아니라 우리의 삶에서도 사실이다.

비극은 늘 나는 무엇이고 너는 무엇인가를 탐구한다. 결국, 모든 비극의 문제는 '인간은 무엇인가'라는 물음으로 수렴되고, 비극은 고통을 통해 이를 깨달아 가는 과정이다. 인간의 정체성과 인간을 둘러싼 세상의 실체를 인식하는 과정이다. 그러므로 비극은 고통을 통한 각성과 깨달음의 문학이다. 비극적 주인공 모두 과오를 범하지만, 이 과오를 인지하고 반성하는 순간을 체험하며 좀 더 지혜로운 인간이 되어 삶을 마감한다. 그런데 그 각성과 지혜가 고통 없이 주어지는 경우는 드물다. 비극에서든 현실에서든 고통을 통한 각성과 깨달음을 통해 인간의 정신적 높이는 상승한다. 그리고 고통을 통하지 않고는 쉽게 깨달음에 이르지 못한다는 것은 인간에게 주어진 한계이고 피할 수 없는 현실이다. 셰익스피어 비극에 반영된 현실의 탐색은 현실에의 순응과 동시에 현실의 극복을 전제로 한다. 현실은 욕망으로 구성되어 있다. 고통은 충족되지 않은 욕망에서 생겨나며, 기쁨은 욕망의 충족에서 온다. 그러나 실현 불가능한 욕망과 집착은 우리를 고통과 고뇌로 몰고 간다. 집착은 욕망의 부정적 형태이다.

인생에 대한 총체적 인식은 그것을 연극으로 받아들일 때 가능하다.

그렇게 함으로써 우리는 관객이 되어 비교적 초연한 입장에서 집착을 버리고 무대 위에서 벌어지는 인생에 대해 전체적으로 조망할 수 있기 때문이다. 이는 낮은 산이든 높은 산이든 산 전체의 모습을 보기 위해서는 산 정상에 올라가 보아야 하는 이치와 같다. 무대 위에서 벌어지는 허구적 현실은 실재와 현상의 괴리를 파악하는 사람에게는 현실보다도 더 현실적일 수가 있다. 주관성의 오류를 벗어나 대상을 객관적으로 볼 수 있는 계기를 제공하기 때문이다. 우리는 집착으로부터 자유로운 상태가 될 때, 이성으로 욕망을 제어할 수 있을 때, 보이는 대상으로부터 초탈할 수가 있고, 들리는 것으로부터 초탈할 수가 있다. 즉 이는 눈앞에 벌어지는 가시적 현상에 현혹되지 않는다는 말이다. 이는 곧 마음으로 보고 듣는 작업이다.

마음으로 보고 듣고 느끼는 작업은 어느 정도의 고통을 수반한다. 그러나 고통을 통한 인식 없이는 새로운 출발이 주어지지 않는다는 것을 셰익스피어는 말하고 있다. 어둠 속에서도 오래 있으면 점점 사물의 모습이 뚜렷이 보인다. 고통도 이와 마찬가지다. 고통의 어둠 속에서도 시간이 흐르면, 고통의 실체는 선명해지고, 해결책을 찾기 시작한다. 고통은 점점 더 참기가 쉬워지고, 세월이 흐르면 인식의 빛이 찾아온다. 리어에게 고통이 주어지지 않았다면 결코 세상의 실체와 삶의 진실에 눈뜨지 못했을 것이다. 그의 비워내기 과정이 없었다면 공명과 울림이 없었을 것이다. 이러한 인식의 과정에서 나라는 존재는 모든 것의 시작이며 끝이다. 인식대상보다 인식주체인 나의 존재가 중하다는 말이다.

문학은 세상과 인간을 비추는 거울이고, 자신을 비추는 거울이다. 셰익스피어의 거울은 그가 살았던 시대의 삶을 비춘다. 나아가 그의 작품에 등장하는 인물은 현재 우리의 모습을 비추는 거울이 되고, 우리는 작품 속의 인물이 보여주는 경험을 우리 자신의 경험과 연관 지운다. 그러므로 셰익스피어의 작품은 우리가 자신을 되돌아보고, 삶의 근본 문제를 성찰하게 만드는 거울이다. 셰익스피어는 우리가 가진 거울에 쌓인 일상의 먼지를 닦아, 자신의 모습을 더 잘 볼 수 있게 하는 존재이다.

현대의 주요 비평이론을 셰익스피어의 비극 작품에 적용하여 해석했다. 신비평과 수사학 이론, 성격심리비평, 역사비평, 정신분석 비평, 페미니스트 비평, 해체주의, 문화유물론, 탈식민주의 비평의 견해를 참조하면서 비극 작품들을 분석하고 논의했다. 셰익스피어 작품 분석에 사용된 원문 텍스트는 리버사이드판이다(*The Riverside Shakespeare*, ed. G. B. Evans, Houghton Mifflin, 1974). 원문 텍스트의 과거형 'd는 모두 ed로 바꾸어 사용했다.

집필을 위해 참조한 본인의 논문은 다음과 같으며, 학회의 허락을 받아 그 내용을 인증 없이 저서의 본문에 사용했다. "로마 사극에 나타난 셰익스피어의 민중관: 『줄리어스 시저』와 『코리오레이너스』," *Shakespeare Review* 42.3 (2006); "『줄리어스 시저』에 나타난 설득과 선동의 언어," *Shakespeare Review* 47.3(2011); "Waiting for Justice: Shakespeare's *Hamlet* and the Elizabethan Ethics of Revenge," ELL 43.4 (1997); "갈등의 양상과 의미: 햄릿의 독백을 중심으로," 『인문학연구』 44 (2010); "드러남과 감춤: 『햄릿』의 외양과 실재," *Shakespeare Review* 49.2 (2013); "여성 혐오 담론과 남성의 소유의식: 『오셀로』의 경우," *Shakespeare Review* 34 (1998); "오셀로의 성격과 자기극화," 『영미어문학』 81 (2006); "이항대립의 불확정성: 『리어왕』의 경우," 『영어영문학』 54.5 (2008); "『리어왕』 비평의 쟁점: 낙관적 시각과 비관적 시각," *Shakespeare Review* 46.4 (2010); "글로스터의 인식 과정: 『리어왕』에 나타난 눈멂과 통찰," *Shakespeare Review* 54.1 (2018); "진실의 가림과 드러냄: 『맥베스』

의 문지기 장면과 주제,"『신영어영문학』48 (2011); "외양과 실재의 괴리와 '맞지 않는 옷': 『맥베스』,"『영미어문학』 127 (2017); "클레오파트라의 연극성과 전복성,"『영어영문학』 50.3 (2004); "인종담론과 성담론: 『오셀로』와 『안토니와 클레오파트라』의 경우,"『영미어문학』 74 (2005).

참고문헌

Adamson, Jane. *Tragedy: Some Problems of Judgement and Feeling*. Cambridge: Cambridge UP, 1980.

Adelman, Janet. *Suffocating Mothers: Fantasies of Maternal Origin in Shakespeare's Plays, "Hamlet" to "The Tempest."* New York: Routledge, 1992.

______. "Iago's Alter Ego: Race as Projection in *Othello*." *SQ* 48 (1997): 125-44.

Alexander, Catherine M. S. and Stanley Wells, eds. *Shakespeare and Race*. Cambridge: Cambridge UP, 2000.

Althusser, Louis. "Ideology and Ideological State Apparatuses." *Lenin and Philosophy and Other Essays*. Trans. Ben Brewster. London: New Left Books, 1977.

Appiah, K. A. "The Uncompleted Argument: Du Bois and the Illusion of Race." *'Race,' Writing, and Difference*. Ed. H. L. Gates Jr. Chicago: U of Chicago P, 1985. 21-37.

Aronson, Alex. *Psyche and Symbol in Shakespeare*. Bloomington: Indiana UP, 1972.

Ashcroft, Bill, Gareth Griffiths and Helen Tiffin. *The Empire Writes Back*. New York: Routledge, 1989.

Auden, W. H. "Brothers and Others." *Shakespeare: The Merchant of Venice*. A Casebook. Ed. John Wilders. London: Macmillan, 1969. 224-40.

Baber, C. L. *Shakespeare's Festive Comedy: A Study of Dramatic Form and its Relation to Social Custom*. Princeton: Princeton UP, 1959.

Bakhtin, M. *The Dialogic Imagination: Four Essays*. Ed. Michael Holoquist, Trans. M. Holoquist and Caryl Emerson. Austin: U of Texas P, 1981.

Bamber, Linda. *Comic Women, Tragic Men: A Study of Gender and Genre in Shakespeare*. Stanford: Stanford UP, 1982.

Barker, Francis and Peter Hulme. "Nymphs and Reapers Heavily Vanish: The Discursive Con-Texts of *The Tempest.*" *Alternative Shakespeares*. Ed. John Drakakis. London: Methuen, 1985. 191-205.

Barker, Kenneth, ed. *The NIV Study Bible*. Grand Rapids: Zondervan Pub., 1985.

Bartels, Emily C. "Making More of the Moor: Aaron, Othello, and Renaissance Refashionings of Race." *SQ* 41 (1990): 433-54.

Barthe, Roland. *Image-Music-Text*. Trans. Stephen Heath. London: Fontana, 1977.

Barthelemy, Anthony. *Black Face Maligned Race: The Representation of Blacks in English Drama from Shakespeare to Southerne*. Baton Rouge: Louisiana State UP, 1987.

Battenhouse, Roy W. "The Ghost in *Hamlet*: A Catholic Linchpin?" *Studies in Philology* 48 (1951): 161-92

Belsey, Catherine. *The Subject of Tragedy: Identity and Difference on Renaissance Drama*. London: Methuen, 1985.

_____. "Cleopatra's Seduction." *Alternative Shakespeare*. Vol 2. Ed. Terence Hawkes. London: Routledge, 1996. 38-62.

Bergeron, David M. "Deadly Letters in *King Lear*." *Philological Quarterly* 72.2 (1993): 157-76.

Bhabha, Homi K. *The Location of Culture*. London: Routledge, 1993.

Black, James. "'*King Lear*': Art Upside-down." *Shakespeare Survey* 33 (1980): 35-42.

Bodkin, Maude. *Archetypal Patten in Poetry*. Oxford: Oxford UP, 1934.

Boon, James A. *Other Tribes, Other Scribes: Symbolic Anthropology in the Comparative Study of Cultures, Histories, Religious, and Texts*. Cambridge: Cambridge UP, 1982.

Boose, Lynda E. "The Comic Contract and Portia's Golden Ring." *Shakespeare Studies* 20 (1988): 241-54.

_____. "The Getting of a Lawful Race." *Women, Race, and Writing in the Early Modern Period*. Ed. M. Hendricks and P. Parker. London: Routledge, 1994. 35-54.

Booth, Stephen. "On the Value of *Hamlet*." *Hamlet. New Casebook*. Ed. Martin Coyle. New York: St. Martin's P, 1992. 57-67.

Bowers, Fredson. *Elizabethan Revenge Tragedy*. Princeton: Princeton UP, 1940.

_____. "Hamlet as Minister and Scourge." *PMLA* 70 (1955): 740-49.

Bradbrook, M. C. *Shakespeare and Elizabethan Poetry*. London: Chatto and Windus, 1951.

Bradley, A. C. *Shakespearean Tragedy: Lectures on Hamlet, Othello, King Lear, Macbeth*. 1904. 3rd ed. London: Macmillan, 1992.

Bristol, Michael D. *Carnival and Theatre: Plebian Culture and the Structure of Authority in Renaissance England*. London, 1985.

Brooks, Cleanth. "The Naked Babe and the Cloak of Manliness." *The Well Wrought Urn: Studies in the Structure of Poetry.* 1947. New York: Harcourt Brace Jovanovich, 1956. 21-46.

Bugner, Ladislas. "Introduction." *The Image of the Black in Western Art: From the Pharaohs to the Fall of the Roman Empire*. Ed. Jean Vercoutter *et. al.* Cambridge: Harvard UP, 1976. 9-32.

Buhler, Stephen M. *Shakespeare in the Cinema: Ocular Proof.* Albany: State U of New York P, 2002.

Calderwood, J. L. *Shakespearean Metadrama*. Minneapolis: U of Minnesota P, 1972.

_____. "Creative Uncreation in *King Lear*." *Shakespeare Quarterly* 37.1 (1986): 5-19.

Callaghan, Dympna.. "Representing Cleopatra in the Post-colonial Moment." *Antony and Cleopatra*. Ed. Nigel Wood. Buckingham: Open UP, 1985. 40-65.

_____. "What's at Stake in Representing Race?" *Shakespeare Studies* 26 (1998): 21-26.

Campbell, Lily B. "Theories of Revenge in Renaissance England." *Modern Philology* 28 (1931): 281-96.

Capellanus, Andreas. *The Art of Courtly Love*. Trans. John Jay Parry. New York: Frederick Ungar Publishing, 1941.

Cartelli, Thomas. "Shakespeare's Merchant, Marlowe's Jew: The Problem of Cultural Difference." *Shakespeare Studies* 20 (1988): 255-60.

Cartmell, Deborah. *Interpreting Shakespeare on Screen*. London: Macmillan, 2000.

Cartwright, Kent. "Audience Response and the Denouement of *Othello*." *Othello: New Perspectives*. Ed. V. M. Vaughan and Kent Cartwright. Newark: Fairleigh Dickinson UP, 1991. 161-76.

Charlton, H. B. *Shakespearian Comedy*. 1938. London: Methuen, 1984 Rpt.

Chaucer, Geoffrey. *Chaucer's Major Poetry*. Ed. A. C. Baugh. Englewood Cliffs, N.J.: Prentice-Hall, 1963.

Chedgzoy, Kate. *Shakespeare, Feminism and Gender*. London: Macmillan, 2001.

Cixous, Helene. "Sorties: Out and Out: Attacks / Ways Out / Forrays." *The Newly Born Woman*. 1975. By Helene Cixous and Catherine Clement. Trans. Betsy Wing. Minneapolis: U of Minnesota P, 1986. 63-132.

Cixous, Helene. "Sorties: Out and Out: Attacks/Ways Out Forrays." *The Newly Born Woman*. 1975. By Helene Cixous and Catherine Clement. Trans. Betsy Wing. Minneapolis: U of Minnesota P, 1986. 63-132.

Cleaver, R. *A Godly Forme of Household Government for the Ordering of Priu(v)ate Families, According to Direction of Gods Word*. London: Printed by Thomas Creede for Thomas Man, 1603.

Clemen, W. H. "*Romeo and Juliet.*" *Twentieth Century Interpretations of* Romeo and Juliet. Ed. Douglas Cole. Englewood Cliffs, N.J.: Prentice-Hall, 1970. 66-75.

Clemen, Wolfgang H. *The Development of Shakespeare's Imagery*. 1951. 2nd ed. London: Methuen, 1977.

Cohen, D. M. "The Jew and Shylock." *SQ* 31 (1980): 53-63.

Cohen, Walter. "Political Criticism of Shakespeare." *Shakespeare Reproduced: The Text in History and Ideology*. Eds. Jean E. Howard and Marion F. O'Connor. London: Methuen, 1987. 18-46.

Cohen, Walter. "*The Merchant of Venice* and the Possibilities of Historical Criticism." *ELH* 49 (1982): 765-89.

Coleridge, Samuel Taylor. *Shakespearean Criticism*, Vol. 1. Ed. Thomas Middleton Raysor. 2nd ed. London: Dutton, 1960.

Colie, R. L. *Paradoxia Epidemica: The Renaissance Tradition of Paradox*. Princeton: Princeton UP, 1966.

Collier, Andrew. "In Defence of Epistemology." *Issues in Marxist Philosophy*. Vol.3. Eds. John Mepham and D. H. Ruden. Brighton: Harvester, 1979.

Cowhig, Ruth. "Blacks in English Renaissance and the Role of Shakespeare's Othello." *The Black Presence in English Literature*. Ed. David Dabydeen. Manchester: Manchester UP, 1985. 1-25.

Coyle, Martin, ed. *Hamlet. New Casebooks*. New York, 1992

Culler, Jonathan. *On Deconstruction*. Ithaca: Cornell UP, 1982.

Curry, Walter Clyde. *Shakespeare's Philosophical Patterns*. Baton Louge: Louisiana State UP, 1959.

Curtis, Jared R. "The Speculative and Officed instrument: Reason and Love in *Othello*." *Shakespeare Quarterly* 24.2 (1973): 188-97.

D'Amico, Jack. *The Moor in English Drama*. Tampa: U of South Florida P, 1991.

Danby, John F. *Shakespeare's Doctrine of Nature. A Study in King Lear.* London: Faber & Faber, 1949.

De Sousa, Geraldo U. *Shakespeare's Cross-Cultural Encounters*. London: Macmillan, 1999.

Dent, R. W. "Hamlet: Scourge and Minister." *SQ* 29 (1978): 82-4.

Derrida, Jacques. *Of Grammatology.* Trans. G. C. Spivak. Baltimore: Johns Hopkins UP, 1974.

_____. "Differance." *Deconstruction in Context*. Ed. M. C. Taylor. Chicago: U of Chicago P, 1986.

Detmer-Goebel, Emily. "The Need for Lavinia's Voice: *Titus Andronicus* and the Telling of Rape." *Shakespeare Studies* 29 (2001): 75-92.

Diehl, Huston. "Horrid Image, Sorry Sight, Fatal Vision: The Vidual Rhetoric of *Macbeth*." *Shakespeare Studies* 16 (1983): 191-204.

Dobson, Michael. ed. *The Oxford Companion to Shakespeare*. Oxford: Oxford UP, 2001.

Dollimore, Jonathan. *Radical Tragedy: Religion, Ideology and Power in the Drama of Shakespeare and His Contemporaries*. Brighton: Harvester, 1984.

Dollimore, Jonathan and Alan Sinfield, ed. *Political Shakespeare: New Essays in Cultural Materialism*. Manchester: Manchester UP, 1985.

Donaldson, E. Talbot. "The Myth of Courtly Love." *Speaking of Chaucer*. New York: Norton, 1970. 154-63.

Donaldson, Laura E. *Decolonizing Feminisms: Race, Gender and Empire Building*. London: Routledge, 1992.

Drakakis, John. "The Engendering of Toads." *Shakespeare Jahrbuch* 124 (1998): 62-80.

Driver, Tom F. *The Sense of History in Greek and Shakespearean Drama*. New York: Columbia UP, 1960.

Du Bois, W. E. B. *The Oxford W. E. B. Du Bois Reader*. Ed. Eric J. Sundquist. Oxford: Oxford UP, 1966.

Dusinberre, Juliet. *Shakespeare and the Nature of Women*. New York: Barnes & Noble, 1975.

Eagleton, Terry. *Marxism and Literary Criticism*. London: Methuen, 1976.

_____. *William Shakespeare*. Oxford: Blackwell, 1986

Easthope, Antony. *Poetry As Discourse*. New York: Methuen, 1983.

Eliot, T. S. "Shakespeare and the Stoicism of Seneca." *Selected Essays*. New York: Harcourt Brace Jovanovich Inc., 1950. 107-20.

Elliott, G. R. "*Othello* as a Love-Tragedy." *The American Review* 8.3 (1937): 257-88.

_____. *Flaming Minister: A Study of Othello as Tragedy of Love and Hate*. Durham, NC: Duke UP, 1953.

Elton, William R. *King Lear and the Gods*. San Marino: Huntington Library, 1966.

Empson, William. "Honest in *Othello*." *The Structure of Complex Word*. Cambridge: Harvard UP, 1951. 218-49.

Erickson, Peter. *Patriarchal Structures in Shakespeare's Drama*. Berkeley: U of California P, 1985.

Evans, K. W. "The Racial Factor in *Othello*." *Shakespeare Studies* 5 (1969): 124-40.

Fanon, Frantz. *Black Skins, White Masks*. Trans. Charles Lam Markmann. London: Pluto, 1986.

Felixe, Schelling. "The Supernatural in Old English Drama." *Shakespesre and Demi-Science*. New York: Pennsylvania UP. 158-79.

Fiedler, Leslie A. *The Stranger in Shakespeare*. New York: Stein and Day, 1972.

Foucault, Michel. *The History of Sexuality*, Vol. 1. 1976. Trans. Robert Hurley. New York: Phantheon Books, 1978.

Freud, Sigmund. *New Introductory Lectures on Psychoanalysis*. 1933. Trans. and ed. James Strachey. New York: Norton, 1964.

Frey, Charles. "*The Tempest* and the New World." *SQ* 30.1 (1979): 29-41.

Friedlander, G. *Shakespeare and the Jew*. London: Routledge & Kegan Paul, 1921.

Frye, Roland Mushat. *The Renaissance Hamlet: Issues and Responses in 1600*. New Haven, N.J.: Princeton UP, 1984.

Gajowski, Evelyn. *The Art of Loving: Female Subjectivity and Male Discourse Traditions in Shakespeare's Tragedies*. Cranbury, NJ,: Associated UP, 1992.

Garber, Marjorie. "*Hamlet*: Giving Up the Ghost." Hamlet: *William Shakespeare*. Ed. S. L. Wofford. Boston: Bedford Books of St. Martin's P, 1994. 297-331.

Gardner, Helen. "The Historical Approach to *Hamlet*." *Shakespeare: Hamlet*. Ed. John Jump. London: Macmillan, 1968. 137-50.

Girard, René. "To Entrap the Wisest." *William Shakespeare's* The Merchant of Venice. Ed. Harold Bloom. New York: Chelsea House, 1986. 91-105.

Goddard, Harold C. *The Meaning of Shakespeare.*. Vol.1. Chicago: U of Chicago P, 1960.

Goldsmith, Robert H. *Wise Fools in Shakespeare*. Lansing: Michigan State UP, 1955.

Granville-Barker, Harley. *Prefaces to Shakespeare*, Vol. 1. Princeton: Princeton UP, 1946.

Grebanier, Bernard. *The Truth about Shylock*. New York: Random House, 1962.

Green, Douglass E. "Interpreting 'her martyr'd signs'." *Shakespeare Quarterly* 40 (1989): 316-26.

Greenblatt, Stephen J. *Renaissance Self-fashioning: From More to Shakespeare*. Chicago: U of Chicago P, 1980.

Greene, Gayle. "This that you call love: Sexual and Social Tragedy in *Othello*." *Journal of Women's Studies in Literature* 1.1 (1979): 16-32.

Griffiths, Trevor R. "'This Island's mine': Caliban and Colonialism." *Yearbook of English Studies* 13 (1983): 159-80.

Guerin, Wilfred L. et. al., *A Handbook of Critical Approaches to Literature*. 3rd ed. Oxford: Oxford

UP, 1992.

Habib, Imtiaz. *Shakespeare and Race*. New York: UP of America, 2000.

Hall, Kim. *Things of Darkness: Economics of Race and Gender in Early Modern England*. Ithaca: Cornell UP, 1995.

Hall, Vernon Jr. "Freudianism and Literature." *A Short History of Literary Criticism*. New York: New York UP, 1963. 156-62.

Hallett, Charles A. and Elaine S. Hallett. *The Revenger's Madness: A Study of Revenge Tragedy Motifs*. Lincoln: U of Nebraska P, 1980.

Hankins, John E. "Caliban the Bestial Man." *PMLA* 62 (1947): 793-801.

Hantman, Jeffrey L. "Caliban's Own Voice: American Indian Views of the Other in Colonial Virginia." *New Literary History* 23 (1992): 69-81.

Harris, Bemard. "A Portrait of a Moor." *Shakespeare and Race*. Ed. Catherine M. S. Alexander and Stanley Wells. Cambridge: Cambridge UP, 2000. 23-36.

Harris, Bernice. "'Sexuality as a Signifier for Power Relations: Using Lavinia, of Shakespeare's *Titus Andronicus*." Criticism 38.3 (1996): 383-406.

Hawkes, Terence. "Shakespeare and the New Critical Approaches." *The Cambridge Companion to Shakespeare Studies*. Ed. Stanley Wells. Cambridge: Cambridge UP, 1986. 287-302.

Heilman, Robert B. *This Great Stage: Image and Structure in King Lear*. Baton Rouge: Lousiana State UP, 1948.

Hendricks, Margo. "'The Moor of Venice,' or the Italian on the Renaissance English Stage." *Shakespeare Tragedy and Gender*. Eds. S. N. Garner and M. Sprengnether. Bloomington: Indiana UP, 1996. 193-209.

Hendricks, Margo and Patricia Parker, eds. *Women, 'Race', and Writing in the Early Modern Period*. London: Routledge, 1994.

Herbert, Judd. *Tragedy and Tragic in Western Culture*. Montreal: Determination, 1982.

Herrmann, Anne. "Travesty and Transgression: Transvestism in Shakespeare, Brecht, and Churchill." *Theatre Journal* 41.2 (1989): 133-54.

Holderness, Graham. "Rev. of *Shakespearean Negotiations: The Circulation of Social Energy in Renaissance England*, by Stephen Greenblatt." *MLR* 85 (1990): 141-44.

Holland, Norman N. *Psychoanalysis and Shakespeare*. New York: McGraw-Hill, 1966.

Hooks, Roberta M. "Shakespeare's *Antony & Cleopatra*." *American Imago* 44.1 (1987): 37-49.

Horwich, Richard. "Integrity in *Macbeth*: The Search for the 'Single State of Man.'" *SQ* 29 (1978): 365-73.

Hotson, Leslie. *Shakespeare's Motley*. New York: Haskell House, 1971.

Howard, Jean. "Cross-dressing, The Theatre, and Gender Struggle in Early Modern England." *Shakespeare Quarterly* 39 (1988): 418-40.

Hulme, Peter. *Colonial Encounters: Europe and the Native Caribbean, 1492-1797*. London: Methuen,

1986. 89-134.

Hunt, Maurice. "Compelling Art in *Titus Andronicus*." *SEL* 28 (1988): 197-218.

Hunter, G. K. "*Othello* and Colour Prejudice." *Dramatic Identities and Cultural Tradition*. Ed. G. K. Hunter. Liverpool: Liverpool UP, 1978. 31-59.

______. "Elizabethan and Foreigners." *Shakespeare and Race*. Eds. Catherine M. S. Alexander and Stanley Wells. Cambridge: Cambridge UP, 2000. 37-63.

Jakobson, Roman. "Linguistics and Poetics." *Language in Literature*. Eds. K. Pomorska and S. Rudy. Cambridge: Harvard UP, 1987.

Jankowski, Theodora A. "'As I am Egypt's Queen': Cleopatra, Elizabeth I, and the Female Body Politic." *Essays: Critical Approaches to Medieaval and Renaissance Texts* 5. Ed. Peggy A Knapp. Pittsburgh: U of Pittsburgh P, 1989. 91-110.

Jardine, Lisa. *Still Harping on Daughters: Women and rama in the Age of Shakespeare*. Brighton: Harvester, 1983.

Jenkins, Raymond. "The Socratic Imperative and *King Lear*." *Renaissance Papers* 1963 (1964): 85-93.

Jones, Eldred. *Othello's Countrymen: The African in English Renaissance Drama*. London: Oxford UP, 1965.

Jones, Ernest. *Hamlet and Oedipus*. 1949. New York: Norton, 1976.

Jordan, Winthrop. *White Over Black: American Attitudes Toward the Negro, 1550-1812*. Chapel Hill: U of North Carolina p, 1968.

Jorgensen, Paul A. *Our Naked Frailties: Sensational Art and Meaning in* Macbeth. Berkeley: U of California P, 1971.

Joseph, Sister Miriam. "'*Hamlet*,' a Christian Tragedy." *Studies in Philology* 59-2 (1962): 119-40. .

Jump, John, ed. *Hamlet*. Casebook. London: Macmillan, 1981.

Kahn, Coppelia. *Man's Estate: Masculine Identity in Shakespeare*. Berkeley: U of California P 1981.

______. *Roman Shakespeare: Warriors, Wounds, and Women*. London: Routledge, 1997.

Kaiser, Walter. *Praisers of Folly: Erasmus, Rabelais, Shakespeare*. Cambridge: Harvard UP, 1963.

______. "Wisdom of the Fool." *Dictionary of the History of Ideas*. Vol.4. Ed. P. Wiener. New York: Charles Scribner's Sons, 1978.

Kaplan, Cora. "Pandora's Box: subjectivity, class and sexuality in socialist feminist criticism(1985)." *Feminisms: An Anthology of Literary Theory and Criticism*. Eds. Robyn R. Warhol and Diane Price Herndl. New Jersey: Rutgers UP, 1997. 956-75.

Kimbrough, Robert. "Macbeth: The Prisoner of Gender." *Shakespeare Studies* 16 (1983): 175-90.

Knight, G. Wilson. *The Crown of Life*. 1947. New York: Methuen, 1982. Rpt.

Knights, L. C. *Some Shakespearean Themes*. London: Chatto and Windus, 1959.

Kott, Jan. *Shakespeare Our Contemporary*. Trans. B. Taborski. London: Methuen, 1965.

Lacan, Jacques. "Desire and the Interpretation of Desire in *Hamlet*." Trans. James Hulbert. *Yale*

French Studies 55-56 (1977): 11-52.

Leavis, F. R. "Diabolic Intellect and the Noble Hero: A Note on *Othello*." *Scrutiny* 6.3 (1937): 259-83.

Lee, Kyung-Won. "Othello 'the Noble Moor' and a Postcolonioal Re-reading of Shakespearean Ambivalence." *English Language and Literature* 45.4 (1999): 969-89.

Levin, Harry. *Shakespeare and the Revolution of the Times.* New York: Oxford UP, 1976.

Lewis, C. S. *The Allegory of Love: A Study in Medieval Tradition*. London: Oxford UP, 1936.

Linn, Robert J. "The fool in Renaissance Drama." Diss., U of South Carolina, 1978.

Little Jr. Arthur L. *Shakespeare Jungle Fever: National-Imperial Re-visions of Race, Rape, and Sacrifice.* Stanford: Stanford UP, 2000.

Loomba, Ania. *Gender, Race, Renaissance Drama*. Manchester: Manchester UP, 1989.

______. *Colonialism/Postcolonialism*. London: Routledge, 1998.

______. *Shakespeare, Race, and Colonialism*. Oxford: Oxford UP, 2002.

Loomba, Ania and Martin Orkin, eds. *Post-Colonial Shakespeares*. London: Routledge, 1998.

Lorris, Gullaume de, and Jean de Meun. *The Romance of the Rose*. Trans. Charles Dahlberg. Princeton, N.J.: Princeton UP, 1971.

Luborsky, R. S. "The Pictorial Image of the Jew in Elizabethan Secular Books." *SQ* 46 (1995): 449-53.

Lupton, J. R. and K. Reinhard. *After Oedipus: Shakespeare in Psychoanalysis*. Ithca: Cornell UP, 1993.

Mack, Maynard. *King Lear in Our Time*. Berkeley: U of California P, 1966.

Macrone, Michael. *Brush Up Your Shakespeare*. New York: Gramercy Books, 1990.

Madelaine, Richad. ed. *Shakespeare in Production: Antony and Cleopatra*. Cambridge: Cambridge UP, 1998.

Mahood, M. M. "Shakespeare's Wordplay." *Romeo and Juliet: Critical Essays*. Ed. John F. Andrews. New York: Garland, 1993, 55-71.

Matthews, G. M. "*Othello* and the Dignity of Man." *Shakespeare in a Changing World: Essay*. Ed. Arnold Kettle. New York: International Publishers, 1964. 123-45.

McAlindon, T. *Shakespeare's Tragic Cosmos*. Cambridge: Cambridge UP, 1991.

McDonald, Russ, ed. *Shakespeare: An Anthology of Criticism and Theory 1945-2000*. Oxford: Blackwell, 2004.

McGee, Arthur. *The Elizabethan Hamlet*. New Haven: Yale UP, 1987.

McHoul, A. "Discourse." *Encyclopedia of Language and Linguistics*. Vol.2. Ed. R. E. Asher. Oxford: Pergamon P, 1994.

Memmi, Albert. *The Colonizer and the Colonized*. New York: The Orion P, 1965.

Miola, Robert S. *Shakespeare's Rome*. Cambridge: Cambridge UP, 1999.

Monter, E. W. "The Pedestal and the Stake: Courtly Love and Witchcraft." *Becoming Visible: Women in European History*. Eds. Renate Bridenthal and Claudia Koonz. Boston: Houghton Mifflin,

1977. 119-36.

Montrose, Louis Adrian. "'The Purpose of Playing': Reflections on a Shakespearean Anthropology." *Helios* 7 (1980): 51-74.

_____. "Professing the Renaissance: The Poetics and Politics of Culture." *The New Historicism*. Ed. H. Aram Veeser. London: Routledge, 1989. 15-36.

Moss, Joyce and George Wilson. *People of the World: Western Europeans*. Detroit: Gale Research, 1993.

Muir, Kenneth. "Image and Symbol in *Macbeth*." *Shakespeare Survey* 19 (1966): 45-54.

_____. "Introduction." *Macbeth* by William Shakespeare. London: Methuen, 1977. 11-65.

Murfin, Ross C. "What is Psychoanalytic Criticism." Hamlet: *William Shakespeare*. Ed. S. L. Wofford. Boston: Bedford Books of St. Martin's P, 1994. 241-51.

Nagel, Joane. *Race, Ethnicity, and Sexuality*. Oxford: Oxford UP, 2003.

Neely, Carol T. "Women and Men in *Othello*." *The Woman's Part: Feminist Criticism of Shakespeare*. Eds. C. R. Swift Lenz, Gayle Greene, and C. T. Neely. Chicago: U of Illinois P, 1980. 211-39.

Neill, Michael. "Unproper Beds: Race, Adultery, and the Hideous in *Othello*." *SQ* 40.4 (1989): 383-412.

Newell, Alex. *The Soliloquies in* Hamlet: *The Structural Design*. London: Associated UP, 1991.

Newman, Karen. "'And Wash the Ethiop White': Feminity and the Monstrous in *Othello*." *Shakespeare Reproduced: The Text in History and Ideology*. Eds. J. E. Howard and M. F. O'Connor. New York: Methuen, 1987. 143-62.

_____. *Fashioning Femininity and English Renaissance Drama*. Chicago & London: U of Chicago P, 1991.

Nicoll, Allardvce. *Studies in Shakespeare*. London: Leonard & Virginia Woolf, 1927.

Nuttall, A. D. "Freud and Shakespeare: *Hamlet*." *Shakespeare and Continuities*. Eds. John Batchelor et. al. London: Macmillan P, 1997. 123-37.

Orgel, Stephen. *Impersonations: The Performance of Gender in Shakespeare's England*. New York: Cambridge UP, 1996.

Ostwald, Barbara L. "Fool and Malcontent: the Dramatic Function of the Licensed Commentator in Elizabethan Drama." Diss., Indiana Univ. 1977.

Parker, M. D. H. *The Slave of Life: A Study of Shakespeare and the Idea of Justice*. London: Chatto and Windus, 1955.

Pierson, Ruth Roach. "Nations: Gendered, Racialized, Crossed with Empire." *Gendered Nations: Nationalisms and Gender Order in the Nineteenth Century*. Eds. Ida Blom, K. Hagemann, and Catherine Hall. Oxford: Berg, 2000. 41-61.

Plutarch. *Plutarch Roman Lives*. Trans. Robin Waterfield. Oxford: Oxford UP, 1999.

Prosser, Eleanor. *Hamlet and Revenge*. Stanford: Stanford UP, 1967.

Quinn, Edward, et al. ed. *The Major Shakespearean Tragedies*. New York: The Free P, 1973.

Rackin, Phyllis. "Shakespeare's Boy Cleopatra, the Decorum of Nature, and the Golden World of Poetry." *PMLA* 87 (1972): 201-12.

Ranald, M. L. *Shakespeare and His Social Context: Essays in Osmotic Knowledge and Literary Interpretation*. New York: AMS P, 1987. 135-52.

Ribner, Irving. P*atterns in Shakespearean Tragedy*. London: Methuen, 1960.

Ridley, M. R. ed. "Introduction." *Othello*. By W. Shakespeare. Arden Shakespeare. London: Methuen, 1977.

Roberts, J. A. Shakespearean *Wild: Geography, Genus, and Gender*. Lincoln: U of Nebraska P, 1991.

Rose, Jacqueline. "*Hamlet*--the Mona Lisa of Literature." *Critical Quarterly* 28 (1986): 35-49.

Rose, Mark. "*Hamlet* and the Shape of Revenge." *English Literary Renaissance* 1 (1971): 132-43.

Rosenberg, Marvin. *The Masks of King Lear*. Berkeley; London: California UP. 1972.

Ruthven, K. K. *Feminist Literary Studies: An Introduction*. London: Cambridge UP, 1984.

Said, Edward. *Orientalism*. New York: Vintage Books, 1979.

Sanders, Norman, ed. "Introduction." *Othello*. By W. Shakespeare. New Cambridge Shakespeare. Cambridge: Cambridge UP, 1984. 1-51.

Scarre, Geoffrey. *Witchcraft and Magic in 16th and 17th Century*. Atlantic Hughlands: Humanities Press International, 1987.

Scott, M. W. and S. L. Williamson, eds. *Shakespearean Criticism*. Vol.8. Detroit: Gale Research, 1989.

Selden, Raman. "Hamlet's word-play and the Oedipus complex." *Critical Essays on* Hamlet. Ed. L. Cookson and B. Loughrey. London: Longman, 1988. 81-90.

Shafer, Ronald. "Hamlet: Christian or Humanist?" *Studies in Humanities* 17-1 (1990): 21-35.

Shakespeare, William. *The Riverside Shakespeare*. Ed. G. B. Evans. Boston: Houghton Mifflin, 1974.

Showalter, Elaine. "Representing Ophelia: Women, Madness, and the Responsibilities of Feminist Criticism." *Shakespeare and the Question of Theory*. London: Methuen, 1985. 77-94.

Sinfield, Alan. "*Macbeth*: History, Ideology and Intellectuals." *New Historicism and Renaissance Drama*. Eds. Richard Wilson and Richard Dutton. N. Y.: Longman, 1992. 167-80.

Singh, Jyotsna. "Renaissance Anti-theatricality, Anti-feminism, and Shakespeare's *Antony and Cleopatra*." *Renaissance Drama* 20 (1989): 99-121.

Sission, C. J. "A Colony of Jew in Shakespeare's London." *Essays and Studies* 23 (1937): 38-51.

Skulsky, Harold. "Revenge, Honor, and Conscience in Hamlet." *PMLA* 85 (1970): 78-87.

Skura, Meredith A. "Discourse and the Individual: The Case of Colonialism in *The Tempest*." *SQ* 40 (1989): 42-69.

Smith, Bruce R. *Shakespeare and Masculinity*. Oxford: Oxford UP, 2000.

Smith, Peter J. *Social Shakespeare: Aspects of Renaissance Dramaturgy and Contemporary Society*. London: Macmillan, 1995.

Speaight, Robert. *Nature in Shakespearian Tragedy*. London: Holis and Carter, 1955.

Spencer, Theodore. *Shakespeare and the Nature of Man*. 1942. New York: Macmillan, 1961.

Spender, Dale. *Man Made Language*. London: Routledge & Kegan Paul, 1981.

Spurgeon, Caroline F. E. *Shakespeare's Imagery and What It Tells Us*. Cambridge: Cambridge UP, 1935.

Stadter, Philip A. "Antony: Introduction." *Plutarch Roman Lives*. By Plutarch. Trans. Robin Waterfield. Oxford: Oxford UP, 1999. 360-64.

Stallybrass, Peter. "Patriarchal Territories: The Body Enclosed." *Rewriting the Renaissance: the Discourse of Sexual Difference in Early Modern Europe*. Eds. M. W. Ferguson et al. Chicago: U of Chicago P, 1986. 123-42.

Stampfer, J. "The Catharsis of *King Lear*." *Shakespeare Survey* 13 (1960): 1-10.

Stanton, Kay. "Hamlet's Whores." *New Essays in* Hamlet. Ed. M. T. Burnet and J. Manning. New York: AMS P, 1994. 167-88.

Starks, Lisa S. "The displaced body of desire." *Shakespeare and Appropriation*. Ed. C. Desmet and R. Sawyer. London: Loutledge, 1999. 160-78.

Stewart, J. I. M. *Character and Motive in Shakespeare: Some Recent Appraisals Examined*. New York: Longmans, 1949.

Stirling, Brents. "Reputation, Reputation, Reputation!" *Unity in Shakespearian Tragedy: The Interplay of Theme and Character*. New York: Gordian P, 1966. 111-38.

Stoll, Elmer Edgar. *Art and Artifice in Shakespeare*. Cambridge: Cambridge UP, 1933.

Stone, Lawrence. *Family, Sex and Marriage in England 1500-1800*. Abriged Edition. New York: Harper & Row, 1987.

Thorndike, A. H. "*Hamlet* and Contemporary Revenge Plays." *PMLA* 17 (1902): 125-220.

Tilley, M. P. A *Dictionary of the Proverbs in England in the 16th and 17th Centuries*. New York: AMS P, 1950.

Tilney, Edumund. *The Flower of Friendship: A Renaissance Dialogue Contesting Marriage*. Ithaca: Cornell UP, 1992.

Todorov, Tzvetan. *The Conquest of America: The Question of the Other*. Trans. Richard Howard. New York: Haper & Row, 1984.

Tokson, Elliot H. *The Popular Image of the Black Man in English Drama 1550-1688*. Boston: G. K. Hall, 1982.

Traub, Valerie. *Desire and Anxiety: Circulations of Sexuality in Shakespearean Drama*. New York: Routledge, 1992.

Vaughan, V. M. *Othello: A Contextual History*. Cambridge: Cambridge UP, 1994.

Waldock, A. J. A. "*Hamlet*": *A Study in Critical Method*. Cambridge: Cambridge UP, 1931.

Walker, Roy. *The Time Is Free: A Study of Macbeth*. London, Andrew Dakers, 1949.

Wayne, Valerie and Catherine Belsey, eds. *The Matter of Difference: Materialist Feminist Criticism of Shakespeare*. Ithaca: Cornell UP, 1991.

Weedon, Chris. *Feminist Practice and Poststructuralist Theory*. Oxford: Blackwell, 1997.

Welsford, Enid. *The Fool: His Social and Literary History*. New York: Doubleday, 1961.

Wilson, John Dover. *What Happens in* Hamlet? 1935. London: Cambridge UP, 1976.

Wofford, S. L. ed. *Hamlet*. Boston: Bedford Books of St. Martin's P, 1994.

Woodbridge, Linda. *Women and the English Renaissance: Literature and the Nature of Womankind*. Urbana: U of Illinois P, 1984.

Yoors, Jan. *The Gypsies*. New York: Simon & Schuster, 1976.

찾아보기

ㄹ

ㅁ

ㅂ

ㅈ

ㅊ

저자 소개

김종환

김종환 교수는 1981년 계명대학교 영어영문과를 졸업하고 1992년 미국 네브라스카 대학교에서 박사학위를 취득했다. 1986년부터 계명대학교 영문과 교수로 재직하고 있으며, 한국영어영문학회 부회장과 한국영미어문학회 회장으로 활동했다. 1995년에 한국영어영문학회가 제정한 재남우수논문상을 받았고, 1998년에는 제1회 셰익스피어학회 우수논문상을, 2006년에는 원암학술상을 받았다.

저서로 『셰익스피어와 타자』, 『셰익스피어와 현대 비평』, 『셰익스피어 연극 사전(공저)』이 있으며, 세 권 모두 대한민국학술원 우수도서로 선정되었다. 그 외 저서로 『셰익스피어 작품 각색과 다시쓰기의 정치성』, 『인종 담론과 성 담론』, 『명대사로 읽는 셰익스피어 비극』, 『명대사로 읽는 셰익스피어 희극』, 『음악과 영화가 만난 길에서』, 『상징과 모티프로 읽는 영화』가 있다. 셰익스피어 작품 번역서로는 4대 비극과 『로미오와 줄리엣』, 『줄리어스 시저』, 『베니스의 상인』, 『한여름 밤의 꿈』, 『헨리 4세, 1부』, 『헨리 5세』, 『리처드 3세』, 『자에는 자로』, 『말괄량이 길들이기』, 『헛소동』, 『당신 뜻대로』, 『코리올라누스』, 『실수 연발』, 『베로나의 두 신사』, 『십이야』, 『폭풍우』가 있다. 에우리피데스의 『메데이아』, 『엘렉트라』, 『히폴리토스』, 『트로이의 여인들』, 『헤카베』, 『안드로마케』, 『헬레네』, 『박코스 여신도들』을 번역 출판했다. 소포클레스의 작품 전체와 아이스킬로스의 현존 작품 전체를 번역했다. 최근 『길가메시 서사시』를 번역했다.